国际关系学院国际政治国家级一流本科专业建设系列规划教材

日本政治制度概况

谢若初 · 编著

时 事 出 版 社
北京

图书在版编目（CIP）数据

日本政治制度概况 / 谢若初编著. —北京：时事出版社，2023. 7
ISBN 978-7-5195-0543-1

Ⅰ. ①日… Ⅱ. ①谢… Ⅲ. ①政治制度—研究—日本
Ⅳ. ①D731. 321

中国国家版本馆 CIP 数据核字（2023）第 071748 号

出 版 发 行：时事出版社
地　　　址：北京市海淀区彰化路 138 号西荣阁 B 座 G2 层
邮　　　编：100097
发 行 热 线：（010）88869831　88869832
传　　　真：（010）88869875
电 子 邮 箱：shishichubanshe@ sina. com
网　　　址：www. shishishe. com
印　　　刷：北京良义印刷科技有限公司

开本：787 × 1092　1/16　印张：19. 25　字数：296 千字
2023 年 7 月第 1 版　2023 年 7 月第 1 次印刷
定价：110. 00 元
（如有印装质量问题，请与本社发行部联系调换）

本书在研究过程中受2020年度“国际关系学院中央高校基本科研业务费专项资金”资助（项目编号：3262020T17）；在出版过程中受2023年度“国际关系学院中央高校基本科研业务费专项资金”资助（项目编号：3262023T15）。

“国际关系学院国际政治国家级一流本科专业建设系列规划教材”编审委员会

总 序

国际关系学院是一所与共和国同龄的高等学府，建校以来始终响应党和国家号召，践行“为党育人、为国育才”的光荣使命，坚持“政治建校”的办学传统，坚持“小而精、特校特办”的办学理念，秉持“忠诚、勤奋、求实、创新”的校训精神，不断创新“厚基础、宽口径”的人才培养模式，培养了一大批政治素质过硬、国际视野开阔、研究基础扎实、人文素养深厚，具有创新能力和领袖素质的复合型卓越人才。

国际政治系发轫于国际关系学院1980年设立的国际关系教研室，1984年正式建系，是我国改革开放后首批设置国际政治本科专业的院系之一。国际政治系始终坚持以学科建设为龙头，以人才培养为核心，秉承“知政为国、胸怀天下”的系训，培养具有高度政治觉悟、扎实外语基础、广博专业知识、开阔战略视野，胜任国家机关、研究机构、高等院校、企事业单位国际问题研究或教学、外事外宣业务管理工作的高级专业人才。国际政治系拥有一支规模适度、结构合理的优秀师资队伍，45%的教师具有高级职称，多人具有博导资格，多人获得北京市教学名师和部级优秀教师等荣誉称号，多次获评省部级优秀教学团队。建系至今，国际政治系已为政府部门、科研院所、企事业单位、传播媒体等培养输送了大批优秀人才。许多毕业生已经成长为蜚声中外的专家学者和业务骨干。

2019年，国际政治专业被教育部评为国家级一流本科专业建设点。2021 年，国际关系学院获批博士学位授予单位和政治学一级学科博士学位授权点。自此，国际政治系建设被赋予推动新文科建设，做强一流本科、建设一流专业、培养一流人才，全面振兴本科教育，提高高校人才培养能力，实现高等教育内涵式发展的新历史使命。《习近平新时代中国特色社会主义思想进课程教材指南》指出，教育是国之大计、党之大计。“培养什么人、怎样培养人、为谁培养人”是教育的根本问题，事关中国特色社会主义事业兴旺发达、后继有人，事关党和国家长治久安。课程教材集中体现党和国家意志，是育人的载体，直接关系人才培养方向和质量。推动我国教育改革创新发展和培养担当民族复兴大任时代新人，必须牢牢坚持以习近平新时代中国特色社会主义思想为指导，将其贯穿于教育教学全过程各环节。全面落实《习近平新时代中国特色社会主义思想进课程教材指南》，对引导广大青少年树立马克思主义信仰，坚定中国特色社会主义道路自信、理论自信、制度自信、文化自信，立志听党话、跟党走，形成正确的世界观、人生观、价值观，具有重大意义。作为国际政治专业国家级一流本科专业建设的重要组成部分，出版一批国际政治专业高质量课程教材，特别是教材建设相对滞后的课程教材，既是体现我系教师教学科研水平的主要途径，也是进一步规范我系教学管理，持续提高育人质量的应有之义。

为加强对系列规划教材建设工作的指导与监督，确保教材编写高质量，我系专门邀请了一批熟悉我系基本教学情况的院内外学者成立“国际关系学院国际政治国家级一流本科专业建设系列规划教材”编审委员会，负责教材总体规划、具体编写指导等工作。同时，教材在编写、出版过程中也严格遵照国际关系学院教学、科研管理相关规定，落实立项、资助审批及成果评审、验收等手续，以确保教材编写工作顺利有序推进。

“国际关系学院国际政治国家级一流本科专业建设系列规划教材”是我系第一次集中组织力量开展课程教材编写工作，既包括对国际政治传统课程教材的更新，也包括在新设区域国别学和国家安全学一级学科背景下对相关课程教材的补充。国际政治是一门相对年轻的学科，在我国的发展也不过寥寥数十载；学科所具有的极强政治属性，使得学界在概念、观点等方面很难形成统一认知；加之编写人员水平与时间有限，本套教材难免存在疏漏与不妥之处，希望专家、同行及广大读者在给予理解、支持的同时，不吝提出宝贵意见与建议，以便日后进一步对相关内容予以调整和改进。最后，衷心感谢学院领导、兄弟院系和相关部门对教材编写工作的大力支持，感谢时事出版社领导和工作人员在教材编审、出版过程中的辛勤付出，正是他们的关心与帮助，使得本套教材能够与广大读者见面。

罗英杰

2023 年 5 月 19 日于北京

目　录

前　　言

政治制度通常指政权的组织形式，即政体。广义包括政治领域的各项制度。一般认为，日本政治制度至少可以追溯到《三国志·魏志·倭人传》中记载的早期奴隶制国家——邪马台国；大和国的形成、兴盛及衰落，则是奴隶制度在日本历经兴衰的缩影。

公元645年，在大批归国遣隋使、遣唐使及留学生、留学僧的影响下，日本进行“大化改新”，以中国唐朝律令为蓝本制定、颁布了《大宝律令》等一系列法度，为建立以天皇为中心的律令体制奠定了良好的政治基础，日本由此进入封建社会。奈良时代末期，外戚藤原氏长期把持朝政；地方庄园势力，尤其是私人武装力量不断壮大的背景下，律令体制走向崩溃。此后，日本相继出现“摄关”“关白”政体，发生“保元”“平治”内乱，武士阶级由此登上日本历史舞台。公家朝廷与武家幕府两股政治势力间博弈，贯穿平氏政权、镰仓幕府、室町幕府、战国大名领国制、织丰政权及德川幕府等政治形态，日本政治也因此长期处在双重政治制度并存状态。

1868年明治维新后，日本全面学习西方，在“普鲁士式”君主立宪基础上，通过“版籍奉还”“废藩置县”等措施建立了包括内阁制、议会制等在内的一系列西方政治制度，并颁布宪法，成为亚洲第一个中央集权的资本主义国家。同时，在外部压力及国内阶级矛盾、战略文化传统等内外因素的共同作用下，日本逐步走上对外侵略扩张的道路，其国内政治进程亦呈现出愈加浓厚的军国主义特征及战时色彩。

第二次世界大战后，美军以同盟国名义对战败投降的日本进行了单独占领及管制，并推动其实现了以修改宪法为代表的一系列政治制度改革，“和平宪法”、象征天皇制，“三权分立”等体系、制度、原则均源自于此。此后，随着日本经济的快速发展，以及国内国际形势的变化，其政治制度以“55 年体制”崩溃、选举制度改革、中央省厅再编等为标志，经历数次调整，最终形成了当前的日本政治制度。

在世纪疫情推动百年变局加速演进，中国特色社会主义建设进入新时代的大背景下，中国虽已于 2021 年底在“交叉学科”门类下新增“区域国别学”一级学科，但至少在日本国别中文教材建设方面，尚有较多亟待完成的工作。换言之，通过编写专门介绍日本政治概况的中文教材，不仅是区域国别学一级学科建设的应有之义，更是为新时代中国特色大国外交，尤其是为构建人类命运共同体、推动“一带一路”倡议高质量发展等具体实践培养专门人才的历史使命使然。

本书的总体框架以 2015 年出版的《日本政治制度概况》（日文版）为基础，将《日本国宪法》作为基本结构及逻辑依托，在此基础上，本书兼顾对日本政治制度这一主线内容及相关政策、现状等支线内容的介绍。在编写过程中，本书延续了上述日文版教材既是本科生了解日本政治制度的入门书籍，也可作为一般读者及日本政治方向研究生的基础工具书、参考书，主要以日本官方政治文件及表述为依据，对数据、素材等进行了及时更新和添加。为使读者对日本政治制度形成整体、清晰的认知，同时方便读者阅读、理解、查阅、记忆，本书主要以词条形式对相关知识点进行介绍。此外，考虑到政治制度概况类教材的特点，本着客观还原日本政治制度全貌的原则，在尽量围绕所涉领域提供多元化观点与学说的同时，既不过多阐述个人观点，也不对具体历史人物、事件等进行过多介绍。

附录是本书不可或缺的重要组成部分，其主要由三部分构成。第一部分整理了一些涉及日本政治的重要法律文件及与各章节内容相关的重要政治文件。第二部分以表格形式对天皇谱系、历任首相等内容进行了系统展示，以期帮助读者对相关内容形成系统性认知。第三部分则列出了各章补充资料目录，以便于读者查找。

本书编写发轫于 2020 年春。那时，受疫情影响，初为人师的我只能通过线上方式为学生讲授日本政治与外交课程，这无疑放大了课程教材匮乏对教学工作的影响。为确保教学质量，我不得不紧急将原有日语教材译成中文，并做成 PPT 向学生展示，但仍自觉不足以满足学生的求知热情。学期授课结束后，我便萌生了重新编写中文版《日本政治制度概况》的念头。时值2020年度“国际关系学院中央高校基本科研业务费专项资金”项目立项工作启动，遂在学校资助下启动本书编写工作。

本书得以顺利编写无疑离不开日文版《日本政治制度概况》在框架及内容上的启发与铺垫，在此首先向日文版教材的第一编者，也是我的硕士生导师苑崇利先生表示由衷感谢。在出版和审校过程中不仅获得了国际关系学院国际政治系罗英杰教授的大力支持，更得到了时事出版社责任编辑张晓林老师、苏绣芳老师的悉心审校。没有他们的辛勤付出，本书不可能顺利出版，在此向他们表示诚挚的谢意。最后，感谢家人及每一位曾选修过日本政治与外交、东北亚国家政治与外交课程的国际关系学院本科生、研究生，正是你们的陪伴与聆听给予我编写本书的力量及灵感。

受作者水平及能力所限，本书难免会出现各种各样的疏漏与差误，期待各位同仁、读者不吝赐教，及时提出修改意见，以期本书的日臻完善。

谢若初

2022年冬于常青园

第一章

国家象征

第一节　国名与年号

一、国名

1. 国名

日本国名全称为日本国（日语：にほんこく；英语：Japan）。近代以来，日本虽依据宪法名称，即《大日本帝国宪法》及《日本国宪法》将大日本帝国、日本国作为国名，但并不存在任何直接对其国名做出明确规定的法律条款。

2. 日本的别称

在将“日本”当作国名之前，其在处理对外关系时曾使用“倭国”“倭”“大和”“苇原中国”等国名。此外，因其古代史文字记载多出自中国，且由汉文书写，故也存在“扶桑”“蓬莱”“东瀛”等基于中国《山海经》等古籍与传说的多种称呼。

3. “日本”国名的由来

最初使用“日本”这一国名的记录现已难以考据。这是由于在《日本书纪》这一日本现存最早的正史中，已经统一将“倭”改写为“日本”。有观点认为“日本”一词最早出现在孝德天皇的诏书中。据《日本书纪》记载，公元645年（大化元年）7月，孝德天皇在对高句丽、百济使者的诏书中使用了“明神御宇日本天皇”① 称谓，“日本”一词首次出现。不过，从语义上看，“日本”一词的出现可提前到公元607 年。据《隋书・东夷传》记载，日本使者小野妹子曾于大业三年向隋炀帝递交国书，其中使用了“日出之处天子”② 的说法。此外，《旧唐书・东夷传》中有关日本人厌恶“倭国”名称进而更改国名等记载③，也可以从侧面证明此前其国名并非“日本”。

4. “日本”国名的确定

一般认为，最早将“日本”正式规定为国名的法律文件，是公元701 年开始部分实施的《大宝律令》。也有观点认为，在条文法规做出正式规定之前，“日本”国名自天武天皇时期（公元 673—686 年）起便开始使用。同时，学界普遍认为“天皇”称号与“日本”国名在使用年代上基本保持一致，从近年来飞鸟京苑池遗址中出土的木简上看，“天皇”称号至少在公元 678 年（天武六年）时就已经得到使用。此外，中国曾于 2004 年在陕西西安出土遣唐使“井真成”墓志铭石碑④，其不仅是迄今发现的唯一一方日本遣唐使墓志铭，更是最早记录“日本”国名的石刻史料。这一文物表明，在公元 734 年，“日本”国名已经获得中国认可。

---

① 虽然在成书于公元 720 年的《日本书纪》中，“日本”一词以汉字形式大量出现，但其读音并非现代日语中的“にほん”（NIHONN）。例如，在《日本书纪》、“日本武尊”等语境中，“日本”读作“やまと”（YAMATO），此外“倭”“大和”均读作“やまと”。

② “日出之处”的国家即为“日本”。根据唐代魏征等编纂的《隋书・列传》卷第四十六・东夷记载：大业三年，其王多利思北孤遣使朝贡。使者曰：“闻海西菩萨天子重兴佛法，故遣朝拜，兼沙门数十人来学佛法。”其国书曰“日出处天子至书日没处天子无恙”云云。帝览之不悦，谓鸿胪卿曰：“蛮夷书有无礼者，勿复以闻。

③ 据后晋刘昫等人编纂的《旧唐书・列传》卷一百四十九・东夷传记载：日本国者，倭国之别种也。以其国在日边，故以日本为名。或曰：倭国自恶其 名不雅，改为日本。或云：日本旧小国，并倭国之地。

④ 赠尚衣奉御井公墓志文并序：公姓井，字真成。国号日本，才称天纵。故能衔命远邦，驰骋上国。蹈礼乐，袭衣冠；束带立朝，难与俦矣。岂图强学不倦，问道未终；壑遇移舟，隙逢奔驷。以开元廿二年正月□日，乃终於官弟，春秋卅六。皇上哀伤，追崇有典；诏赠尚衣奉御，葬令官给。即以其年二月四日，窆於万年县浐水东原，礼也。呜呼！素车晓引，丹旐行哀；嗟远人兮颓暮日，指穷郊兮悲夜台。其辞曰：“寿乃天常，哀兹远方；形既埋於异土，魂庶归於故乡。”

二、年号

1. 年号的起始

据《日本书纪》记载，大化改新（公元645年）时使用的“大化”是日本最早的年号。迄今为止，日本共使用248个年号，根据其官方说法，其中247个源自中国古籍，具体情况参见图1－1。

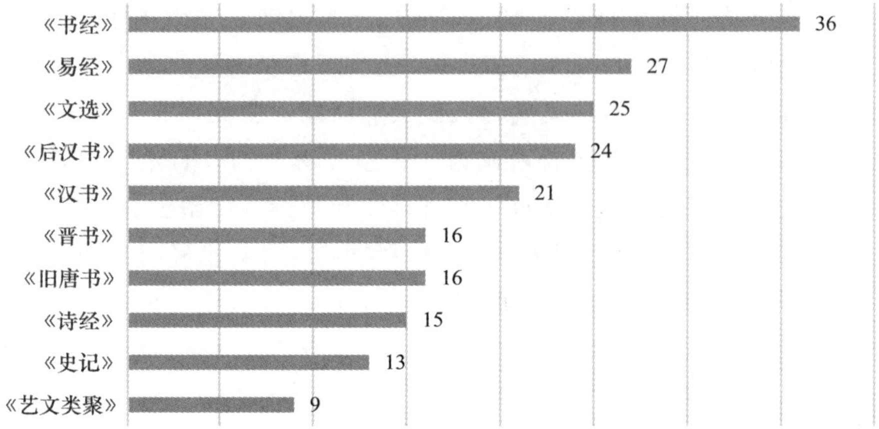

图1－1　日本年号出处排行（单位：个）

2. “一世一元制”

与中国皇帝类似，明治时代以前，除天皇更替导致的“代始建元”外，天皇可随意改元，即更改年号。其理由主要有回避凶年的厄岁改元，以及由疫病流行、皇宫火灾、地震、洪水、火山喷发或彗星等引发的灾异改元。明治政府在建元“明治”的同时颁布“一世一元”诏书，此后又于1889年制定《皇室典范》①。据此，每一代天皇在位时只使用建元年号，不再进行改元，即采用“一世一元制”②。

3. 改元规定

由于明治建元诏书以“××年改年号为××”的形式书写，故年

---

① 即旧《皇室典范》。

② 一代天皇只使用一个年号，不进行改元的制度。1868年明治政府建立以前，一代天皇往往使用多个年号。

号使用日期可追溯到当年元旦，即使是年号更改前完成的文书，原则上也应当使用新年号。不过，也有观点认为其应与当前规定统一，即从年号更改之日起开始使用新年号。

4. 围绕年号的争论

第二次世界大战后，随着新宪法的制定以及《皇室典范》的修改，使用年号已经失去法律依据。但是，无论官方还是民间，均沿用了“昭和”年号。1946 年 1 月，政治家尾崎行雄曾向众议院议长提议废除“昭和”年号，改用“新日本××年”纪年方式。此外，政治家石桥湛山也曾在《东洋经济新报》1946 年 1 月 12 日号专栏《显正义》中主张废止年号，使用西历纪年。

5. 年号使用现状

1979 年 6 月 6 日，日本国会通过《年号法》；同月 12 日，该法律得以正式公布并实施。目前，日本仍按照《年号法》有关规定制定年号，沿用“一世一元制”。需要强调的是，《年号法》并未强制要求使用年号，也没有针对不使用年号的行为制定惩罚性条款。在围绕《年号法》进行的国会审议中，政府官员曾做出“出台本法律的目的并不在于将使用年号规定为公民义务”的解释。该法律颁布后，很多政府机关也曾发出提醒国民不要强制使用年号的通知。

当前，日本年号为“令和”（含义为“美丽和谐”），其于 2019 年 5 月 1 日零时起开始使用。日本政府认为，“令和”年号源自日本古籍《万叶集》第五卷《梅花歌卅二首并序》中的“于时初春令月，气淑风和”，但中国古代诗歌中早已出现过类似语句，如东汉时期张衡所著《归田赋》中有“于是仲春令月，时和气清”的诗句。对于为何首次使用源自日本古籍的年号，时任首相安倍晋三认为，“日本正迎来一个根本的转换期，为了反映日本人的新精神、新时代，我们最终决定从日本的典籍中选用新的年号”。

第二节　国旗与国歌

1999 年 7 月 22 日，《国旗国歌法》在日本众议院全体会议以 403 票赞成、86 票反对（总计 489 票）的结果获得通过；同年 8 月 9 日，该法案在参议院全体会议又以166票赞成、71票反对（总计237票）的结果获得通过。至此，《国旗国歌法》获得国会通过，于同年8月13日正式颁布、实施。该法律的颁布与实施标志着日章旗、《君之代》法律化进程取得成功。

一、国旗

1. 日章旗

日本国旗的正式名称为“日章旗”，又称“日之丸”。虽然其具体起源已无从考据，但日本人长期拥有将太阳的化身——天照大神作为信仰的传统；日本国名中也有“日出”含义，从中足以窥见日本对“太阳升起”这一自然现象的重视。

2. 日章旗的规格

根据日本《国旗国歌法》相关规定，“日章旗”形状应为长、宽比例为3∶2的长方形；“日章”直径应为旗帜宽度的3/5；“日章”圆心即为旗帜中心；旗帜颜色应以白色为底色；“日章”颜色应为红色。

3. 日章旗的历史沿革

在日本历史上，日章旗及类似图案旗帜曾被多次使用。公元8世纪，该图案曾作为“天皇旗”加以使用。“日之丸”图案亦曾广泛被武士当作家徽、军徽使用。在琉球国向中国进贡的船只上，曾将其作为船只标记。江户时代后期，日章旗成为萨摩藩船只标记。近代日本“开国”① 后，萨摩藩曾向幕府建言将日章旗作为日本船只通用标记。一般认为，这也是日章旗首次正式作为日本象征性旗帜出现在历史舞台上。在此后的戊辰战争中，明治政府军使用的是菊花旗，幕府方面则使用日章旗。1870年，明治政府颁布太政官布告第五十七号“商船规则”，明确日章旗为日本商船悬挂的规定旗帜。

---

① 指日本（德川幕府）在以美国为代表的西方列强的武力威胁下，被迫放弃闭关锁国政策，通过签订不平等条约等方式与其建立外交关系，并进行贸易往来的事件。该时期以1853年美国海军准将马休·佩里率舰队抵达日本，武力逼迫日本重新打开国门为开端。

二、国歌

1. 国歌基本情况

日本国歌名为《君之代》（日文：君が代）。歌词源自《古今和歌集》第七卷贺歌部分第一首（总第三百四十三首），作者不详，由大山岩挑选。歌词中文大意为：吾皇（天皇）之皇祚延续千代、八千代，直至砂砾变为巨岩，巨岩长满青苔。① 依据《国旗国歌法》，《君之代》作曲者为林广守，但实际上宫内厅雅乐课乐官奥好义及德国作曲家弗朗兹· 埃克特在谱曲、西洋风和声方面亦贡献颇多。《君之代》曲谱只有11 小节，被认为是世界上最为简短的国歌之一。

图 1－2　《君之代》曲谱

2. 国歌的由来

《君之代》和歌最初含义为祝愿被歌颂者长寿，后主要用于祈愿天

① 歌词日文原文为：君が代は 千代に八千代に さざれ石の いわおとなりて こけのむすまで。

皇统治千秋万载、皇室繁荣。也有观点认为其源于在天皇葬礼上使用的挽歌。至于歌曲《君之代》，其创作原因是1869年英国军乐队乐师约翰·威廉·芬顿认为日本缺少国歌不符合国际惯例。1880年11月3日，《君之代》首次得以公开演奏。一般认为，《君之代》虽然在相当长的一段时间内不是日本法定国歌，但由于屡屡被规定在重大节日、重要场合演奏（唱），其地位几乎与国歌无异。

第三节　其他象征

一、国徽

1. 菊花纹章

日本没有法定国徽。因此，按照惯例，皇室家徽，即“十六瓣八重表菊花纹章”被认为具有“准国徽”性质。通常情况下，日本国会议员佩戴的徽章便是该图形。

2. 五七桐花纹

按照首相、政府（内阁）惯例，其所使用的“五七桐花纹”也具有“准国徽”性质。

3. 十六瓣一重表菊花纹章

目前日本护照封面所使用的是“十六瓣一重表菊花纹章”，与皇室所使用的菊花纹章较为类似。主要区别在于前者只有一重，后者有八重。

二、国花

1. 樱花

日本没有法定国花。樱花与菊花均被认为可以充当这一角色。如前所述，菊花之所以在日本具备国花资格，主要是因为它是日本皇室的象征。

樱花主要分布于北半球温带及暖温带，为蔷薇科、樱亚属植物系落叶乔木。樱花主要由山樱等9大基本品种组成，加上变种，目前共有野生品种100余种。而在此基础上人工培育的园艺品种则有300余种，且数量仍在不断增加。

2. 樱花的由来

樱花原产于喜马拉雅山地区，后经中国传入日本。据《古事记》记载，由于最初将樱花种子洒在富士山的女神名为“木花咲耶姬”（日文为このはなさくやひめ），故以其名字命名此种植物为樱花（日文为さくら）。

3. 樱花开放

气象厅所报道的樱花开放，指的是各地选出的“標本木”樱花树呈现5—6朵花开放的状态。从宣布开花到樱花满开，即一棵樱花树80%以上花芽呈现开放状态大约需要1周。即使在同一地区，如果海拔升高100米，开花时间也会推迟2—3天。此外，由于日本国土狭长、南北气候存在明显差异，樱花开放先后顺序明显。预报樱花开放的等日期线（樱花前线）从九州南部樱花开放开始，到北海道北部樱花开放，大约需要2个月时间由南向北经过整个日本。

4. 赏樱习俗

日本人有着观赏樱花（日文“花見”）的习俗。每年都会在樱花花期结伴去公园等地观赏樱花、游玩。一般认为，赏花习俗起源于奈良时代的贵族活动。但当时受中国文化影响，贵族的观赏对象是刚刚从中国传入的梅花，直到平安时代和风文化盛行才变为樱花。“花”被用作樱花别称亦始于此。在日本，每年3月末至4月初，人们便会同家人、朋友、同事在樱花树下席地而坐，边饮酒边吃便当享受快乐时光。需要强调的是，源于贵族文化的赏樱活动，也蕴含着通过樱花开放情况占卜当年丰收与否的农业文化内涵。

三、国鸟

日本没有法定国鸟，但作为约定俗成，人们一般将1947年由日本鸟学会选定的绿雉视为日本的“国鸟”。当时选择绿雉的原因除了其是日本特有的品种外，还因为绿雉美丽、勇敢；雌性母爱强烈；适合狩猎；没有迁徙习性，一年四季均生活在日本。此外，日本一些市町村等地方自治体也将其定为市鸟、町鸟、村鸟。

日本虽将绿雉定为“国鸟”，但却允许对其进行狩猎。有数据显示，1970 年共捕获绿雉、高丽雉 100 余万只。这一数字之后逐渐减少。不仅如此，绿雉也是日本传统食材之一，近年食用绿雉多源自养殖。

补充资料

1. 近代以来日本年号、基本情况及与公历换算方法

明治：源自《周易·说卦》“圣人南面而听天下，向明而治”。使用时间为 1868 年 9 月 8 日—1912 年 7 月 30 日。

大正：源自《易经》“临，刚浸而长。说而顺，刚中而应；大亨以正，天之道也”。使用时间为 1912 年 7 月 30 日—1926 年 12 月 25 日。

昭和：源自《尚书·尧典》“百姓昭明，协和万邦”。使用时间为 1926 年 12 月 25 日—1989 年 1 月 7 日。

平成：一说源自《史记·五帝本纪》“父义，母慈，兄友，弟恭，子孝，内平外成”；一说源自《尚书·虞书·大禹谟》“俞！地平天成，六府三事允治，万世永赖，时乃功”。使用时间为 1989 年 1 月 8 日—2019 年 4 月 30 日。

此外，日本年号启用之年均以“元年”表示，其与公历年份换算公式为：年号年份 = 公元年份 - 开始年份 + 1；公元年份 = 年号年份 + 开始年份 - 1。

2. 日本的象征富士山

富士山位于本州岛中南部，横跨静冈县、山梨县，东距东京约 80 千米。最高点剑锋海拔 3776 米，为日本第一高峰。富士山山体呈圆锥形，山顶终年积雪；包括富士五湖等主要景点，风景优美。富士山为活火山，自公元 781 年有文字记录以来共喷发 18 次，其中 800—802 年（延历年间）、864 年（贞观六年）及 1707 年（宝永四年）喷发最为剧烈，富士山最近一次喷发是在 1707 年。

自古以来，富士山周边便流传着诸多长生不老传说，求仙访药之人不在少数。日本传说中，辉夜姬所留不死仙药被倾倒在富士山。也有人认为徐福奉秦始皇之命东渡求取不死仙药的蓬莱仙山便是富士山。此外，富士山既是日本诗歌、小说、绘画等作品的重要题材，也融合了神道、佛教等多种宗教要素。正因为如此，富士山被日本人奉为“圣山”，视为国家象征。

2013年6月22日，富士山被联合国教科文组织第37届世界遗产委员会列入世界文化遗产名录，被誉为“神圣之地和艺术启迪之源”。

思考题

1. 名词解释

“一世一元制”　日章旗　《君之代》　大化　明治　昭和　平成　令和　十六瓣八重表菊花纹章　五七桐花纹　绿雉

2. 简答题

（1）如何理解日本年号与西历同时使用的现象？

（2）日本有哪些别称？

（3）简述“日本”这一国名的出处与含义。

（4）举例说明日本年号年份与公历年份如何转换？

（5）如何理解《君之代》歌词的含义？

3. 论述题

（1）如何理解日本政府对“令和”年号出自日本典籍的强调？

（2）怎样看待战后日本对日章旗、《君之代》的沿用？

（3）结合现实分析樱花、富士山等象征之于当代日本及日本国民的意义。

第二章

宪　　法

第一节　《大日本帝国宪法》（《明治宪法》）

《大日本帝国宪法》是日本基于近代立宪主义的第一部宪法，也是亚洲第一部宪法，简称《帝国宪法》，一般称为《明治宪法》。《大日本帝国宪法》于1889年2月11日公布，1890年11月29日起开始施行。相较于1946年颁布的《日本国宪法》（新宪法），其也常被称作“旧宪法”。

一、《明治宪法》的历史背景

1. 天皇制绝对主义政权的建立

1867年11月9日，江户幕府第15代将军德川庆喜向明治天皇表明归还统治权意愿。翌日，天皇下诏接受这一请求，史称“大政奉还”。1868年1月3日，江户幕府统治终止，明治新政府建立，史称“王政复古”。新政府以天皇掌握官制大权为前提建立天皇制绝对主义政权，旨在构建近代官僚制度。

2. “五条誓文”

根据王政复古，新政府设置总裁、议定、参与三职，其中参与主要负责实际工作。时任参与的木户孝允等人以尊重公议、友好开国为基调，将新政府的基本施政方针概括为五条。1868年4月6日，明治天皇为实现上述五条基本施政方针向天地神明起誓，这便是“五条誓文”，其内容如下。

（1）广兴会议，万机决于公论。

（2）上下一心，盛行经纶。

（3）官武一体，以至庶民，各遂其志，使人心不倦。

（4）破除旧有之陋习，一秉天地之公道。

（5）求知识于世界，以大振皇基。

3. 太政官制

为了贯彻“五条誓文”，明治新政府分别于1869年7月25日、1871年8月29日实施版籍奉还、废藩置县措施。同时，明治政府还于1871年进行官制改革，实行太政官制①。其中，隶属最高行政机关“太政官”的左院，成为由官选议员构成的立法议事机关。太政官制的确立，标志着日本从以封建幕藩体制为基础的虚君制国家，走向拥有近代官僚机构的实君制国家。

4. 身份制改革

在明治政府实施版籍奉还的同时，士农工商封建身份等级制度也遭到废止。过去的公家、大名成为华族，武士成为士族，农工商则成为平民。1870年，平民取得姓名权；1871年，颁布“秽多”“非人”解放令，贱民阶层一律成为平民。

5. “民选议院设立建白书”

1874年1月17日，副岛种臣、板垣退助、后藤象二郎、江藤新平等人联名向左院递交《民选议院设立建白书》。其中主张开设由民选议员而非官选议员组成的立法议事机关。以此为契机，对萨长藩阀操控政权现象进行批判的自由民权运动日渐高涨，政治结社活动亦在各地出现。

6. 立宪政体诏书

明治初期，对政府改革措施不满的各地士族频频发动叛乱，如

---

① 太政官是明治新政府依据1868年6月11日公布的政体书设置的政府官厅名称。太政官分为正院、左院及右院。其中，正院负责政策执行，由太政大臣、左大臣、右大臣及参议组成，下辖行政八省。左院是立法机关，主要职责是起草、修订各项制度条例。右院则是各行政省长官、次官的联络协商机构。太政大臣是太政官最高行政长官。随着1885年内阁制度的建立，太政官制遭到废止。

1874 年的佐贺之乱、1876 年的神风连之乱，以及 1877 年的西南战争。为应对这一情况，大久保利通、伊藤博文等政府要员与木户孝允、板垣退助等民权派代表在大阪举行会谈。作为会谈成果，明治政府于 1875 年 4 月 14 日颁布《逐步建立立宪政体诏书》①，决定“设元老院以开立法之源，设大审院以固审判之权。另召集地方官员以通民情、图公益，逐步建立立宪之政体”。即宣布通过设立元老院、大审院、地方官会议等机制，逐步向君主立宪制过度。

二、《明治宪法》的制定

1876 年 9 月 6 日，明治天皇下诏命令元老院议长有栖川宫炽仁亲王起草宪法。诏书指出，“朕以为目下应以本国国体为依据，广泛参照海外各国既成法律，以定国宪。因此，特命尔等起草草案。朕将选此草案为我国宪法”。即是说，天皇命令在对各国宪法加以研究的基础上起草日本自己的宪法草案。以此为依据，元老院设立宪法调查局。

1.《日本国国宪按》

1880 年，元老院将其完成的《日本国国宪按》作为宪法草案呈交天皇。同时，大藏卿大隈重信也提出了自己撰写的《宪政意见书》。由于前者受到 1831 年《比利时王国宪法》及 1850 年《普鲁士宪法》的极大影响，不仅要求天皇宣誓遵守宪法，还赋予议会极大权限；后者则激进地提出立即实行英国式君主立宪，因此二者均遭到岩仓具视、伊藤博文等人的反对，并未得到采纳。

2. 开设国会

1881 年 10 月 11 日，以岩仓具视为核心的萨长藩阀势力罢免了大隈重信等一批在立宪事宜上持激进态度的官员②，并随即召开御前会议做出了开设国会的决定。翌日，明治天皇颁布《开设国会诏书》。该诏书主要内容如下：

（1）约定于 1890 年开设国会（议会）；

---

① 1875 年，为了进一步巩固政权，并打破以“征韩论”造成政府分裂为代表的一系列政治僵局，大久保利通、木户孝允、板垣退助等在大阪举行会谈，颁布《逐步建立立宪政体诏书》，实现了设置元老院、大审院，召开地方官会议等目标。

② 史称“明治十四年政变”。

（2）其构成和权限由政府（钦定宪法）决定；

（3）停止围绕以上问题的进一步讨论，实现“政治休战”；

（4）警告将对企图发动内乱者予以惩处。

3. 宪法体制的确立

1882 年 3 月，时任参议的伊藤博文以朝臣身份奉命前往欧洲，开始对德国式立宪主义的理论和实际进行调研。伊藤博文听从了鲁道夫·冯·格奈斯特、罗伦斯·冯·史坦等德国学者“宪法必须立足于本国历史、传统、文化，既然要制定一国宪法，首先要学习其历史”的建议，相信普鲁士（德国）宪法体制最适合日本。翌年 8 月，伊藤博文回到日本，开始通过命令井上毅起草宪法、设置宪法调查局（次年更名为制度调查局）等方式，为制定宪法、开设国会做准备。

4. “夏岛草案”

1885 年，日本废除太政官制，开始实行内阁制度，伊藤博文成为首任内阁总理大臣。井上毅在德国法律顾问等的协助下继续推进宪法起草工作，于 1887 年 5 月完成宪法草案。以该草案为基础，伊藤博文、井上毅、伊东巳代治、金子坚太郎等人在位于夏岛（神奈川县横须贺市）的伊藤博文别墅对其进行了反复修改，形成了“夏岛草案”。此后不久，为审议宪法草案，伊藤博文增设枢密院，并亲自担任议长。作为天皇的最高咨询机构，枢密院于 1889 年 1 月完成了对宪法草案的审议。

5.《明治宪法》的颁布与实施

1889 年 2 月 11 日，明治天皇颁布《帝国宪法诏书》，同时向国民公布《明治宪法》。《明治宪法》以天皇亲手交予时任首相黑田清隆，即所谓“钦定宪法”的形式，使日本成为拥有近代宪法的二元制君主立宪制国家。1890 年 11 月 29 日，《明治宪法》随着第一届帝国议会的开幕开始实施。与《明治宪法》同时制定的，还有旧《皇室典范》《议会法》《贵族院令》《众议院议员选举法》《会计法》等法律法规。

三、《明治宪法》的性质与特征

《大日本帝国宪法》共计 76 条，主要由天皇、臣民权利义务、帝国议会、国务大臣及枢密顾问、司法、会计、附则七个方面内容组成。《明治宪法》是一部集立宪主义要素、国体要素为一身的钦定宪法，根据立宪主义，日本确立议会制度，而在国体要素作用下，议会权限又遭到限制。

《明治宪法》实施后，日本的统治结构呈现出内阁、国务大臣、帝国议会、法院、枢密院、陆海军等国家机关各自独立，对天皇尽辅弼、协助之责的特征。宪法学者评价其为以立宪主义之名，行王权神授之实。

1. 立宪主义要素

《明治宪法》所体现的立宪主义要素为：（1）言论、结社自由及书信秘密等臣民权利得到法律保障；（2）开设帝国议会，众议院由公选议员组成；（3）确立天皇在行使行政大权时须得到国务大臣辅弼的体制；（4）确立司法权独立。

2. 国体要素

《明治宪法》所蕴含的国体要素主要体现在以下方面：（1）将万世一系及皇室的长期延续作为其正统性依据并予以强调；（2）以继承皇室列祖列宗意志的“国家统治大权”（上谕）为基础，将天皇作为元首、统治权总揽者的体制作为国体；（3）天皇拥有被称作“天皇大权”的广泛权限；（4）天皇拥有立法权，议会不是立法机关，而是协助立法机关；（5）独立统帅权，陆海军不对议会、政府负责；（6）将皇室自律主义、皇室典范等重要宪法条文从宪法中分离，防止议会参与。

第二节 《日本国宪法》（新宪法）

《日本国宪法》于1946年11月3日得以颁布，1947年5月3日正式实施。相对于《明治宪法》这一旧宪法，其又被称为“新宪法”。此外，由于《日本国宪法》在第九条对日本放弃战争权等内容做出了明确规定，故其又被称作“和平宪法”。

一、新宪法的历史背景

1. 接受《波茨坦公告》

随着1945年8月6日和8月9日，美军分别向日本广岛、长崎投下原子弹；苏联于8月8日晚正式向日本宣战，日本政府已决定投降。

8 月 14 日，日本召开御前会议，决定接受《波茨坦公告》[①]，并发布接受这一公告的诏书。当夜，日本通过瑞士正式向美、英、中、苏四国发出相关通告。

2. 终战诏书

8 月 15 日正午，天皇通过“玉音放送”，即播放录音形式向民众宣读终战诏书。诏书称“日本国体得到了保留”；天皇及政府从属于盟军最高司令部；日本最终统治形态将遵从《波茨坦公告》，由日本国民自由表示之意志决定。

3. 日本无条件投降

1945 年 9 月 2 日，日本政府全权代表重光葵，在停泊于东京湾的美海军“密苏里”号战列舰上正式签署投降文书。投降后，日本丧失了作为独立国家的主权，原本属于天皇及政府的统治权一律交予盟军最高司令官。此前，盟军最高司令官道格拉斯·麦克阿瑟已于 1945 年 8 月 28 日组建盟军最高司令官总司令部[②]。该机构原则上利用既有机构对日本实行间接统治，只有在特殊情况下才实施直接统治。

4. 修宪指令

早在 1945 年 10 月 4 日，麦克阿瑟便指示时任东久迩宫内阁国务大臣的近卫文麿对旧宪法予以修订。币原喜重郎组阁后的 10 月 11 日，麦克阿瑟又对其下达修宪指令。10 月 13 日，面对指令，币原内阁决定由松本烝治出任宪法担当国务大臣；同月 25 日，由松本烝治任委员长的宪法问题调查研究会（松本委员会）正式成立，开始围绕修宪展开调研。

5. “松本四原则”

1945 年 12 月 8 日，松本烝治在参加帝国议会众议院预算委员会答辩时提出被称作“松本四原则”的修宪基本方针，即（1）不改变《大日本帝国宪法》中天皇总揽统治权的基本原则；（2）扩大议会权限，

---

① 全称《中美英三国促令日本投降之波茨坦公告》（Potsdam Declaration），亦称《波茨坦宣言》。1945 年 7 月 26 日，在苏、美、英波茨坦会议期间，由美国起草，中、美、英三国发表。苏联于同年 8 月 8 日加入。宣言主要由盟国对日作战直至其停止抵抗、日本政府应立即宣布无条件投降等 13 条内容组成。

② 简称“盟总”（GHQ），是战后实施对日占领的盟军机构。

在一定程度上对天皇大权有关事项予以限制；（3）国务大臣的主要职责是处理所有国家政务，国务大臣对议会负责；（4）扩大人民自由及对其权利的保护，采取充分的救济措施。

6. “松本草案”

1946 年 2 月 7 日，松本烝治向天皇呈交《宪法修订纲要》，该文件于翌日与相关说明材料一道正式提交至盟军最高司令官总司令部。该文件并未正式经过内阁审议，日本方面的考虑是先由“盟总”提出意见，再正式拟定宪法草案。

二、新宪法原则的确立

1. 修宪三原则

根据“麦克阿瑟笔记”，1946 年 2 月 3 日，麦克阿瑟向负责起草宪法的“盟总”民政局长考特尼·惠特尼传达了应在起草过程中遵循的三项原则，即构成新宪法基本理念的和平主义、自由主义及民主主义。在接受上述原则的基础上，民政局为起草宪法按照立法权、行政权等领域，分别设置了 8 个负责起草具体条款的委员会。不仅如此，民政局还成立了负责对草案进行整体监督与调整的运营委员会。

2. “麦克阿瑟草案”

1946 年 2 月 10 日，民政局完成了总计 92 款的宪法草案，交由麦克阿瑟审阅。后者在做出对部分条款进行修改的指示后基本认可了这一草案。经过进一步修改，最终草案于 2 月 12 日完成。经麦克阿瑟批准，翌日，惠特尼召见松本烝治、吉田茂（时任外务大臣）等日本官员，在宣布拒绝接受“松本草案”的同时，向日本政府提出了“麦克阿瑟草案”。①

3. 接受“麦克阿瑟草案”

日本政府在 1946 年 2 月 22 日的内阁会议上，决定接受“麦克阿瑟草案”。1946 年 2 月 27 日，日本政府正式成立以法制局入江俊朗次长和佐藤达夫第一部长为核心的工作组，在“麦克阿瑟草案”的基础上起草新宪法。1946 年 3 月 2 日，工作组完成了首份草案，其主要是在

---

① 亦称“‘盟总’草案”。

对“麦克阿瑟草案”进行翻译、整理的基础上，最大可能地通过调整说法等方式加入日方诉求。该草案于 1946 年 3 月 4 日上午正式提交“盟总”。从当天傍晚开始，“盟总”民政局相关人员与佐藤为确定最终草案进行协商，彻夜未眠。1946 年 3 月 5 日下午，相关工作全部完成。翌日，《宪法修订草案》向民众公开。1946 年 4 月 17 日，政府又公布了经过片假名化、口语化处理的宪法草案。

4. 草案审议

1946 年 4 月 17 日，《宪法修订草案》提请枢密院谘询。但由于 1946 年 4 月 22 日币原内阁全体辞职，1946 年 5 月 22 日吉田茂组建新内阁，草案依先例暂时撤回。1946 年 5 月 27 日，草案依据此前审查结果进行了修改，并再次提请枢密院谘询。1946 年 6 月 8 日，《宪法修订草案》在枢密院全体会议上以除顾问美浓部达吉以外的多数赞成结果获得通过。

1946 年 6 月 20 日，《帝国宪法修订案》依据《明治宪法》第 73 条之规定以敕书形式提交众议院。6 月 25 日，审议工作正式开始。经帝国宪法修正委员会（芦田均任委员长）微调后的“芦田草案”于 8 月 24 日正式递交众议院全体会议进行表决。最终，众议院以 421 票赞成、8 票反对的绝对压倒性优势通过该草案，并于同日交由贵族院审议。

《帝国宪法修订案》于 1946 年 8 月 26 日正式提交贵族院全体会议审议。8 月 30 日，交由以安倍能成任委员长的帝国宪法修正案特别委员会审议。10 月 6 日，经过修改后的宪法修订案在贵族院全体会议上获得通过，并再次送交众议院。翌日，众议院全体会议以绝对压倒性优势通过该草案。至此，帝国议会关于修改宪法的相关手续已全部履行完毕。

5. 新宪法的公布与实施

10 月 12 日，政府将修订后的《帝国宪法修订案》送交枢密院谘询。在天皇亲自出席的枢密院全体会议上，修订后的《帝国宪法修订案》获得全票通过（顾问美浓部达吉等 2 人缺席）。同日，天皇批准修宪。1946 年 11 月 3 日，新宪法公布，决定于 1947 年 5 月 3 日起正式实施。

三、新宪法的特征

1. 新宪法的三大基本原理

《日本国宪法》总计103条，包含天皇制、放弃战争、国民权利与义务、国会、内阁、司法、财政、地方自治、修改宪法、最高法规、附则等11个方面的内容。新宪法将决定放弃战争、不保持战斗力的“和平主义”（第2章第8条）；主权在民的“民主主义”（第1章第1条）及以兼顾自由和基本权利平等为目标的“尊重基本人权”（第3章）作为三大基本原理。为了实现上述理念，新宪法进一步规定日本统治机构根据三权分立原则实施分权，其中国会掌握立法权、内阁掌握行政权、法院掌握司法权。

2. 新宪法的特点

世界范围内，君主立宪制、间接民主制、分权制、地方自治制度、军队文官制度等制度和理念被许多国家以写入宪法的形式加以采用。象征天皇制形式的君主立宪制、分权制（三权分立）、不保持战斗力、对刑事程序进行详细规定等条款被写入《日本国宪法》，既是前述制度、理念在日本的具体体现，也可以被视为是新宪法的特点。

3. 修宪规定

关于修宪，《日本国宪法》第96条规定，本宪法的修订，必须经各议院全体议员2/3以上的赞成，由国会提议，向国民提出并得其承认。此种承认，必须在特别国民投票或国会规定的选举时进行投票，必须获得半数以上的赞成。

4. 修宪动向

自20世纪50年代起，日本国内便不时出现修宪主张。冷战结束，特别是进入21世纪以来，日本修宪意图日趋明显。其中最具代表性的修宪主张，是自由民主党在2005年11月22日新宪法草案基础上，于2012年4月27日提出的《日本国宪法修订草案》。该草案明确提出了天皇元首化、规定国旗国歌、写明自卫权、拥有国防军、尊重家族、明确环保责任、确保财政健全、增设紧急事态宣言、降低修宪难度等修宪主张。

5. 修改宪法第九条

在对过去发动的侵略战争进行反省的基础上，《日本国宪法》在第九条明确规定日本“永远放弃以国权发动的战争、武力威胁或武力行使作为解决国际争端的手段”，且为此“不保持陆海空军及其他战争力量，不承认国家的交战权”。上述内容也成为确保战后日本走和平发展路线、成为和平国家的重要保障。但时至今日，日本各主要政党针对修改宪法第九条已出现诸多不同意见。

补充资料

1. “终战诏书”

大东亚战争终结之诏书①

朕深鉴于世界大势与帝国现状，欲采取非常措施以收拾时局，兹告尔等忠良臣民：

朕已饬令帝国政府通告美、英、支、苏四国，接受其联合公告。

盖谋求帝国臣民之康宁，同享万邦共荣之乐，斯乃皇祖皇宗之遗范，亦为朕所眷眷服膺者。往年，帝国所以向美、英两国宣战，实亦为希求帝国之自存与东亚之安定，至如排斥他国主权，侵犯其领土之举，固非朕之本意。然交战已阅四载，虽有陆海将士英勇战斗，百官有司励精图治，一亿众庶克己奉公，各尽所能，但战局并未好转，世界大势亦于我不利。加之，敌近来使用残酷之炸弹，频杀无辜，惨害所及，实难预料。若仍继续交战，则不仅终将导致我民族灭亡，亦将破坏人类文明。如此，则朕将何以保全亿兆赤子，陈谢于皇祖皇宗之神灵乎！此朕所以饬令帝国政府接受联合公告者也。

朕对始终与帝国同为东亚解放而努力之诸盟邦，不得不表示遗憾；念及死于战阵、殉于职守、毙于非命之帝国臣民及其遗属，则五内俱裂；负战伤、蒙战祸、损失家业者之生计，朕亦轸念之至。帝国今后之苦难固非寻常，朕亦深知尔等臣民之衷情。然时运之所趋，朕欲忍其所难忍，耐其所难耐，以为万世之太平计。

朕于兹得以维护国体，倚信尔等忠良臣民之赤诚，并常与尔等臣民

① 根据日本国立国会图书馆数字收藏1945年8月14日日本《官报》公布版本翻译。

同在。若夫为情所激，妄滋事端，或同胞互相排挤，扰乱时局，因而迷误大道，失信义于世界，此朕所深戒。宜举国一致，子孙相传，确信神州之不灭。念任重而道远，倾全力于将来之建设，笃守道义，坚定志操，誓必发扬国体之精华，不致落后于世界之进步，望尔等臣民慎体朕意。

御名御玺

昭和28年8月14日

内阁总理大臣	男爵	铃木贯太郎
海军大臣		米内光政
司法大臣		松阪广政
陆军大臣		阿南惟几
军需大臣		丰田贞次郎
厚生大臣		冈田忠彦
国务大臣		樱井兵五郎
国务大臣		左近司政三
国务大臣		下村宏
大藏大臣		广濑丰作
文部大臣		太田耕造
农商大臣		石黑忠笃
内务大臣		安倍源基
外务大臣兼大东亚大臣		东乡茂德
国务大臣		安井藤治
运输大臣		小日山直登

2. 自民党《日本国宪法修订草案》概要①

对现行宪法所有条款予以修改，修改后的宪法将由11章，110条组成。

（前言）

在继承主权在民、和平主义、尊重基本人权三大基本原理的同时，表明日本拥有自己守护历史与文化、国家与故乡的气概，以及将建立一

① 根据自由民主党网站「日本国憲法改正草案 Q&A（増補版）」翻译而成。

个崇尚和平、家人与社会互相帮助的国家。

(第一章 天皇)

天皇是国家元首，是日本国及日本国民统一的象征

明确日本国旗是日章旗，国歌是《君之代》，新增年号相关规定

(第二章 安全保障)

在继承和平主义的同时，写明自卫权，对拥有国防军做出规定

新增保全领土等规定

(第三章 公民权利及义务)

对尊重家庭、家庭互助做出规定

新增环境保护责任、海外国民保护、关怀犯罪受害者等规定

(第四章 国会)

选举区划定在以人口为根本依据的基础上，综合考虑行政区划等因素

新增政党相关规定

(第五章 内阁)

对内阁总理大臣缺位时的代行权限事宜做出规定

对众议院解散权、针对行政各部门的指挥监督权、国防军指挥权等内阁总理大臣权限做出规定

(第六章 司法)

对可以降低法官薪资做出规定

(第七章 财政)

对确保财政健全性做出规定

(第八章 地方自治)

在明确地方自治宗旨的同时，对国家及地方自治体间合作关系做出规定

对有关地方选举权的国籍条件做出规定

(第九章 紧急事态)

对出现遭到国外武装进攻、发生大规模自然灾害等法律规定的紧急事态时，内阁总理大臣可宣布进入紧急事态，并依据法律采取相应措施做出规定

(第十章 修订)

将提出宪法修订案的条件，降为在参、众两院获半数以上赞成

（第十一章 最高法规）

对国民有义务尊重宪法做出规定

3. 各主要政党对修改宪法第九条的态度

政党名称	是否赞成	主要意见（截至 2022 年 8 月）
自由民主党	赞成	写明自卫权，拥有国防军，增加紧急事态条款
立宪民主党	反对	根据立宪主义与和平主义，采取废除安保法制违宪部分等必要措施
日本维新会	赞成	写明自卫权，增加紧急事态条款
公明党	慎重	探讨“加宪”；保持宪法第九条，探讨写明自卫队事宜
日本共产党	反对	彻底落实宪法第九条；裁军，最终撤销自卫队
国民民主党	赞成	写明自卫权范围，保留自卫队
令和新选组	反对	没必要修改宪法，反对紧急事态等限制国民权利的修宪主张
社会民主党	反对	反对修宪；缩小自卫队规模
NHK 党	不明	应对写明自卫队、删除第九条第 2 款予以探讨
参政党	不明	修改国内法，为保护国民生命、国土、国民自由，成为能够采取非军事“先手应对”措施的国家

思考题

1. 名词解释

大政奉还 “五条誓文” 太政官制 《大日本帝国宪法》 钦定宪法 《波茨坦公告》《终战诏书》 GHQ 《日本国宪法》 “和平宪法” 《日本国宪法》第九条

2. 简答题

（1）简述《大日本帝国宪法》的性质与特点。

（2）简述《日本国宪法》的起草背景。

（3）《日本国宪法》的三大基本原理是什么，其体现在何处？

（4）简述《大日本帝国宪法》与《日本国宪法》的不同之处。

（5）如何理解《日本国宪法》第九条？

3. 论述题

（1）《大日本帝国宪法》与《日本国宪法》所确立的君主立宪制有何异同？

（2）如何看待战后日本的修宪动向？

（3）为什么日本修宪问题会受到国际社会和亚洲邻国的高度关注？

（4）国际社会普遍关注日本修宪问题，甚至对此表示反对，是否有悖于“不干涉内政”原则？

第三章

天　　皇

第一节　象征天皇制

一、《日本国宪法》下的象征天皇制

《日本国宪法》第一章第一条规定："天皇是日本国的象征，是日本国民统一的象征，其地位以拥有主权的全体日本国民的意志为依据。"即是说，新宪法并未明确给予天皇国家元首地位。

第二次世界大战后，战胜国强烈要求将天皇作为轴心国领导人进行处罚，并废除日本君主制。与之相对，日本方面主张延续天皇制。驻日盟军总司令（SCAP）麦克阿瑟及盟军最高司令官总司令部（GHQ）以顺利实施对日占领，及所谓构建防御共产主义的"防波堤"为由，同意日本继续延续君主制。也正是这一决定导致昭和天皇的战争责任问题成为历史遗留问题并延续至今。

二、天皇的国事行为

天皇在历史上曾一度是日本的君主，总揽统治大权。《日本国宪法》对其象征性做出明确规定。目前在位的天皇，即所谓"今上天皇"是德仁，其年号为"令和"。

当前，天皇可开展以下国事行为：（1）根据国会提名任命内阁总理大臣；（2）根据内阁提名任命最高法院院长；（3）颁布宪法、法律、

政令及条约；(4) 宣布召开国会；(5) 宣布解散众议院；(6) 发布进行国会议员选举公告；(7) 对国务大臣及其他官员的任免进行认证；(8) 对全权证书、特命全权大使·公使委任状进行认证；(9) 对大赦、特赦、减刑、免刑及恢复权利进行认证；(10) 授予荣誉称号；(11) 对批准书、条约等外交文书进行认证；(12) 接受外国大使、公使；(13) 举办仪式。

天皇不能参与国政，只能进行《日本国宪法》规定的国事行为。在这里，国事行为指的是形式性行为，必须得到内阁的建议与批准，相关问题均由内阁负责。

除上述国事行为外，天皇及皇室成员还可以“行幸启”“国际亲善”名义开展国内视察、国际交流活动。和歌、雅乐、蹴鞠、古典马术（打逑、母衣引）、饲养鹈鹕等日本传统文化的传承也与天皇及皇室每年举行的“讲书始”“歌会始”等活动有关。

第二节 天皇的起源

一、天照大神与天皇

1. 天皇起源

有观点认为，根据《古事记》《日本书纪》等日本神话、史书记载，公元前660年登基的神武天皇是日本第一代天皇。但时至今日，历史学界并未对天皇的确切起源得出定论。

一般认为，从6世纪前半叶即位的继体天皇开始到当今天皇，皇室家谱的可信度较高。中国史书有关天皇的最早记载出现在《隋书·倭人传》，也就是日本在国书中称其最高统治者为“日出之处天子”的记载。

2. 天照大神

在《日本书纪》中，天照大神（天照大御神）是日本皇室的祖神，其原为神话中主宰高天原①的太阳女神。其居住在天上，为日本带来光

① 即日本神话中的神界。

和秩序。天照大神又名大日孁贵神，其中“大”与“贵”均系美称，故其本名应为“日孁”。其中，日代表太阳，孁则有女性、巫女之意。即是说，天照大神指的便是太阳巫女，直截了当地说就是“himiko”①。

在神道体系中，一般认为身为皇祖神的天照大神是祭祀太阳及太阳神的巫女。作为伊势神宫②内宫的主祭神，天照大神就是太阳巫女。

3. 天照大神的传说

根据日本神话传说，创世男神伊邪那岐命（伊奘诺尊）因怀念逝去的妻子，即创世女神伊邪那美命（伊弉冉尊）亲赴黄泉国，在看到妻子因腐坏而丑陋不堪的身体后逃离黄泉国。为了清洁沾满污秽的身体，伊邪那岐命来到位于筑紫州日向国的橘小户阿波岐原，在清洗左眼时生出了姐姐天照大神，在清洗右眼和鼻子时生出了弟弟月读命和须佐之男命（素戋呜尊）。以上三位便是日本神话中的“三贵子”。

4. 天孙降临的传说

天照大神拥有诸多子嗣，其中有一个名叫天忍穗耳命。天照大神曾命其统治苇原中国③，但天忍穗耳命发现苇原中国处于动乱之中，并未赴任。在平定动乱后，天照大神最终派遣天忍穗耳命的儿子，也就是自己的孙子迩迩艺命（琼琼杵尊）统治苇原中国，这便是“天孙降临”的传说。按照神话传说记载，迩迩艺命的曾孙便是神武天皇。这就意味着，当前日本皇室血脉可追溯至天照大神。

5. 三大神器

自天照大神之孙迩迩艺命奉命从高天原来到苇原中国，成为日本统治者之时起，皇室便持有三种神器。体现天皇地位的三种神器是天皇家族世代相传的八咫琼勾玉、八咫镜和草薙剑。有观点认为，八咫琼勾玉造型源于绳纹、弥生时代，代表着日本特有的祭祀、装饰文化，而八咫镜和草薙剑则与代表先进生产力的舶来品有关。

---

① 日语称ヒミコ，汉字书写为“卑弥呼”。

② 神社，位于日本三重县，由皇大神宫（内宫）和丰收神宫（外宫）组成。内宫主要祭祀天照大神，以三大神器之一的八咫镜为神体，外宫主要祭祀丰受大神。

③ 即日本神话中的人间。

在日本神话中，八咫琼勾玉和八咫镜均出现在“天岩户”① 故事中；草薙剑是须佐之男命斩杀八岐大蛇后从其尾部所得。一般认为，八咫琼勾玉象征爱，八咫镜象征诚，草薙剑象征勇气，其既是过去武士道精神的核心要义所在，也体现出日本人的精神。儒学传入日本后，也有人提出八咫琼勾玉、八咫镜、草薙剑三种神器分别代表了儒学的仁、智、勇“三德”。

目前，八咫琼勾玉保存在东京皇居中的“剑玺之间”；八咫镜实物保存于伊势神宫内宫，替代物被供奉在东京皇居中的贤所；草薙剑实物保存于热田神宫，替代物被供奉在东京皇居中的“剑玺之间”。

二、天皇与宗教

正如很多日本国民同时信仰佛教、神道教，按照两种宗教习惯行事一样，皇室也同时举行神道祭祀和佛教仪式。皇室神道色彩的增强，是由于光格天皇（公元1779—公元1817年在位）以恢复朝廷统治大权为目标恢复了宫中祭祀活动。而在此之前，皇室的佛教色彩更为强烈。随着明治天皇时代神、佛分离及神道国教化措施的实施，皇室与神道的直接关系得到进一步加强。

1. “现人神”

围绕天皇的神格、神性问题，自古以来就存在多种主张。随着这些主张与明治维新以前尊王攘夷、倒幕运动相结合，天皇的神格、神性明显增强，被视为“现人神”②，其根据则是《古事记》《日本书纪》中的神话传说与相关记载。此外，在日本国学者“祭政一体”构想逐步得到落实的过程中，天皇被定位为“掌管神道的犹如教主一般的存在”。

2. “三条教则”

明治初期，教部省③为结合神道、佛教、儒教对国民进行教导，设

---

① 天照大神因不满其弟素戋呜尊在高天原胡作非为，躲入名为“天岩户”的山洞之中。由于天照大神是太阳女神，世界顿时陷入黑暗。高天原众神为使世界重现光明，在山洞外载歌载舞，又献上八咫琼勾玉和八咫镜，这才趁天照大神好奇向外窥探时命大力神将其拽出山洞。

② 以人身形态出现的神。

③ 1872年为推进神道国教化政策设置的国家机关，以对国民思想进行控制为目标。1877年因效果欠佳遭到撤销，相关职能交由内务省社寺局负责。

定了“三条教则”。所谓“三条教则”，其主要内容为：（1）应体现敬神爱国的宗旨；（2）应明确天地人道；（3）应奉戴天皇，遵从圣意①。而在诸多对“三条教则”进行解释、说明的书籍中，则多次出现了“因为天皇是神灵子孙所以应将其作为‘现人神’加以奉戴”的说法。

3. 政教分离

在明治宪法体制下，神社成为公法人，神官②成为公务员，神道则成为国家宗教，信教自由受到抑制。与之相对，《日本国宪法》第20条第3款规定“任何宗教团体都不得从国家获得特权或行使政治权利”，这便是政教分离。盟军最高司令官总司令部认为神道中的危险因素主要包括神国、“现人神”“圣战”等思想。也正是基于这一背景，昭和天皇才于1946年颁布《关于建设新日本之诏书》（通称《人间宣言》③）。

4. 皇室与神道

在政教分离的大背景下，皇室与神道的结合并不顺利，但正如宫中祭祀所体现的那样，皇室和神道关系之密切亦是基本历史事实。此外，天皇及其祖先神亦作为神道信仰对象长期存在。

第三节　天皇制的历史

天皇真正行使统治大权的时间远逊于其存在的时间，在相当一段时间内，掌握日本统治大权的是天皇以外的贵族、武家及官僚。

一、天皇制概念

1. 天皇制

关于将天皇当作国家最高统治者的日本政治体制，“天皇制”一词

---

① 天皇的命令、指令等。

② 亦称神职，在神道中是神与人的媒介。

③ 1946年1月1日，天皇发表《人间宣言》，彻底否定了具有浓厚神话性质的皇祖神敕，否定了对于自己的神格化宣传，对天皇制进行改革。“人间”在日语中意为“人类”。

虽在当今社会及学术界得到广泛使用，但由于其最早由共产国际[①]提出，故长期以来，该词汇在日本一直遭到回避，通常以“国体”一词代替。

2. 大王与大王一族

史学界认为天皇制起源于古坟时代（公元3—7世纪）大和王权的“大王”。3世纪中期出现的前方后圆坟墓意味着统一政权的建立，人们由此推测该时期的大王及其家族便是当今天皇及皇室的祖先。

关于大王的由来，存在将弥生时代（公元前3世纪—公元3世纪）邪马台国统治者卑弥呼视为大王祖先、大王一族于4世纪初兴起于畿内大和地区、大王一族由朝鲜半岛攻入日本等多种不同说法，尚未形成定论。不过，一般认为当时的大王身份不仅体现在军事方面，在祭祀方面亦有所体现。

二、律令制时期的古代天皇制

1. 大化革新

自7世纪后半叶起，日本开始效仿唐朝政治体制，逐步实行律令制。公元645年（大化元年），中臣镰足（后来的藤原镰足）与中大兄皇子经过共同谋划，消灭了以苏我虾夷、苏我入鹿父子为核心的苏我氏势力。中大兄皇子被新即位的孝德天皇立为皇太子，以组建新政府为契机开启国政改革。公元646年颁布《改新之诏》，其中包含建立租庸调制、采取“班田收授法”、建立中央集权制、确立公地公民制四项主要措施。以此为基础，日本逐渐形成了以天皇为中心的中央集权国家体制。

2. “大宝律令”

公元701年，即文武天皇时期，《大宝律令》基本修成，并于翌年开始全面实施。日本由此正式成为律令制国家。《大宝律令》不仅明确规定国家名称为日本，年号为大宝，还确立了土地制度、赋税制度、中央集权制度、军事制度、身份制度、司法制度。这样一来，以天皇为中

① 亦称第三国际，英文为Communist International，由全世界共产党和共产主义组织的国际联合组织，于1919年3月2日正式成立，1943年5月正式解散。

心的中央集权制度得以正式确立，日本开始步入封建时代。

3. 摄关政治

从9世纪开始，贵族阶层逐渐取得政治决策权，成为国家的实际操控者。到10世纪，贵族中与天皇有着深厚姻亲关系的藤原氏（藤原北家）建立摄关政治①，独揽朝政。

4. 院政

11世纪末，日本进入了以天皇家族家督，即上皇（治天之君）身份实质掌握政权，君临天下处理政务的院政时代。虽然在身为天皇期间受到诸多限制，但交出皇位成为上皇后，便可自由行事，成为拥有实权的君主。对这种政治形态予以支持的多为中级贵族阶层。院政的出现也意味着藤原氏（摄关家）权力地位的相对下降。

三、公武两立时期的中世天皇制

镰仓幕府建立后，日本政治格局处于以天皇、上皇为中心的文治朝廷公家政权与以将军为中心的武治幕府武家政权长期共存状态，此即“公武二元政治”。

1. 公家政权的衰落

公元1221年爆发的“承久之乱”② 以幕府胜利告终。自此，京都的公家政权走向衰落，幕府政权得以确立。特别是在镰仓幕府建立后，武士、军人首领通过世袭“征夷大将军”职位的方式，成为手握日本内政、外交大权的实际最高统治者。

2. “建武新政”

公元1333年，后醍醐天皇推翻镰仓幕府，实现天皇亲政。随后，提倡恢复律令制的后醍醐天皇建立公武合体新政府，并于翌年改年号为建武。但由于在论功行赏及处理土地问题时有失公允，又为建造大内里（宫城）、发行货币增加课税，后醍醐天皇逐渐失去了农民和武士的信

---

① 即由藤原氏出身的“摄政”与“关白”实际把持朝政的政治体制。其中，“摄政”指的是在天皇年幼或出现女天皇时，代替天皇主持朝政的官职；“关白”则是指天皇成年后以协理朝政之名，行独揽朝政之实的官职。

② 为恢复权力，因镰仓幕府建立而遭到打击的公家势力以后鸟羽上皇为中心起兵讨伐北条义时，以失败告终。

任。建武二年，在武士、军人中颇具声望的足利尊氏联合各国武士起兵谋反。建武新政府在短短两年半时间里分崩离析，日本随之进入分裂为南北朝的内乱时代，天皇大权亦再度旁落。

3. 近世天皇的地位

进入近世，织田信长、丰臣秀吉等霸主一方面承认天皇的存在与权威，另一方面则对天皇进行政治利用，用以提高自身声望。德川幕府建立后，天皇权威同样得到保留，但根据《禁中并公家诸法度》，天皇与公家朝臣只能研习学问，不能过问政事，幕府权力已凌驾于天皇与公家朝臣之上。

从“紫衣事件”① “春日局事件”② 等不难看出，此时的天皇除了颁布年号外，几乎没有任何其他政治权力。同时，由于幕府在学问上采用儒学，尤其重视朱子学，故将德川将军一族，即德川宗家视为正统“君主”的“尊王论”以水户德川家（水户藩）为中心盛行起来。

4. 天皇的权威性

在日本历史上，无论是否实际掌握统治大权，天皇作为君主都拥有重要权威。天皇君主地位从未遭到实权者废除；在大多数情况下，实权者的地位建立在尊重天皇权威的基础之上。例如，在全国范围内拥有统治权，被视为武家政权最高统治者的“征夷大将军”职务，在形式上仍由天皇任命。此外，利用天皇政治权威，将政敌指定为朝敌（天皇的敌人），从而为自身统治寻找正当理由的情况也曾在日本历史中多次出现。

四、《明治宪法》时期的天皇制

1. 一君万民思想

江户幕府末期，在尊王攘夷思想的影响下，天皇成为倒幕运动的中

① 1627 年，后水尾天皇为解决朝廷财政问题，在未与幕府商议的情况下敕许京都大德寺、妙心寺数十位僧侣身着象征高级僧侣身份的紫色袈裟。幕府以此举有违《敕许紫衣法度》和《禁中并公家诸法度》为由判定敕许无效，令朝廷颜面尽失。

② 1629 年，德川幕府第三代将军德川家光派遣其乳母斋藤福觐见后水尾天皇。天皇赏赐其“春日局”称号、从三位官阶。由于斋藤福没有任何官职，原本没有资格觐见天皇，故此举被视为是对天皇及朝廷权威的蔑视。此事件后不久，后水尾天皇便愤然宣布退位。

心人物。尊王攘夷的主要目的是通过建立以天皇为中心的政治体制，在对外交往中确保国家独立。这种政治思想无疑对幕末日本政局产生重大影响。

在倒幕派看来，公武二元政治不利于日本成为真正意义上的近代国家，因此必须以武力推翻幕府。同时，为了建立以天皇为中心的强大君主制国家，倒幕派认为有必要在宗教、现实维度树立至高无上的天皇形象。因此，吉田松阴所提倡的一君万民思想，成为否定幕府权威的意识形态。

2. 君主立宪制

推翻江户幕府后，明治新政府开始着手建立中央集权国家。在应对不满士族叛乱及自由民权运动的过程中，新政府逐渐认识到议会制度的必要性，并将欧洲的君主立宪制视为构建近代国家体制的模型。

3. 国家元首

《大日本帝国宪法》对天皇的国家元首身份做出明文规定：大日本帝国由万世一系之天皇统治之（第一条）；天皇神圣不可侵犯（第三条）；天皇以国家元首身份总揽统治权，以本法为依据实施统治（第四条）。

4. 天皇权力

《大日本帝国宪法》赋予天皇的主要权力包括：（1）以国家元首身份总揽统治权；（2）统帅陆海军；[①]（3）在帝国议会的协助下行使立法权；（4）由国务大臣辅佐；（5）依法由法院在其名义下行使司法权。

5. “皇室典范”

与《大日本帝国宪法》同时制定的《皇室典范》，是确立近代天皇制的基本法典。其由皇位继承、登基、即位等12部分组成。《皇室典范》被认为是连内阁、议会都无权修改、废除的“皇室家法”。天皇的神统性和宗教性即来源于此。

6. 重要文件

一般认为，近代天皇制理论体系由若干重要文件构成，除《明治宪法》与《皇室典范》外，还包括1882年1月4日颁布的《军人敕谕》

① 近代日本直至第二次世界大战结束未将空军设定为独立军种，故统帅陆海军实际上等同于统帅三军。

及1890年10月30日颁布的《教育敕语》。

五、理论分歧与制度弊病

《大日本帝国宪法》时期，日本国内围绕天皇制产生理论分歧，主要代表性观点包括“万世一系论”、民本主义及“天皇机关论”。

1. “万世一系论”

《大日本帝国宪法》第一条中关于“大日本帝国由万世一系之天皇统治之”的规定是整部宪法的理论思想基础。有学者认为，站在王权论角度，日本天皇家族血脉未曾断绝，可谓“万世一系”，但从政治史视角出发，天皇制并不具有持续性。也正是基于这一考量，《日本国宪法》删除了上述表述。

2. 民本主义

大正天皇在位时期，日本出现了被称为“大正德谟克拉西”的大正民主运动。作为日本近代以来继自由民权运动之后的第二次民主运动高潮，大正民主运动与两次护宪运动①关系密切。在相对宽松的政治氛围下，日本言论界日趋活跃。以1916年、1918年先后发表于《中央公论》的《论宪政本意及其贯彻之途径》《再论宪政本意及其贯彻之途径》为标志，吉野造作提出了民本主义②思想，从自由主义视角对君主制进行了阐释。

3. “天皇机关论”

1925年，政府在实施《普选法》的同时，制定《治安维持法》，对包括变更国体在内的言论、运动予以禁止。1935年，因主张天皇机关论③，美浓部达吉在贵族院遭到猛烈抨击，其著作被禁止出版，本人

① 指的是分别发生于1912—1913年、1924—1925年的，以拥护政党内阁、立宪政治为目标的两次国民政治运动。引发两次护宪运动的原因均是军阀、藩阀势力强行从政党内阁手中夺取政权；主要目标在于反对专制主义、军国主义统治，拥护宪法，实现资产阶级立宪民主政治。

② 大正时代代表性民主主义思想之一，由东京帝国大学副教授吉野作造提出，主张在保留天皇君主制的基础上，在实际层面实施立宪政治，引进民主主义思想。

③ 大正时代代表性民主主义思想之一，由贵族院议员、东京帝国大学教授美浓部达吉提出。该学说认为国家统治权属于身为“法人”的国家，而非天皇，后者只是以国家最高机关身份行使统治权。“天皇机关论”与上杉慎吉提出的“天皇主权论”长期对立，是大正时期民主政治和政党内阁的思想基础。

亦以不敬罪[①]遭到起诉，被迫辞去贵族院议员职务。更有甚者，美浓部达吉于 1936 年 2 月遭到右翼分子刺杀。有观点认为，日本统治阶级之所以对美浓部达吉及其“天皇机关论”进行打压，实际是为了抑制舆论对于政府及军队活动的批判。

4. 军部暴走

1929 年，自美国爆发的经济危机席卷整个资本主义世界。受其影响，日本国内矛盾加剧。经过 1932 年 5 月 15 日的“五・一五事件”[②]和 1936 年 2 月 26 日的“二・二六事件”[③]，军部势力迅速崛起，并以天皇为借口左右政局。不仅如此，由于《大日本帝国宪法》规定，日本军队统帅权掌握在天皇而非政府手中，故关东军可以无视政府及军队上层方针，挑起“九一八”事变，入侵中国东北。军队也可裹挟政府，一步步扩大对外侵略战争。

5. 过分神化天皇

自 20 世纪 30 年代起，军部在强调天皇神圣不可侵犯的同时，不断对政府施加压力。通过实现军部大臣现役武官制、挑起侵犯统帅权问题[④]、发起“国体明征”运动[⑤]等方式，军部势力日益壮大。以 1938 年

---

① 指损害名誉、尊严等，被认为对日本天皇、皇室成员及相关宗教、圣地、坟墓等对象不敬的犯罪行为。曾被正式写入 1880 年、1907 年日本刑法。

② 1932 年 5 月 15 日，部分少壮派法西斯陆海军青年军官，与大川周明所率“爱乡塾”等民间法西斯势力相勾结，在东京发动武装政变，企图推翻内阁，建立法西斯军部独裁政权。他们袭击了首相官邸、内大臣官邸、警视厅、日本银行等重要场所，杀害了时任首相犬养毅。

③ 1936 年 2 月 26—29 日，皇道派青年军官在北一辉、西田税等民间法西斯头目的支持下率部在东京发动武装政变。其分数路对首相、内大臣、教育总监、大藏大臣、侍从长等政要及警视厅、朝日新闻社等地发起袭击，并占领了首相官邸及陆军省所在的永田町一带。此次政变导致内大臣斋藤实、藏相高桥是清、教育总监渡边锭太郎身亡，侍从长铃木贯太郎受重伤；首相冈田启介、前内大臣牧野伸显等人逃过一劫。

④ 1930 年，日本在伦敦海军裁军会议上做出让步，与美、英等国签署《伦敦海军条约》。对此，以军令部长加藤宽治、次官山梨胜之进为代表的海军强硬派以签署相关条约侵犯天皇统帅权为由，对滨口雄幸内阁发起攻击。1930 年 11 月 14 日，首相滨口雄幸遭右翼分子刺杀，身负重伤，于次年逝世。自此，军部、右翼势力等极具侵略性的日本法西斯势力开始猖獗起来。

⑤ 针对美浓部达吉的“天皇机关论”，军部、右翼团体等通过发起“国体明征”运动、迫使政府最终以发布两份“国体明征”声明的方式，对其进行打压。经此一役，天皇的主体统治地位得到进一步巩固；军部亦借此夺取政治主导权，从而为激进势力登场及对广大国民进行思想统治扫清障碍。

《国家总动员法》的颁布为标志，天皇已完全被神化为“现人神”，以其为中心的战时体制亦得以建立。在此背景下，大批对神化天皇提出异议的知识分子遭到迫害。如日本著名古代史学者津田左右吉因反对将神话与历史事实混为一谈，不仅被迫辞职，还遭到起诉。

补充资料

1.《大宝律令》

公元701年（大宝元年），刑部亲王、藤原不比等、粟田真人等人奉文武天皇之命以唐朝律令为范本制定出《大宝律令》。作为古代日本的重要基本法典，《大宝律令》包含律6卷、令11卷。所谓律，相当于如今的刑法；令，则相当于现在的行政法、民法、诉讼法。一般认为，《大宝律令》是对《近江令》《飞鸟净御原令》的延续。由于《大宝律令》绝大部分内容已经散佚，人们只能从与之十分相近的，于公元718年完成的《养老律令》中对其内容进行推测。

《养老律令》的律由10卷12篇组成，具体包括《名例律》《卫禁律》《职制律》《户婚律》《厩库律》《擅兴律》《贼盗律》《斗讼律》《诈伪律》《杂律》《捕亡律》《断狱律》。其中，《名例律》为总则；《卫禁律》主要涉及宫廷警卫、城关要塞；《职制律》针对贪官污吏；《户婚律》与户籍、财产、赋税、婚姻、养子、继承等事宜有关；《厩库律》对牛马、仓库等予以规定；《擅兴律》主要与军事有关；《贼盗律》主要针对谋反、谋大逆、盗贼、强盗等刑事问题；《斗讼律》对诉讼进行了规定；《诈伪律》主要对欺诈、伪造等行为进行限制；《杂律》对私铸货币等不便归为一个类型的犯罪行为进行管束；《捕亡律》与追捕藏匿犯人、逃亡丁役有关；《断狱律》主要围绕审问犯人展开。

《养老律令》的令则包含10卷30篇，即《官位令》《职员令》《后宫职员令》《东宫职员令》《家令》《神祇令》《僧尼令》《户令》《田令》《赋役令》《学令》《选叙令》《继承令》《考课令》《禄令》《宫卫令》《军防令》《仪制令》《衣服令》《营缮令》《公式令》《仓库令》《厩牧令》《医疾令》《假宁令》《丧葬令》《关市令》《捕亡令》《狱令》《杂令》。

学界普遍认为，《大宝律令》中的律几乎原封不动地照搬了《唐律》。至于令，虽然《唐律》佚失严重，无法进行系统对比，但其本土化程度，即日本固有要素的占比应当比例高。

2.《关于建设新日本之诏书》（《人间宣言》）节选①

……朕与尔等国民间之纽带，始终源自彼此信赖与敬爱，绝非单纯依靠神话与传说。亦非基于视天皇为“现人神”，且日本国民优越于其他民族、拥有统治全世界之宿命的虚构观念……

3. 现任天皇与皇室结构

皇室由天皇和皇族构成，其又可被分为内廷皇族成员和其他宫家皇族成员。目前，内廷皇族成员包括天皇（德仁，生于1960年2月23日，2019年5月1日即位）、皇后（雅子）、皇女（爱子）、上皇（明仁）、上皇后（美智子）5人。其他宫家皇族成员共计12人，分别为秋筱宫（4人）、常陆宫（2人）、三笠宫（4人）、高圆宫（2人）。需要强调的是，天皇及皇室成员均没有姓氏。

4. 宫中主要祭祀仪式一览

日期	仪式名称	内容
1月1日	四方拜	每年的第一个宫中祭祀活动，清晨天皇在神嘉殿南庭遥拜伊势神宫、皇陵以及四方神灵
	岁旦祭	清晨在三殿②举行的年初祭典
1月3日	元始祭	在年初庆祝皇位之根本与由来，在三殿祈祷国家国民繁荣的祭典
1月4日	奏事始	掌典长在年初之时，向天皇汇报伊势神宫以及宫中祭祀活动情况
1月7日	昭和天皇祭	昭和天皇驾崩之日在皇灵殿举行的祭典（也会在其陵墓举行），晚间有神乐演出
1月30日	孝明天皇例祭③	孝明天皇驾崩之日在皇灵殿举行的祭典（也会在其陵墓举行）

① 根据日本国立国会图书馆数字收藏1946年1月1日日本《官报》公布版本翻译。

② 指位于皇宫吹上御所内的贤所、皇灵殿、神殿三座宫殿。

③ 例祭即指定期举行的例行祭祀活动。

续表

日期	仪式名称	内容
2 月 17 日	祈年祭	在三殿举行的祈求丰收的祭典
2 月 23 日	天长祭	为庆祝天皇生日在三殿举行的祭典
春分	春季皇灵祭	春分之日在皇灵殿举行的祭祀祖先活动
	春季神殿祭	春分之日在神殿为感谢神之恩典举行的祭典
4 月 3 日	神武天皇祭	神武天皇驾崩之日在皇灵殿举行的祭典（也会在其陵墓举行）
	皇灵殿神乐	神武天皇祭当晚为告慰神灵特别举行的以雅乐演出为主的祭典
6 月 16 日	香淳皇后列祭	香淳皇后驾崩之日在皇灵殿举行的祭典（也会在其陵墓举行）
6 月 30 日	节折	为天皇举行的祓除仪式
	大祓禊	在神嘉殿前为以皇族为首的全体国民举行的祓禊仪式
7 月 30 日	明治天皇列祭	明治天皇驾崩之日在皇灵殿举行的祭典（也会在其陵墓举行）
秋分	秋季皇灵祭	秋分之日在皇灵殿举行的祭祀祖先活动
	秋季神殿祭	秋分之日在神殿为感谢神之恩典举行的祭典
10 月 17 日	神尝祭	通过向贤所供奉新谷感谢神之恩典的祭典，当日早上天皇会在神嘉殿遥拜伊势神宫
11 月 23 日	新尝祭	天皇在神嘉殿将新谷供奉给以皇祖为首的众神以感谢其恩典，并亲自品尝的祭典。是宫中最为重要的惯例祭典活动，天皇亲自栽培的新谷亦会作为贡品
12 月中旬	贤所神乐	从傍晚开始在贤所演奏神乐以告慰神灵的祭典
12 月 25 日	大正天皇列祭	大正天皇驾崩之日在皇灵殿举行的祭典（也会在其陵墓举行）
12 月 31 日	节折	为天皇举行的祓除仪式
	大祓禊	在神嘉殿前为以皇族为首的全体国民举行的祓禊仪式

5.《禁中并公家诸法度》①

《禁中并公家诸法度》由17款内容组成，前12款主要是针对天皇、皇室及公家制定的各项规定；13款之后主要对僧人及其职位予以规定。《禁中并公家诸法度》原件在1661年2月14日（万治四年1月15日）的京都皇宫大火中被焚毁。1664年重新誊写后再未进行过修订，一直沿用至幕末。

● 天子诸艺能之事，第一御学问也。不学则不明古道，而能政致太平者未之有也。贞观政要明文也。宽平遗诫，虽不穷经史，可诵习群书治要云云。和歌自光孝天皇未绝，虽为绮语，我国习俗也。不可弃置云云。所载禁秘抄御学习专要。

● 三公之下亲王，其故者，右大臣不比等着舍人亲王之上，殊舍人亲王、仲野亲王，赠太政大臣穗积亲王准右大臣，是皆一品亲王以后，被赠大臣时者，三公之下，可为勿论欤，亲王之次，前官之大臣，三公，在宫之内者，为亲王之上，辞表之后者，可为次座，其次诸亲王，但储君各别，前官大臣，关白职再任之时者，摄家之内，可为位次。

● 清花之大臣，辞表之后座位，可为诸亲王之次座。

● 虽为摄家，无其器用者，不可被任三公摄关。况其外呼。

● 器用之御仁体，虽被及老年，三公摄关不可有辞表。但虽有辞表，可有再任。

● 养子者连绵。但，可被用同姓。女缘其家家督相续，古今一切无事。

● 武家之官位者，可为公家当官之外事。

● 改元，汉朝年号之内，以吉例可相定。但，重而于习礼相熟者，可为本朝光规之作法。

● 天子礼服，大袖，小袖，裳，御纹十二象。诸臣礼服各别，袍麴尘，青色，帛，生气御袍，或御引直衣，御小直衣等之事，仙洞御袍，赤色橡，或甘御衣，大臣袍，橡异文，小直衣、亲王袍橡，公卿着禁色杂袍，虽殿上人，大臣息或孙、听着禁色杂袍，贯用，五位藏人，六位

① 根据日本国立国会图书馆数字收藏文部省宗教局编著《宗教制度调查资料》第16辑版本编译。

藏人，着禁色，至极﨟着麴尘袍，是申下御服之仪也，晴之时，虽下﨟着之，袍色，四位已上橡，五位绯，地下赤衣、六位深绿，七位浅绿，八位深缥，初位浅缥，袍之纹、辔唐草轮无，家家以旧例着用之，任槐以后异文也，直衣，公卿禁色直衣，始或拜领、家家任先亲着用之，殿上人直衣，羽林家之外不着之，虽殿上人，大臣息又孙，听着禁色，直衣，布衣，直垂，随所着用也，小袖，公卿衣冠时者着绫，殿上人不着绫，炼贯，羽林家卅六岁迄着之，此外不着之，红梅，十六岁三月迄，诸家着之，此外者平绢也，冠，十六未满透额，帷子，公卿从端午，殿上人从四月酉加茂祭，着用普通。

●诸家升进之次第，其家家守旧例可申上，但，学问有识歌道令勤学、其外于积奉公劳者，虽为超越，可被成御推任御推叙，下道真备虽从八位下，依有才智誉，右大臣拜任，尤规摸也，萤雪之功不可放捐。

●关白、传奏、并奉行职事等申渡仪，堂上地下辈，于相背者，可为流罪。

●罪轻重可被守名例律。

●摄家门迹者，可为亲王门迹之次座。摄家三公之时，虽为亲王之上，前官大臣者，次座相定上者可准之，但，皇子连枝之外，门迹者，亲王宣下有间敷也，门迹之室之位者，可依其仁体考先规，法中之亲王希有之仪也，近代及繁多，无其谓，摄家门迹，亲王门迹之外，门迹者可为准门迹。

●僧正大，正，权，门迹院家可守先例。至平民者，器用卓拔之仁希有虽任之，可为准僧正也。但，国王大臣之师范者各别。

●门迹者，僧都大，正，少，法印任叙之事。院家者，僧都大，正，少，权，律法师印法眼，任先例任叙勿论。但，平人者，本寺推举之上，犹以相选器用，可申沙汰。

●紫衣之寺住持职，先规希有之事也。今年猥敕许之事，且乱﨟次，且污官寺，甚不可然。于向后者，撰其器用，戒﨟相积，有智者闻者，入院之仪可有申沙太。

●上人号之事，硕学之辈者，本寺撰正权之差别于申上者，可被成敕许。但，其仁体，佛法修行及廿个年者可为正，年序未满者，可为权。猥竞望之仪于有之者，可被行流罪。

右可被相守此者也

庆长廿年乙卯七月日

昭实（花押）

秀中（花押）

家康（花押）

6.《教育敕语》

关于教育之敕语①

昨日（三十日），天皇召见内阁总理大臣、文部大臣，亲自就教育发表如下敕语。

朕惟我皇祖皇宗，肇国久远，树德甚深。我臣民，克忠克孝，亿兆一心，世济厥美。此我国体之精华，而教育之渊源亦实存于此。尔臣民，孝父母，友兄弟，夫妇相和，朋友相信，恭俭持己，博爱及众，修学习业，以启发智能，成就德器。扩公益，开世务，常重国宪，遵国法。一旦缓急，则义勇奉公，以扶翼天壤无穷之皇运。如是，不独为朕之忠良臣民，亦足以显彰尔祖先之遗风矣。

此道实我皇祖皇宗之遗训，子孙臣民皆应遵守；古今不谬，四海皆准。朕庶几与尔臣民，拳拳服膺，咸布懿德。

7.《军人敕谕》

《赐予陆海军军人之敕谕》②

我国军队世代为天皇所亲御。自昔神武天皇亲率大伴物部之兵，以平中国而即帝位。统治天下以来，凡二千五百有余年矣。其间因时代之变迁，兵制亦屡有改革。古制军队为天皇所亲御。虽时以皇后、太子代之，然大凡未有以兵权委诸臣下之例。至于中世，文武制度皆仿唐国，设六卫府、左右马寮、防人等。兵制虽日臻完备，然渐习于日久之生平。朝廷之政务亦流于文弱，以至兵农二分。古之征兵者渐为职业之壮兵，终成武士。其后兵马之权，尽归于武士首领。适逢乱世，政治大权亦落入其手。此间约七百年间皆为武家之政治。世事变迁虽为人力所不

---

① 根据日本国立国会图书馆数字收藏的1890年10月31日日本《官报》公布版本翻译。

② 根据日本国立国会图书馆数字收藏的朝比奈策太郎著《军人敕谕读本》（日本经国社1944年）版本翻译。

能挽回，然此制不合国体，有违祖宗之法，殊堪浩叹。及至弘化、嘉永时，德川幕府之政益衰，恰值外邦多事之秋，外侮只在顷刻，是以皇祖仁孝天皇、皇考孝明天皇忧思甚深，惶惶不安。然朕冲龄践祚之初，征夷大将军奉还大政，大名小名亦奉还版籍。经年而海内一统、复归旧制。此乃文武忠臣良弼、匡辅朕躬之功，亦仰赖列祖列宗愍念苍生之遗泽，蒙全体臣民明辨顺逆、晓大义之重。当是时，即更改兵制，耀我国威。遂历十五余载，方有今日之陆海军制。而今兵马大权由朕亲统。诸军将士虽由臣下节制，然其大纲仍为朕所亲揽，不可委以臣下。后世子孙宜深谙朕意，存续天子亲掌文武大权之义，勿重蹈中世以降失体之覆辙，实乃朕之所愿也。朕为汝等军人之大元帅。朕以汝等为股肱，汝等亦仰朕为头首，其亲尤深。朕之能否保卫国家，以应上天之恩惠、报祖宗之庇佑，全仗汝等军人恪尽职守。我国威之不振，汝等当与朕同其忧。我国之武威发扬光大，朕亦与汝等共其荣。若汝等皆各司其职，与朕同心，尽忠卫国，则我国苍生将永沐太平之福，我国之威烈亦可光耀于世。朕对汝等军人之期望甚切，是以犹须训谕如下。

军人须以竭忠尽节为本分。凡生于我国者，皆有报国之心。况为军人者，若此心不固，则难以为用。夫军人者，报国之心若不坚固，则虽弓马娴熟、学术优良，亦犹与偶人无异。军队之队伍虽整、节制虽严，然无忠节者亦如同乌合之众。夫保卫国家、维护国权，皆倚仗兵力。故应知兵力之消长，即为国运盛衰之所系。其当不为世论所惑、不为政治所拘。惟以恪守本分之忠节，心怀义重于泰山，死轻于鸿毛之觉悟。勿使节操丧失，疏而蒙污。

军人须以礼仪为重。凡军人者，上至元帅，下至兵卒，其间以军阶职级为序确立统属。即使同列同级，亦有停年深浅之别，新任自当服从于旧任。须知下级之承上命，实与承朕命无异。纵非己所隶属，上级自不待言，对停年长于己者，亦须礼敬有加。又上级之于下级，亦不可有轻侮骄傲之举。除为公务行威严之事外，其余务须恳切慈爱，上下一致，以勤王事。若为军人者有失礼仪，以致丧失敬上、惠下之和谐，则不啻为军队之蠹毒，亦为国家之罪人。

军人须崇尚武勇。夫武勇自古为我国所尊崇。凡我臣民皆以武勇为立身之本，况军人以临战杀敌为天职，须臾不可懈怠。然武勇亦有大勇小勇之分，不可等同视之。血气方刚，粗暴行动者皆不可谓之武勇。为军人者，当经常明辨义理、磨砺胆力，殚精竭虑。小敌不侮，大敌不惧，尽武者之职分，此诚大勇者也。故尚武勇者，常以温和待人，而得众人敬爱。好勇斗狠，滥施淫威者则势必为世人所嫌忌，而使人畏之如豺狼也。

军人须以信义为重。守信重义本为人之常道，为军人者若无信义，则难容身于队伍之中。信者践己言也，义者尽己责也。欲守信重义者必先慎思事之能成与否，不宜草率轻诺。一旦结关系，生信义，纵陷进退维谷之苦境，悔之莫及。故于事之初便当辨顺逆，思是非。若知其言不可践，悟其义不可守，则当急流勇退。古来为守小礼而失大义，为徇私情而罔公理者，纵为英雄豪杰，亦不免身败名裂，遗臭万年。其例甚多，不可不戒。

军人须以质素为旨。凡不以质素为旨者，则将流于文弱、趋于轻薄、爱慕骄奢华靡，陷于贪污。其志亦因之消沉，节操、武勇化为乌有，为人所不齿。其生涯终归于不幸，愚蠢至极。此风若盛行于军界，则必如传染病之蔓延，衰颓武人之风气，士兵之气魄。朕深以为惧，故曾以免黜条例为戒。然朕仍忧此等恶习之孳生，心实难安，故又复训示之。汝等军人切勿等闲视之。

以上五条皆为军人不可一刻懈怠者也。其落实又以诚心为要义。凡此五条，即为我国军人之精神，诚心又为五条之根本。心若不诚，虽嘉言善行，皆为无用之粉饰。心若诚，则万事可成。况此五条乃天地之公道、人伦之常经，易行易守。汝等军人若能遵朕训示，恪守此道，尽报国之义务，则此绝非朕一人之喜，日本全国之苍生亦可为之欢欣鼓舞。

明治十五年一月四日

御名

思考题

1. 名词解释

象征天皇制　天照大神　三大神器　“现人神”　神武天皇　大化改新　摄关政治　院政　公家　武家　明治天皇　《皇室典范》　民本主义　“万世一系”　“天皇机关论”　《人间宣言》　“五·一五事

件”　“二·二六事件”　统帅权干涉问题　“国体明征”运动　《大宝律令》　《禁中并公家诸法度》　《教育敕语》　《军人敕谕》

2. 简答题

（1）何谓“国体”?

（2）简述天皇在日本历史不同时期的身份与地位。

（3）构成近代天皇制法律、理论依据的重要文件有哪些?

（4）“天皇机关论”的主要主张是什么?

（5）如何理解《人间宣言》的发布及其意义?

3. 论述题

（1）天皇成为“现人神”的根据来自何处?

（2）如何理解象征天皇制下天皇及皇族的国事行为?

（3）如何看待昭和天皇的战争责任问题及美国占领军当局对其的处理?

（4）天皇为何能够实现“万世一系”?

（5）如何理解天皇对于当代日本的意义?

第四章

国　　会

第一节　三权分立

根据《日本国宪法》，日本实行将国家权力分为立法权（国会）、行政权（内阁）和司法权（法院）三部分的“三权分立”制度。其中，国会被赋予对法律进行制定、修改、废止等行为的立法权。

一、立法、执法、司法三者间关系

1. 国会与内阁

国会可从国会议员中提名内阁总理大臣（即首相）；众议院可通过对内阁的不信任案。内阁对国会负责，可召开国会、解散众议院。

2. 国会与法院

国会可以罢免法官为目的发起弹劾审判[①]。法院拥有对国会制定法律开展合宪性调查的权力[②]。

3. 内阁与法院

内阁提名最高法院院长，并任命其他法官。法院拥有对内阁及其他行政机关颁布的命令、规则、处分等开展合宪性调查的权力。

---

① 国会设置了法官弹劾法院，专门负责裁定法官是否适合继续任职。法官除了因身心健康问题而不能继续任职外，只有通过该机制才能被撤销职务。

② 审查法令及其他处分是否违反宪法（宪法适应性），并从公权角度进行判断的制度。该程序被称为违宪审查、违宪立法审查、法令审查、合宪性审查；其对应权限名称为违宪审查权、违宪立法审查权、法令审查权及合宪性审查权。

二、国会的地位

当前日本国会设立于1947年，在“三权分立”制度下是日本最高立法机关。依据《日本国宪法》第41条之规定，国会是日本“国家最高权力机关”和“国家唯一立法机关”。同时，宪法第43条第1款规定，作为“国民代表机关”，国会由国民选出的代表人，即众议院议员、参议院议员组成。由于日本国会议事堂位于东京都千代田区永田町，国会也时常被民众揶揄为“永田町”。

1. 主权在民

与《大日本帝国宪法》的“主权在君”思想相比，《日本国宪法》奉行“主权在民”理念，规定国家政务是来自国民的严肃委托，其权威来自国民，权力由国民选出的代表行使，其福利由国民享受。

2. 议会内阁制

日本政治以国会和内阁为中心。其中，国会与负责行政事务的内阁关系密切。内阁在需要确认国民意愿时可解散众议院，内阁自身也将随之瓦解。这种将内阁构成与存续基础建立在国会之上的制度被称为议会内阁制。依据这一制度，原则上将以在众议院拥有多数议席的政党为基础组建内阁。

第二节 国会组成

一、参众两院制

日本国会采取的是参议院和众议院并立分担议会职能的两院制。众议院、参议院均由代表全体国民的、经选举产生的国会议员（众议院议员、参议院议员）组成。

1. 会派

会派指的是在议会共同开展活动的议员团体，是议员活动的基础、议会工作的中心。两名以上（含）议员向议长递交申请后便可结成会派，但通常情况下议员会以所属政党为单位结成会派，在议会开展活动。有时，无党派议员之间、政党与无党派议员、党员之间亦会在议会结成会派。

2. 两院关系

国会最终决议的形成需以两院表决一致为前提。一项法案在众议院获得通过后，将送交参议院，参议院表决通过后则成为法律。若在参议院审议过程中对法案进行了修正，则该法需返回众议院重新审议，获得通过后成为法律。在两院表决不一致的情况下，可通过召开两院协商会议予以协调。

3. 众议院优先

针对法案、预算、条约及内阁总理大臣提名，在出现参众两院始终无法达成一致的情况下，可依据宪法规定的众议院优先原则①进行处理，即相较于参议院，众议院被赋予更高权限。

4. 两院制的优点

（1）能够广泛反映国民的各种意见；（2）通过双重探讨慎重进行审议工作；（3）在一定程度上弥补一院制周全性有限、容易通过争议法案的不足。

5. 议员参政的规定与来历

议员将至少成为一个常设委员会委员，并以该身份参政议政。委员职数最多的是众议院预算委员会，共有 50 人；其他委员会职数通常从 20—45 人不等。国会议员来历多为职业官僚、律师、地方议员等，也有相当数量的议员为“世袭议员”②。

二、国会议员的地位

1. 国会议员的职责

国会议员受国家主权拥有者——国民的委托，肩负着代表全体国民

---

① 法案在众议院获得通过，在参议院遭到否决时，如果在众议院再次获得出席议员 2/3 以上通过，则成为法律。针对预算、条约及内阁总理大臣提名，在参众两院表决意见相左，且召开两院协商会议也无法达成一致，或参议院在一定时间内无法形成决议的情况下，众议院决议即是国会最终意见。

② 即通过子承父业方式成为国会议员的政治人物，是“世袭政治”的最典型表现。“世袭政治”并非日本独有，但日本国会议员“世袭”比例明显高于其他国家。以 2021 年举行的日本第 49 届众议院选举为例，在此次选举中，自民党共推出候选人 336 名，其中 31%，即 104 人出身政治世家；最大在野党立宪民主党的“世袭议员”比例则为 12.1%。

进行国政审议的重要职责。为了履行这一职责，议员提出法案或决议案，就所有国政事务向内阁提出质询，并对预算、条约、法案等议案进行质疑、讨论或表决。

2. 国会议员的特权

日本国会议员除出现法律规定的特殊情况外，在国会召开期间无法遭到逮捕；在国会召开前遭到逮捕的，若其所属议会提出申请，则应在国会召开期间予以释放。同时，对于国会议员在国会所作之演讲、讨论及表决，不得进行院外追责。此外，国家还会向国会议员支付一定的报酬。

第三节　国会工作

一、议员立法与议案审议

1. 议员立法

议员提出法案进而制定法律，或者以议员提案为依据制定法律均被称作议员立法。同内阁提出的法律相比，议员立法大多更贴近国民。但实际上，议员立法多以内阁提出的法案为中心。

2. 审议议案

对国家预算进行表决是国会的重要工作。① 法案既可由议员提出，也可由内阁提出。② 但是，预算及条约应由内阁提出。此外，各委员会也可分别就所辖领域提交法案。此类法案无需获得议员支持。内阁在向国会提交法案或条约时，可在众议院、参议院两院中任意选择，但预算与法案、条约不同，必须提交至众议院。

---

① 相关工作主要包括预算表决和决算审议。内阁在每个会计年度（每年 4 月 1 日至次年 3 月 31 日）根据预估税收和国家机关支出经费制定预算，并提交国会。国会将审议并表决税收是否被用于国民生活。审议按照先众议院，后参议院的顺序进行。此外，内阁将在翌年将上年度国家收入与支出的实际情况进行决算，并报告国会。国会将对内阁是否根据预算合理使用经费等问题进行审议。

② 在参众两院，议员若想提交法案，众议院议员须得到 20 名以上的议员支持，参议院议员须得到 10 名以上的议员支持。特别是对于可能对预算造成影响等重要法案，众议院议员须得到 50 名以上的议员支持，参议院议员须得到 20 人以上的支持。

二、国会运营

1. 委员会职责

参众两院会议包括全体会议、委员会会议等。在国会进行的审议和调查中，委员会发挥了核心作用。这是因为在全体议员参加的全体会议上无法对法案进行深入探讨；故由具备专业知识的少数议员组成委员会，并以此为单位对法案进行深入探讨。以委员会深入探讨后的结果为基础，全体大会将对是否通过该法案进行表决，最终形成该议院的最终意见。

2. 委员会会议

委员会会议应有半数以上委员出席方可召开。获得半数以上到会委员同意的决议方可成为委员会决议。法案表决形式为赞成者起立或举手。常设委员会是依据《国会法》规定设置的常设机构。目前，参议院、众议院各设有 17 个常设委员会。记者等其他人员经委员长批准后可旁听委员会会议。此外，参众两院将视情况所需，经表决设置特别委员会。

3. 条约的缔结与承认

条约指的是两个或两个以上国际法主体间关于政治、经济、军事、文化等方面相互权利和义务的书面协议。内阁代表国家与其他国际法主体签订条约时，必须得到国会的批准。

4. 国政调查权

参众两院为了制定法律、监督行政，可分别对国政事务进行调查。国政调查①由参众两院委员会进行，常设委员会在每个会期决定其将要在管辖范围内进行的具体调查事项，在获得议院议长批准后着手进行；特别委员会则主要针对委托案件展开调查。委员会会根据调查结果不时制定、提交法案。

5. 众议院内阁不信任案

众议院可就是否信任内阁进行表决。如不信任案获得通过，或信任案遭到否决，内阁若不宣布解散众议院，则其必须全体辞职。

---

① 一般通过听取政府当局及相关人士说明、向相关部门及人士索要材料等方式进行。

6. 国会权限

国会是日本唯一的立法机关，拥有制定法律、议决预算等其他国家财政事务、批准条约缔结、提名内阁总理大臣、提议修改宪法等权限。众议院、参议院除共同行使上述国会权限外，还可独立行使与其他议院无关的特殊权限。

7. 各议院内部选举及规则

参众两院分别在各自全体会议上选举议长、副议长、常设委员会委员长等议院领导。此外，在全体会议上还可针对议院会议和内部纪律等制定规则、对违反院内秩序的议员进行惩罚等。目前，日本众议院议长为第 78 任议长细田博之，[①] 副议长为第 68 任副议长海江田万里；参议院议长为第 33 任议长尾辻秀久，副议长为第 33 任副议长长浜博行。

8. 请愿制度

参众两院分别对民众请愿进行受理。请愿是得到宪法保障的国民权利，向国会请愿便是其表现之一。有意请愿者经议员介绍将请愿书提交至后者所属议院议长。经议院下辖委员会审议，内容妥当的请愿将被予以采纳。其中，认为宜由内阁采取相关措施的请愿将被送交内阁。内阁每年将向参众两院报告被送达请愿的处理过程。

三、会议的种类

1. 全体会议

全体会议是所有议员聚集在自己所属议院会场进行审议与表决的会议，奉行公开原则。议院的最终决定将由此产生。召开全体会议时，出席会议的议员人数须超过总议员数量的 1/3。在进行表决时，除有特别规定外，获得出席议员过半数同意的议案即为通过。

2. 全体会议召开时间及旁听

众议院全体会议一般于星期二、星期四、星期五下午 1 点召开。参议院全体会议一般于星期一、星期三、星期五上午 10 点召开。由于全体会议奉行公开原则，故国民可列席旁听。

---

① 由于存在延续性，众议院议长、副议长计数包含帝国议会时期的议长、副议长。

3. 特别委员会

在认为必要时，参众两院会在每个会期各自经表决设置特别委员会；其所负责的事务及委员人数也在表决环节一并决定。因此，设在参众两院的特别委员会，其目的、名称、委员人数并不一定相同。

4. 特别委员会的运作原则及规模

特别委员会的运作原则是，一旦交由其审议的议案在该议院形成最终决议，该特别委员会便自行解散。如果需要在休会期继续进行审查，特别委员会也会在休会期得以存续，直至下次国会召开前解散。按照迄今为止的诸多先例，众议院特别委员会一般由 25 人组成，也出现过 40 人或 50 人的情况。

5. 休会期审查

国会在会期结束后休会，但参众两院常设委员会和特别委员会只要经所在议院表决通过，便可在休会期继续开展审查工作。根据该决议，参众两院委员会在休会期仍会召开会议，或派遣委员到各地进行审查、调查。

6. 听证会

在委员会审查重要议案时，有时会通过召开听证会的方式，听取利害关系人、学者、专家等的意见。在进行总预算审查时，召开听证会是应尽义务。

7. 参议院调查会

参议院除了各委员会外，还设有作为参议院特有机关的调查会。与委员会对法案进行审查不同，调查会专门负责对国政基本事项进行长期性、综合性调查。之所以在参议院设置调查会，是因为参议院议员相对众议院议员而言任期更长，地位更加稳定。作为调查成果，调查会也可提出相关法案。

四、国会会期

1. 通常国会

通常国会又称常会，每年于 1 月中旬召开一次。其肩负着对下一年度国家总预算及执行该预算所需必要法案进行审议的重要使命。按照相关规定，常会的会期为 150 天。

2. 临时国会

临时国会也被称为临时会。在需要对紧急灾害对策补充预算及法案进行审议等临时、突发情况下召开。临时国会的召开一般由内阁决定，但如果出现参众两院任一议院 1/4 以上议员要求召开临时国会的情况，则内阁必须决定召开临时国会。此外，在因众议院议员任期届满进行的总选举和参议院议员通常选举后，必须召开临时国会。

3. 特别国会

特别国会又称特别会，指的是因众议院解散举行众议院议员总选举后召开的国会。在特别国会召开之日，众议院将首先经选举决定议长、副议长、常设委员会委员长等议院主要领导人选。由于召开特别国会之日也是内阁全体辞职之时，所以参众两院也将提名内阁总理大臣人选。临时国会与特别国会的会期每次均由国会决定。此外，通常国会可延长会期 1 次，临时国会和特别国会可延长会期 2 次。

4. 参议院紧急会议

在众议院解散期间，如果国家出现紧急状况，内阁将要求参议院召开紧急会议。由于在紧急会议上决定采取的措施是只需要在参议院进行表决的临时措施，因此在下次国会召开 10 日内，若相关措施未得到众议院同意，则其将失去效力。紧急会议在紧急议案全部得到表决后结束。

补充资料

1. 日本参众两院常设委员会一览

参众两院常设委员会一览	
众议院常设委员会（17 个）	参议院常设委员会（17 个）
内阁委员会	内阁委员会
总务委员会	总务委员会
法务委员会	法务委员会
外务委员会	外交防卫委员会
财务金融委员会	财务金融委员会
文部科学委员会	文教科学委员会

续表

参众两院常设委员会一览	
众议院常设委员会（17 个）	参议院常设委员会（17 个）
厚生劳动委员会	厚生劳动委员会
农林水产委员会	农林水产委员会
经济产业委员会	经济产业委员会
国土交通委员会	国土交通委员会
环境委员会	环境委员会
国家基本政策委员会	国家基本政策委员会
预算委员会	预算委员会
决算行政监督委员会	决算委员会
安全保障委员会	行政监督委员会
议会运营委员会	议会运营委员会
惩罚委员会	惩罚委员会

2. 日本参众两院特别委员会一览

参众两院特别委员会一览（第 208 次通常国会）	
众议院特别委员会（9 个）	参议院特别委员会（7 个）
灾害对策特别委员会	灾害对策特别委员会
冲绳及北方领土问题特别委员会	ODA、冲绳及北方领土问题特别委员会
确立政治伦理及修改《公职选举法》特别委员会	确立政治伦理及修改《公职选举法》特别委员会
朝鲜绑架日本人问题特别委员会	朝鲜绑架日本人问题特别委员会
推进科技创新特别委员会	地方、数字化特别委员会
消费者问题特别委员会	消费者问题特别委员会
东日本大地震灾后重建特别委员会	东日本大地震灾后重建特别委员会
原子能问题特别委员会	
地方创生问题特别委员会	

3. 议员立法

由议员提出法案而最终成立的法律一般被称为“议员立法”，不过，该词汇有时也指议员提出的所有法案及提出法案等全部议员的立法活动。

从《日本国宪法》第41条，即国会是“国家唯一立法机关”之规定看，议员进行立法活动被认为是理所应当的。但是，由于内阁有制定法案并提交国会的权限（即所谓“内阁立法”），且内阁立法在日本立法中长期占据中心地位，故基于与内阁立法进行对照的宗旨，人们特意保留了“议员立法”的说法。“议员立法”是由议员这一由国民直接选举的代表将其政策转化为法律结果的活动。近年来，随着“议员立法”法案越来越多地反映复杂多样的社会经济形势，其质量有所提高，重要性也日渐提升。

4. 审议议案

议案提出伊始，议长便将其委托给相应委员会进行审议。如果议案由国会议员提出，那么委员会将先就提案理由、议案内容等听取议案提出者及对应国务担当大臣的说明。接着，委员会将进入质询阶段，根据议案内容，该阶段可能会持续数日。必要情况下，也会邀请相关人士，即所谓“参考人”听取意见。最后，在各会派委员对议案表明立场的基础上，委员会委员将对其进行表决，形成该委员会对议案的最终态度。

委员会审查结束后，议案将移交全体会议审议。首先，全体会议将听取负责对议案进行审查的委员会委员长关于议案内容、委员会审查经过及结果的报告。其次，根据表决结果决定议案是否获得通过。表决通常采用记名投票方式进行。全体会议也将听取议案提出议员，或者国会议案对应国务担当大臣关于议案宗旨的说明，并对其进行质询。经过上述环节在某一议院获得通过的议案，将被移交至另一议院，按照同样的手续进行审议。

思考题

1. 名词解释

三权分立　主权在民　议会内阁制　两院制　会派　“世袭议员”

违宪审查权　听证会　国政调查　议员立法　参议院调查会　休会期审查　通常国会　临时国会　特别国会　参议院紧急会议

2. 简答题

(1) 日本两院制的优点有哪些?

(2) 为什么日本国会采取众议院优先原则，其主要表现有哪些?

(3) 日本国会议员有哪些职责与特权?

(4) 日本参众两院全体会议决议有效的前提条件是什么?

(5) 日本为什么要在参议院设置调查会?

3. 论述题

(1) 简述日本国会、内阁、法院三者间关系。

(2) 如何理解日本国会中的“世袭议员”?

(3) 日本国会有哪几种类型，其召开条件及会期分别是什么?

(4) 简述日本国会审议议案的过程。

(5) 日本参众两院中的常设委员会、特别委员会因何设置，有何作用?

第五章

内　　阁

第一节　内阁制度

“内阁”这一汉语词汇与中国明、清两代实行的内阁制关系密切。在该制度下，内阁是非法定的皇帝御用咨询机构，其曾一度发挥行政中枢作用。现代意义上的内阁制度指的是内阁（政府）由议会产生并对议会负责的政权组织形式。该制度始于18世纪初的英国，后逐步被广泛采用。在不同时代、不同国家，内阁制度的具体表现形式及定位等均有所不同。在日本，形式上的内阁制度确立于明治时代。

一、日本内阁制度

1. 准备构建立宪主义体制

在1881年10月12日明治天皇颁布的有关开设国会的诏书中，明确了以1890年（明治二十三年）为期限，开设国会（议会）的目标。以此为契机，谋求在政府核心部门构建立宪主义体制的伊藤博文等人，开始制定代替太政官制的新式政府机构组织制度。

2. 制定内阁官制

1885年12月22日，《太政官第69号令》颁布，决定废除太政官制，建立由内阁总理大臣及各省大臣组成的内阁制，日本的内阁制度由此开始。1889年2月11日，《大日本帝国宪法》正式颁布。同年12月24日，通过修改《内阁职权》的形式制定了《内阁官制》。

3. 超然内阁制与议会内阁制

从与立法机关，即议会的关系看，内阁制度可以分为超然内阁制[①]和议会内阁制两种类型。现在的日本及英国等国家采用的是议会内阁制，是将议会信任作为内阁存续先决条件的内阁制度。

4. 合议制

内阁制度以合议制原则、分工管理原则、首相领导原则为基本原则。日本之所以在1885年组建内阁，废除太政官制，主要目的就是强化行政机关、提高效率。与“宫中”相对，内阁被称为“府中”。内阁由总理大臣及天皇个别任命的国务大臣组成，其只对天皇负责，不对议会负责。

5. 新宪法下的内阁制

1947年颁布的《日本国宪法》第五章规定，行政权属于内阁。内阁由总理大臣及其他国务大臣组成，其行使国家行政权，并对国会负有连带责任。可以认为，内阁已经成为日本名副其实的国家行政中心机关。

6. 内阁制存在的问题

在采取内阁制的国家，政治又被认为是官僚的政治，意味着在实际政治运行过程中，行政机构的干部公务员（职业官僚）对国政有着极为强有力的影响。此外，内阁与执政党间的关系，也被认为缺乏透明度。具体而言，日本内阁制主要存在以下问题：（1）政党独断专行，国民参政程度低，首相更替完全由政治家安排。（2）容易形成所谓“行政纵向分割”或官僚宗派主义。（3）内阁与执政党间关系缺乏透明度，进而发展为腐败。（4）内阁与代表民意的执政党出现分离。（5）官僚既得权力导致内阁缺乏领导力。

二、内阁组成

内阁是由身为其首脑的内阁总理大臣和其他国务大臣共同组成的合

---

① 即不将议会信任作为内阁存续法律必要条件的内阁制度类型。例如，在《大日本帝国宪法》体制下，内阁只对天皇负责。实行超然内阁制时，政党虽然亦可组建内阁，但其并不受法律保护。即是说，超然内阁制政党内阁与议会内阁制政党内阁是截然不同的两个概念。

议制机关，是国家的最高行政机关。关于行政，其概念虽然多种多样，但其基本涵盖的范围，就是除了制定法律的立法权、进行审判的司法权之外的权力。此外，内阁拥有解散众议院的权力。当众议院通过内阁不信任案后，内阁必须选择在10日内全体辞职或解散众议院。

1. 组阁步骤

当前，日本组建内阁步骤为：（1）国会从国会议员中提名内阁总理大臣；（2）天皇任命内阁总理大臣（亲任式）；（3）内阁总理大臣任命国务大臣：（4）天皇对国务大臣任命进行认证；（5）内阁总理大臣确定国务大臣的具体职务（补职辞令）。

2. 国务大臣

根据日本《内阁法》之规定，国务大臣原则上为14人，必要时最多可增加3人。内阁中半数以上国务大臣必须是国会议员。国务大臣以中央各省厅最高领导人身份分担各领域事务。根据《内阁法》《国家行政组织法》及其他法律，中央省厅长官，如宫内厅长官、公平交易委员会委员长等不一定是国务大臣。相反，也存在内阁府特命担当大臣、无具体管理事务大臣（无任所大臣）等并不掌管具体中央省厅、类似专职工作人员的国务大臣。

3. 政府提出法案

在日本，国会审议通过的大多数法案均是由内阁提出的“政府提出法案”（也被称作“内阁提出法案”“阁法”）。此类法案多由内阁下属的具体行政机关（部门）与在国会占据多数席位的执政党共同协商制定。

4. 内阁会议

内阁会议指的是内阁在行使职权时，为统一意见召开的国务大臣会议。内阁会议的召开以《内阁法》为依据，但该法律并未对内阁会议具体程序做出明文规定。按照惯例，内阁会议由内阁总理大臣主导、内阁官房长官主持。内阁官房副长官及内阁法制局长官虽不能参与决策，但也可列席参加内阁会议。内阁会议秉持不公开原则。

5. 定期会议与临时会议

定期内阁会议于每周二、周五上午10点召开。临时内阁会议则视实际情况而定。原则上，所有内阁成员都应参加于首相官邸内阁会议室①举行的会议。此外，在国会召开期间，内阁会议改在位于国会议事堂的内阁会议室举行，开会时间提前至上午9点。

6. 巡回内阁会议

遇到需要尽快处理的议案，内阁总务官有时会通过让内阁成员轮流传阅内阁会议书，并分别在上面签字的方式进行表决，这就是巡回内阁会议。

7. 内阁会议议案

内阁会议讨论的议案主要包括如下方面。（1）一般议案：国政基本事项；有必要由内阁进行决策的事项（包括高级官僚和陆海空自卫队军官人事）。（2）国会提出议案：应提请国会审议、批准的法案；预算草案；条约等（包括对质询意见书予以回复的答辩书）。（3）报告：向内阁会议报告的国政相关调查、审议会答复等。（4）资料：在内阁会议上发放的资料。（5）其他：公布的法律、条约；决定的政令等。

8. 内阁会议决定及谅解

内阁会议做出的决策包括内阁会议决定和内阁会议谅解两种。内阁会议做出的决策被称为内阁会议决定。内阁会议谅解则指的是本来属主管大臣管辖事项，但鉴于其重要性，特提交内阁会议做出决策。内阁会议决策的原则是全体出席内阁成员达成一致。其基于内阁“在行使行政权方面，对由代表全体国民的议员组成的国会负连带责任”之规定。

9. 内阁会议书

内阁会议决定以在内阁会议书上花押签名的方式进行。全体内阁成员在内阁会议（决议）书上的签名原则是：公布的法律与条约、交与特命全权大使的国书及全权委任状等，只需内阁总理大臣一人签名。

内阁会议书一般于内阁会议召开当日下午呈交天皇，天皇过目后签名、盖章。由于呈交给天皇的内阁会议书大多是例行内阁会议决定的议案，所以星期二和星期五的下午，天皇均会在皇宫逗留等待处理相关事

① 首相官邸内阁会议室位于首相官邸4层，面积约为110平方米。作为内阁会议室的象征，会议室中央摆放着直径为5.2米的圆形会议桌。通常情况下，内阁成员环桌而作（列席的内阁官房副长官、内阁法制局长官另有会议桌）。

务。但在天皇出宫静养或出巡时，宫内厅职员会把内阁会议书送到天皇所在之地进行签名。

三、内阁构成

内阁总理大臣的主要管辖机关除了各府、省外，还包括根据特定法律在内阁设置的“会议”“本部”。一般而言，“会议”“本部”均设有主管大臣，这一职务往往由内阁总理大臣兼任。

1. 内阁总理大臣管辖机关

内阁总理大臣管辖的主要机关包括：（1）内阁官房，由内阁官房长官统筹处理相关事务。（2）内阁法制局，由内阁法制局长官统筹处理相关事务。（3）内阁府，由内阁官房长官统筹处理相关事务，同时，内阁总理大臣可在内阁府设置特命担当大臣协助处理相关工作。（4）复兴厅，由复兴大臣协助工作。（5）数字厅，由数字大臣协助工作。（6）会议与本部，由内阁总理大臣亲自管辖，如国家安全保障会议主席为内阁总理大臣。

2. 内阁宣传室

内阁宣传室主要在内阁宣传官的指导下负责以下业务：与宣传相关的政府内部综合调整；与实施政府重要政策宣传有关的综合调整；从内阁综合立场进行的宣传活动；决定针对内阁重要政策、课题进行的重点宣传报道主题，并实施相关报道；对内阁总理大臣和内阁官房长官等的记者招待会进行相应报道；运行首相官邸网站（包括征求意见功能）等。

3. 国家安全保障局

日本国家安全保障局是日本国家安全保障会议的事务局，成立于2014年，主要负责执行以下业务：（1）支持国家安全保障会议。利用内阁官房的综合协调权限，专门从事对外交、防卫政策基本方针及重要事项进行规划制定和综合协调等事关国家安全保障的工作。（2）在应对紧急情况时，从与国家安全保障相关的外交、防卫政策等角度出发，提出、落实相关必要建议（处理事态的具体操作由身为危机管理专家的内阁危机管理监继续负责）。（3）从有关行政机关等部门及时获取情报。同时通过政策立案等方式灵活运用国家安全保障会议提供的各类情报（发挥情报“综合整理”功能）。

4. 内阁情报调查室

内阁情报调查室主要负责收集和分析与内阁各项重要政策相关的情报，并开展其他调查及特定秘密保护工作。在内阁情报官的领导下，情报工作由次长、总务部门、国内部门、国际部门、经济部门、内阁情报集约中心及内阁卫星情报中心分担、处理。此外，内阁情报调查室还设有由内阁情报官亲自出任最高领导人的反间谍中心。该机构除了以进一步提升日本反间谍能力为目标，为相关基本方针的实施开展联络协调工作外，还负责接受对国家及国民造成威胁的各种情报。

5. 紧急情况应对及危机管理

日本政府认为的紧急情况，即所谓“紧急事态”，指的是对国民生活构成威胁的各种情况，包括地震、台风、洪水、火山喷发、海啸等大规模自然灾害；航空、铁路、核事故等重大事故；劫持、生化武器及炸弹恐怖袭击、重要设施恐怖袭击、网络恐怖袭击、入侵领海、武装可疑船只等重大事件；以及发生核试验、弹道导弹实验及新型流感等。为应对上述紧急情况，政府在平时就采取了对反恐对策进行综合调整等措施，在相关部门的相互配合下，力争采取最为适当的应对措施。

此外，位于首相官邸内的危机管理中心全天24小时做好应急准备，一旦发生紧急情况，将采取包括落实第一反应、迅速掌握情况、抢救遇难者、防止损失扩大、协商结束危机应对措施、全面协调政府应对措施在内的一系列行动。

6. 国家网络安全中心

以信息技术迅猛发展、信息重要性日渐提升，特别是政府及企业泄露信息事件频发为背景，日本在原有“内阁官房信息安全对策推进室”（2000年2月设立）的基础上，于2005年4月在内阁官房设立“信息安全中心”（NISC）。以2014年11月《网络安全基本法》为依据，日本又于2015年1月在内阁成立“网络安全战略本部”，同时在内阁官房设立“国家网络安全中心”。

作为日本网络安全的最高执行机构，国家网络安全中心通过与相关部门和机构开展有机合作实现采取适当措施、加强官民之间信息共享的目标；利用向产业界发布准确跨部门警告等方式，不断强化应对手段，防患于未然。不仅如此，为发挥国家网络安全事件响应组织的综合协调作用，国家网络安全中心应具备政策回应、处理调整、信息收集处理、信息汇总分析等能力。

四、内阁官房

内阁官房是内阁的附属机构，负责内阁总务、重要政策规划统筹协调、情报搜集研究等工作。内阁官房长官是内阁官房最高领导人，下设三名内阁官房副长官助理。后者的主要工作是整理向内阁会议提交的议案，以确保内阁会议顺利召开为目标辅佐内阁总理大臣及内阁官房长官。

内阁官房长官负责全方位处理内阁事务（不包括国家公安委员会和内阁府特命担当大臣管辖事务）。内阁官房副长官参与特定事务的处理。

五、内阁工作

1. 执行法律

内阁的主要工作，在于执行国会制定的法律，并推动国家政治运行。政治运行（行政）涉及国民生活的方方面面，如制定有利于稳定经济的经济政策、推动港口和道路建设等公共事业、确保养老金等社会保障、保护环境、开展教育等。

2. 处理外交关系及缔结条约

内阁拥有代表国家与外国进行交涉的外交权。作为外交权的表现形式之一，内阁拥有与外国签订书面协议，即缔结条约的权力。不过，条约签署后须获得国会批准。

3. 编制预算

只有内阁有权编制预算。财务省先以各省厅提交的预算概算为依据编制预算草案。预算草案经内阁会议通过方可提交国会。

4. 制定政令

为了实施宪法和法律，内阁负责制定政令（命令）。根据《日本国宪法》第 73 条、《内阁法》第 11 条之规定，若无委任立法等特殊情况，内阁政令中不得出现与设定处罚、施加义务或限制权利有关之条款。

5. 提名与任命

最高法院院长由内阁提名，天皇任命。最高法院法官及下级法院法官由内阁任命。

6. 建议和批准

天皇无权管理国家事务，为了行使具有形式性、礼仪性的国事行为，《日本国宪法》第3条规定，相关行为需要得到内阁的建议和批准，由内阁负责。

第二节　内阁总理大臣

一、内阁总理大臣的提名、资格与地位

1. 提名

内阁总理大臣既是日本行政机关——内阁的首脑，也是特别职务国家公务员，简称总理大臣或总理。作为内阁首脑（首班、首席），其通常也被称作首相。根据《日本国宪法》规定，内阁总理大臣通过国会决议（总理提名选举）从国会议员中产生，并据此由天皇进行任命。

2. 资格

出任总理大臣之人须具有国会议员和文职人员（即日语中的“文民”①）资格。内阁总理大臣和其他国务大臣必须为文职人员。在日本，“文官统治”即是说由军人以外的人掌握国家大权。其具体指的是作为普通市民代表的政治家。

3. 地位

行政权属于内阁。根据《内阁法》之规定，内阁由其首脑——内阁总理大臣及其他国务大臣组成。内阁总理大臣被定位为“行政首脑”，一般由众议院中占最多席位的政党党首，或联合执政的多个政党

---

① 通常情况下，“文民”指的是普通市民、文官（包括一般公务员、警察），带有非战斗人员的意味。换言之，在当今日本，“文民”就是在防卫省、自卫队不具有职业地位的人。

中的任意一个党首担任。另外，只要保持国会议员身份，持续获得提名，内阁总理大臣的连任就没有限制。但实际上，内阁总理大臣的任期就是其所属政党党首的任期。

二、内阁总理大臣的权限

1. 任免权

依据《日本国宪法》，内阁总理大臣在内阁出现意见不一致的情况时，可通过迫使反对派辞职，或将其罢免等方式实现自己的意志。此外，即使出现由于某种原因导致国务大臣突然辞职的情况，内阁总理大臣也可按照自身意愿任命其继任者。实际上，内阁总理大臣手握任免大权的最典型例子就是内阁解散权。按照法律规定，解散权属于内阁，没有内阁会议决定其不能被解散。

2. 职务权限

依据《日本国宪法》，内阁总理大臣的职务权限为：代表内阁向国会提交议案；就一般国务及外交关系事宜向国会报告。此外，作为内阁府及其直属局（如金融厅、消费者厅等）、内阁设立的“本部”等机构的主管大臣，内阁总理大臣拥有针对相关机构工作人员的任免权及各种行政许可、认可权。

三、内阁总理大臣的任期与卸任

1. 任期

《日本国宪法》中并没有直接对内阁总理大臣任期加以规定的法律条文。按照宪法第 70 条，内阁应在众议院议员总选举后的首次国会上总辞职。故内阁总理大臣的一届任期为其继任该职务到下次众议院议员总选举后的首次国会，最长不超过 4 年。

2. 卸任

《日本国宪法》实施后，内阁总辞职成为宪法规定的政治制度，内阁在遇到相关情况时应该宣布总辞职，内阁总理大臣自然也随之卸任。

补充资料

1. 议会内阁制与总统制

现代西方国家大多采用议会内阁制或总统制。这两种制度的主要区别在于对立法权、行政权、司法权三种权力的行使方式有所不同。

在采用议会内阁制的英国、日本等国家，行政权和立法权并非完全独立，议会信任是内阁存续的基本前提。同时，内阁对议会负有连带责任。在日本，首相（内阁总理大臣）既是掌握行政权的国家领导人，也是拥有立法权的国会议员。在英国，依据国王君临而不统治原则，国王虽然在名义上被视为英国立法权、行政权、司法权三权的来源（国王有权批准或不批准法案），但其并未保留实质性的政治权力。

与之相对，总统制被认为是将行政权和立法权完全分离开来的政治制度，但总统制也有多种类型与形态，如美国式总统制和法国式总统制等。在美国，作为行政首脑的总统拥有极大权限。其特点是：由国民间接选出的总统与议会、法院保持一定距离，在身份上也更为独立。此外，美国总统在议会中没有议席，其虽然没有议会解散权，但拥有法案否决权。在法国，总统是国家元首，拥有任命总理的权限。通常情况下，总理和内阁负责应对议会、处理内政，总统则致力于处理外交事务。当然，也有总理更多负责外交事务的总统制国家。类似采取法国式总统制的国家还有德国、俄罗斯等。

2. 日本内阁制度的变迁

（1）太政官制度（1868—1885 年，主要依据：《太政官职制》）

以 1868 年明治政府在中央政治机构建立三职制度，即设置议政官、行政官、刑法官为开端，日本开始建立近代行政体系。通过制定《太政官职制》（1871 年）及随后的一系列变迁，日本中央集权体制得以完善。在太政官制度下，太政大臣对所有行政事务具有完全意义上的监督指挥权。所谓“内阁”，指的是供参议（对国政与国务进行审议、起草的相关人员）开展讨论的场所。同时，作为太政官的辅助机构，设立了内阁书记长官等部门与职务。

（2）《大日本帝国宪法》前的内阁制度（1885—1889 年，主要依据：《内阁职权》）

1885 年 12 月 22 日，日本颁布《太政官第 69 号令》，引入内阁制度。内阁由内阁总理大臣和各省大臣（外务大臣、内务大臣、大藏大臣、陆军大臣、海军大臣、司法大臣、文部大臣、农商务大臣、递信大臣）组成。宫内大臣被置于内阁之外，主要负责宫中事务。内阁总理大臣作为各大臣首脑，负责统率、监督行政各部门，对各省大臣有着很强的控制权。此外，政府还设有掌管内阁官房事务的内阁书记官室，以及负责对法律、命令进行起草、审查的法制局。

（3）《大日本帝国宪法》后的内阁制度（1889—1947 年）

作为辅弼天皇的各国务大臣协商国政、决定各项政策、统一行政方针的场所，日本于 1889 年设立了内阁。内阁由内阁总理大臣、各省大臣及班列大臣（即无任所大臣）组成。当时虽然引入了国务大臣概念，但宪法上并没有关于内阁总理大臣的规定。此外，内阁在确立无任所大臣制度的同时，削弱了内阁总理大臣对各省大臣的控制，内阁总理大臣只不过是以同等地位辅佐天皇的各大臣中的首席。在部门方面，政府设立了作为内阁辅助部门的内阁官房。

（4）现行内阁制度（1947 年至今，主要依据：《内阁法》）

在现行制度下，行政权属于内阁。内阁由其首脑——内阁总理大臣及国务大臣组成，内阁成员总人数须保持在 20 人以内。内阁行使的各项职权由内阁会议决定。《日本国宪法》明确规定，内阁总理大臣的地位与权限与其他国务大臣不同。其作为内阁首脑，为了确保内阁的统一性和整体性，拥有对行政各部的指挥监督权。除内阁府和复兴厅外，内阁还下辖总务、法务、外务、财务、文部科学、厚生劳动、农林水产、经济产业、国土交通、环境及防卫 11 个省。此外，作为内阁的辅助机构，政府在内阁官房设置了众多“室”，其工作多由总理府工作人员兼职完成。

3. 内阁总理大臣的卸任

内阁总理大臣卸任主要基于出现以下情况：（1）《日本国宪法》第 69 条规定，内阁在众议院通过不信任案或信任案遭到否决时，如 10 日内不解散众议院则必须总辞职。在此情况下，内阁总理大臣如选择总辞职，其也必然卸任内阁总理大臣职务。（2）众议院选举后，由于原本支持内阁总理大臣的议员已经出现变化，故即使推举同一人为内阁总理大臣人选，其也应通过先卸任、后当选的顺序重新取得众议院信任。（3）为保持内阁的整体性，如内阁总理大臣因故（如去世、陷入昏迷、失踪、逃亡国外、失去国会议员资格、失去文官身份等）无法继续工作时，不仅其本人要卸任内阁总理大臣职务，其所率内阁也应尽快总辞职。（4）内阁总理大臣一般由众议院中占最多席位的政党党首，或联合执政的多个政党中的任意一个党首担任，故当其失去政党党首身份，或联合政权决定更换内阁总理大臣人选时，原内阁总理大臣也将卸任。（5）内阁总理大臣因其他原因主动提出辞职并获得批准时，其自然卸任。值得强调的是，内阁总理大臣因病住院时，可根据《内阁法》第9条之规定，由临时代理人代行其职务，内阁无需因此提出总辞职。此外，在内阁总理大臣留任前提下进行的内阁改造，即便更换所有国务大臣，也只能被视为内阁改造，而不是总辞职。

思考题

1. 名词解释

议会内阁制　超然内阁制　合议制　内阁情报调查室　内阁总理大臣　“紧急事态”　内阁官房

2. 简答题

（1）日本内阁制度存在哪些缺点？

（2）简述日本组建内阁所需步骤。

（3）日本内阁会议的决策原则是什么？

（4）成为日本内阁总理大臣需具备哪些条件？

（5）日本的“紧急事态”主要包含哪些内容？

3. 论述题

（1）简单阐述议会内阁制与总统制的不同。

（2）怎样看待日本内阁总理大臣的任期。

（3）从内阁制度角度分析日本频繁更换首相的原因。

（4）如何理解战后日本的“文官统治”原则。

第六章

行　　政

第一节　公务员制度

在日本，公务员过去被称为役人、衙门（里的人）；现在属于政府及独立行政法人的公务员被称为国家公务员，属于地方公共团体的公务员被称为地方公务员。他们分别依据《国家公务员法》《地方公务员法》及相关法令，在规定岗位履行职责。

一、职责与权利

1. 职责与罢免

《国家公务员法》第 96 条规定："所有职员以全体国民服务者的身份，为公共利益工作，并且在履行职责时，必须全力以赴。"《日本国宪法》第 15 条第 1 款规定："选举及罢免公务员是国民的固有权利。"这种将所有公务员最终任免权赋予国民的规定是国民主权原则的体现。

2. 义务

除非正式公务员外，所有公务员均应按《日本国宪法》第 99 条之规定，负有尊重和拥护宪法的义务，并在接受任命状时以书面形式宣誓。宪法第 15 条还规定，公务员负有以"全体国民公仆"身份为公共利益服务的普遍性义务。具体而言，日本公务员的应尽义务包括：(1) 履职尽责义务；(2) 遵守法律法规、服从上级命令（存在明显、重大瑕疵除外）义务；(3) 保密义务；(4) 维护尊严和信誉义务；(5) 检举犯罪义务。此外，负责会计工作的公务员有义务赔偿政府在预算执行和货物管理中造成的损失。

3. 限制

日本公务员受到的限制包括：（1）关于基本劳动权的限制与特殊待遇，如禁止罢工；（2）为保持中立立场，禁止某些政治性行为；（3）限制与营利性企业和非营利性事业单位间的关系。

4. 权利

公务员被赋予以下权利，其目的是为了补偿由职务带来的更多义务，或者对职务的公平性进行担保。（1）与身份保障有关的权利。除因法定事由或本人原因离职外，不得对公务员进行降职、停职、免职。正因为如此，公务员不能参加雇佣保险。（2）公务员有权要求政府采取关于工作条件的行政措施。（3）财产上的权利。公务员有领取工资、退休金等长期薪酬、保险赔付等短期薪酬的权利；有接受工伤补偿的权利；有接受实际费用补偿等的权利。

二、公务员的种类

1. 公务员的数量与分类

日本目前共有公务员约 335.3 万人，其中国家公务员 58.9 万人（2022 年底预算人数），地方公务员 276.4 万人（仅为一般职务公务员人数，时间截至 2020 年 4 月 1 日）。此外，日本每千人公务员人数为 36.9 人（2018 年），明显低于欧美国家（同年度法国为 90.1 人，英国为 67.8 人）。

国家公务员分为一般职务国家公务员和特别职务国家公务员。一般职务国家公务员原则上适用《国家公务员法》，而特别职务国家公务员受到其特殊性质影响，不适用于该法律。

2. 公务员的区别

有观点认为，作为在不同政府机构工作的公职人员，应该以所属机构为标准对公务员进行分类。如内阁府职员、京都府奈良市职员等。此外，在公安系统工作的公务员可被分为警察、消防官等职业类型。

3. 国家公务员

国家公务员指的是在日本行政机关、特定独立行政法人等机构工作，适用于《国家公务员法》的人。

4. 特别职务国家公务员

在公务员职务中，以下职务均为特别职务国家公务员：根据选举就任的职务（如国会议员、地方公共团体长官、地方议会议员等）；适合由人事任免权持有人经斟酌进行政治任命的职务（如国务大臣、副大臣、内阁法制局长官、大使、公使等）；任命需要得到国会表决或同意的职务（如人事官、检察官等）；根据权力分立原则应不受内阁监督的立法、司法各部门职位（如法官、法院职员、国会职员等）；因职务性质宜予以特别处理的职位（如宫内厅领导及职员、防卫省职员等）；内阁总理大臣及国务大臣设立的公立咨询会议委员；根据《地方自治法》设立的审议会委员；由首脑设立的委员会委员等。关于以上述职位服务国民所应满足的条件，在原则上不宜参照《国家公务员法》及《地方公务员法》之相关规定，应根据不同情况分别处理。

5. 一般职务国家公务员

一般职务国家公务员指的是除特别职务公务员以外，通过录用选拔而得到任命的所有职员，既包括事务职员，也包括技术职员、警官、消防员、海上保安官、教师等。除自卫官外，从就业到退休，大部分职业公务员都是一般职务国家公务员。如果只提“公务员”一词，仅指一般职务公务员的情况也不在少数。工资方面，如果是国家公务员，应按照《一般职务工资法》第 6 条之规定发放工资；如果是地方公务员，多数情况下应按照《一般职务工资法》为标准制定的相关条例之规定发放工资。此外，政府根据职务体系差别设置了不同的工资表，该表也被用于按职务种类对一般职务国家公务员进行细分。

6. 地方公务员

《地方公务员法》在第 2 条将地方公务员定义为“地方公共团体的所有公务员”。

7. 特别职务地方公务员

特别职务地方公务员包括：就任需要通过公开选举或地方公共团体议会选举、表决或者同意的职务（如都道府县知事、市町村长、议会议员、副知事、副市町村长、行政委员会委员等）；地方开发事业团体董事长、董事及监事职位（地方公营企业的管理者及企业集团领导人）；根据法令、条例、地方公共团体规则或地方公共团体机构制定规程设立的审议会，以及其他此类委员及委员会成员（如临时或兼职顾问、参赞、调查员、特约人员及此类职务）。此外，还包括相关条例规定的地方公共团体领导、议会议长及其他地方官公共团体机构领导秘书等。

8. 一般职务地方公务员

一般职务地方公务员即指特别职务地方公务员以外的所有公务员，如地方公共团体事务类、技术类公务员；会计管理人员；公立学校教职工，警察；消防员、特定地方独立行政法人机构职员等。

三、公务员考试

1. 公务员考试

日本公务员考试大致分为人事院等主办的旨在录用国家行政机关职员的国家公务员考试，以及各地方公共团体主办的以录用该地方公共团体职员为目标的地方公务员考试。

2. 考试类型

根据职业的不同，公务员考试可被分为各种各样的类型。此外，根据考试形式，公务员考试又可被分为笔试和以面试为代表的“人品考试”。除了由内阁下辖人事院主办的考试外，日本还存在“准公务员考试”“选拔录用考试”，以及国会、最高法院主办的“单独考试”等多种考试类型。

“准公务员考试”是指由独立行政法人、国立大学、国家和地方公共团体外围团体等组织的，按照公务员考试标准进行的职员录用考试。“选拔录用考试”指的是在通过普通录用考试无法招到合适人员的情况下，由人事任免权持有人举行的考试。“独立考试”是指受权力分立原则制约，在宪法上不允许内阁下辖人事院参与的考试。其主要包括众议院、参议院各事务局独立组织的国会职员录用考试，以及最高法院独立组织的法院职员录用考试。

3. 应试资格

日本国家公务员考试主要有Ⅰ类考试（应试者为大学毕业）、Ⅱ类考试（应试者为大学、短期大学毕业）和Ⅲ类考试（应试者为高中毕业）。其所设置的学历限制指的是学力。日本公务员考试原则上并未根据学历设限，应试资格大多根据年龄决定。目前，日本国家公务员考试对应试者的年龄要求一般为21岁以上30岁以下（年龄计算截至应试当年的4月1日）。Ⅰ类、Ⅱ类、Ⅲ类考试由人事院统一组织，但录用由各部门进行。考试合格后，除部分职务按照考试不同加以区分外，还需要访问希望任职的官厅并接受录用面试。

4. 一般职务公务员录用

各部门招收公务员的数量均受到自身编制影响。一般职务公务员的录用与任用，原则上以公开竞争考试（公务员考试）为基础，在录用及升职等环节，禁止根据人种、性别、宗教信仰、社会身份等差别对待。

5. 特殊职务公务员录用

天皇在形式上掌握内阁总理大臣、最高法院院长的人事任命权。最高法院、下级法院（高等法院、地方法院、家庭法院、简易法院）的法官由内阁任命。至于国务大臣，其人事任命权由内阁总理大臣掌握。需要强调的是：不存在两人同时掌握同一职务人事任命权的可能性。

第二节　政治家与官僚

一、政治家[①]

1. 政治家

从古代到近代，日本的政治家多指在朝廷、幕府、藩等政治实体拥有执政、参政地位的人。其主要包括天皇、将军、大名，以及作为其重臣的公卿、家臣、家老等。

在当今日本，政治家主要指的是担任公职、候选公职及有意候选公职的群体。在这里，公职一般包括国会议员（众议院议员、参议院议员）、地方公共团体首脑及议会议员。此外，副知事、副市长、“民间阁僚”[②]、政治活动家等也可被称为政治家。

2. 行政家

行政家指的是在行政上拥有裁量权的高级官僚，一般被称为行政家

---

① 不同于中文，日语中的“政治家”并不必然含有正面或肯定意义，多数情况下其仅单纯指代从事政治活动的人。

② 指非国会议员身份的内阁成员。

或行政官；大多情况下不被算作政治家。但从广义上讲，政治家有时也包含行政家，如《大日本帝国宪法》所指的贵族院敕选议员大多为高级官僚出身。从严格意义上讲，行政家是否被算作政治家较为模糊。

3. 明星政治家

近年来，通过子承父业等形式继承家族政治资源的世袭政治家，以及依靠知名度步入政坛的明星政治家比例不断增加，但也有人对此类政治家提出质疑。有观点认为，让知名人士当选国会议员并使其决定国事的政党存在立场问题。作为比喻，也有人将政治敏感之人，或善于言辞、处事圆滑之人称为明星政治家。此外，也存在政客①等颇具揶揄色彩的称呼。

二、官僚

如果以国家公务员制度为中心考虑日本行政机构，并非由国民选出的官僚所扮演的角色应该是对由国民选出的政治家进行辅佐。

1. 官僚的定位

在日本，“官僚”在广义上指的是通过考试而被录用的全体公务员。但从狭义上看，在为国家行政机关工作的国家公务员中，“官僚”特指中央省厅科室长级别以上的公务员（这些职级在任用上也按照特殊方式处理）。此外，所谓“高级官僚”指的是在国家行政机关国家公务员中拥有中央省厅指定职位以上职级的人。

2. 都厅官僚

地方公务员一般不被称为官僚，但人们有时将为规模较大自治体工作的干部职员称为“都厅官僚”。

3. 官僚的意义

官僚这一术语并不来自法律规定，包括“官方”概念在内，也并不存在明确定义。人们在日常对话中提及“官僚”时，多泛指在霞关②

---

① 日语为“政治屋”，用于揶揄相比一般政治家更热衷于获得金钱、权力等方面特权的相关人员。之所以产生这一说法，是因为在日本政治家中，存在充其量是特定行业代理人或与黑社会等过从甚密之人。

② 日本东京都千代田区地名，位于皇居以南、日比谷公园以西、中央区虎门以北、永田町以东。该地区又被称为日本的“官厅街”，以鳞次栉比的日本行政机关大楼闻名。

中央省厅从事政策执行等工作的公务员。需要强调的是，大臣、副大臣、大臣政务官等虽为高级公务员，但只要由通过经选举产生的政治家（国会议员）出任，则均不能被称作“官僚”。

三、官僚的任务

在日本，官僚的任务主要分为以下几类（根据政府机关的不同而不同）。

1. 预算

内阁府经济财政咨询会议先为预算制定基本方针，财务省主计局再对各省厅预算细节进行审查，最后由内阁制作的预算案经国会表决通过方可正式成立。

2. 法案

在日本，制定法案虽为国会工作，但实际上由官僚主导，国会以内阁提交议案为依据制定法案的情况并不罕见。之所以如此，是因为相关议案多出自各官厅大臣官房文书科长、各局总务科长及审议官之手，并由其向国会议员进行事前疏通。①

3. 人事

一般认为，各省厅的大臣官房秘书科长、官房长官、事务次官负责被录用公务员的人事安排。由于这一非正式机制同样用于决定退职后公务员的“下凡”去向，其经常遭到批评。

4. 政策

官僚一般负责对政策进行规划、实施。相关工作一般通过制定法令、为确保预算发放补助金或订购设施、利用行政指导或许可、认可控制民间企业等形式完成。制定此类政策的往往是各省厅第一局，其一般也负责在其他局之间进行协调。

5. 其他

除以上任务外，官僚的工作还包括指挥、监督、指导及许可。这些权限及其实施，按照与影响力和预算规模大小相应的负责部门进行划

---

① 事前疏通原指在移植树木前进行的一系列准备工作。在日本政治领域，该词意指在推进某项工作前通过预先商议、事前交涉等安排事先得到相关人员的同意。

分。小型项目由地方局和地方公共团体（都道府县）处理。大型项目则由中央官厅管辖，各局主管官员执行。

四、职业体系

1. 官僚职业

在日本，官僚大权在握，职业体系则是支撑这种官僚统治的重要机制之一。所谓官僚职业，指的是通过国家公务员考试，并被本省厅录用成为精英的国家公务员。由于录用取决于各省厅，所以其也成为宗派主义的温床。

2. 职业体系

正式公务员享有晋升特权。在成为科长之前，晋升特权原则上适用于所有职务公务员。但在此之后，由于存在同期升任局长、事务次官，其他人便选择退休的惯例，所以职业生涯未达到局长、事务次官高度的公务员，在临近退休年龄时会“下凡”到特殊法人机构①。

3. “下凡”

“下凡”（日文：天下り）指的是退职公务员辗转到由自己退职部门管辖的外围团体、民间企业、独立行政法人机构、国立大学法人机构、特殊法人机构等再就业的现象，带有明显的批判色彩。此外，“下凡”也包含总公司高级干部到子公司出任要职的现象。日本公务员的“下凡”现象与所谓“旋转门”政治机制颇为相似。至于官僚“下凡”现象的范围，有观点认为其只包含中央省厅从中斡旋、介绍的情况；也有观点认为无论通过何种手段，只要从特定企业、团体获得一定地位，均应该视为“下凡”。当然，也存在无论官民，将只要通过从中斡旋、介绍手段获得再就业职位的情况统统揶揄为“下凡”的现象。

4. “下凡”的弊端

以“下凡”机制的存在为前提，公务员可能利用其地位为自己退职后再就业创造有利条件，这与企业想引进精通政府内部事务人才的想

---

① 通常情况下，特殊法人机构开展的是无法或几乎无法按照市场原则，即以营利为目的的业务。其包括公共团体、国营公司、公司集团、特殊银行、金库、金融合作社、特殊公司等多种形态。总务省行政管理局负责对特殊法人机构的建立、目的变更、相关法律制度的修改及废止进行审查。

法不谋而合，如此一来很可能妨碍公务的公正执行。与此同时，“下凡”机制起到了重新连接省厅和企业的作用。拥有“下凡”经历的公务员不仅获得了国家公务员退职金，还可以得到特殊法人和企业提供的退休金。这种职业体系已成为“官僚优秀论”的温床。

5. 公务员制度改革

近年来，围绕公务员职业的丑闻不断。应该废除公务员职业体系、降低一般公务员工作条件、削减公务员人数、强化公务员伦理意识和服务纪律在有关呼声中占据支配地位。特别是干部职员退职后在所属政府机关相关企业或政府相关机构再就业的“下凡”惯例遭到猛烈批判，成为公务员改革的重要内容。

6. 限制性规定

作为重点政策课题，日本公务员制度改革取得了一定成果。中央政府自 2006 年以来增设了主要负责公务员制度改革事宜的内阁府特命担当大臣；2007 年在内阁府增设再就业等监事委员会；2008 年 6 月，日本通过《国家公务员制度改革基本法》等一系列法案。为了对饱受批评的公务员“下凡”机制加以限制，该法规定，为了防止公务员泄露工作机密信息，公务员退职后 2 年内禁止在与其退职前 5 年工作岗位有关的民间企业等再就业。

第三节　行政机构

一、内阁府与中央省厅

为了实现内阁及内阁总理大臣对国政运营的主导，日本在内阁总理大臣领导下设置内阁机构。它集合了特命担当大臣以及来自行政机构内部和外部的工作人员，承担着包括制定最为基本的国家大政方针、处理应由国家政府中央机构直接处理的一系列问题等在内的诸多工作。

1. 内阁府

内阁府是日本中央省厅中的重要部门，包含了日本学术会议、国家公安委员会（警察厅）、公平交易委员会、宫内厅、金融厅、消费者厅、个人情报保护委员会、赌场管理委员会等重要职能部门。

2. 特命担当大臣

除内阁总理大臣、内阁官房长官外，内阁府还设有特命担当大臣。特命担当大臣仅在内阁府内任命，目的是协助内阁总理大臣发挥领导作用，有力、迅速地进行重大国家政策的规划起草与综合协调。

3. 中央省厅

中央省厅是国家的行政机构，原则上属于内阁。当前日本中央省厅的基本框架源自2001年1月6日进行的中央政府机构调整。除内阁府外，日本中央省厅还包括复兴厅、总务省、法务省、外务省、财务省、文部科学省、厚生劳动省、农林水产省、经济产业省、国土交通省、环境省、防卫省。值得强调的是，会计检察院是唯一不属于内阁的国家行政机关。

4. 外局

外局指的是日本在内阁府或省为处理特殊事务设置的具有较强独立性的组织，其地位与内局（本府或本省）地位相当。外局大致可分为合议制委员会和独立厅两大类。前者如内阁府国家公安委员会、环境省原子能规制委员会；后者如总务省消防厅、国土交通省海上保安厅。

二、各省厅职能

1. 复兴厅

2011年3月11日，日本东北部太平洋海域发生里氏9.0级地震，地震及其引发的海啸对日本东北部岩手、宫城、福岛三县造成巨大破坏，并导致福岛第一核电站发生7级核事故。为早日完成灾后重建工作，实现灾后复兴，日本政府依据《东日本大地震复兴基本法》《复兴厅设置法》等法律于2012年2月10日成立复兴厅。复兴厅的主要职责是对国家灾后复兴政策进行规划、调整与实施；成为地方公共团体集中处理相关事务的窗口，并向其提供支援。

2. 总务省

总务省于2001年由总务厅、自治省、邮政省合并而成，主要管辖与国家基本机制有关的各种制度，以及支撑国民政治、经济及社会活动的基本系统，如行政组织、地方自治、公务员制度、选举、政治资金、信息通信、邮政、统计、消防等。

3. 法务省

法务省源自明治时期的司法省，其主要任务是维护和完善基本法律制度、维护法律秩序、保障公民权利、统一妥善处理涉及国家利益的纠纷、公平管理移民。主要管辖司法制度，民政事务（国籍、户籍、登记、押金），刑事事务，民政制度规划与起草、矫正，回归社会保护，行政诉讼，人权保护，出入境管制，破坏性团体监管，司法代书人和土地房屋调查员等事宜。

4. 外务省

外务省从明治时期一直延续至今，其主要任务是为维护国际社会的和平、安全做出积极贡献；通过积极主动的行动创造良好的国际环境；在维持和发展和谐对外关系的同时，增进国家和国民利益。外务省主要司职制定外交政策；同外国政府进行交涉；加入联合国等国际组织并与之展开合作；缔结条约；解释并实施国际法；涉外法律事务；收集分析国际形势，并对外国与国际组织进行调查；保护并增进日本公民包括法律经济利益在内的海外利益；保护海外侨民的生命健康及其他安全；海外日本人身份关系事务；发放护照等国民出国及移居海外事务；签证事务；在日外国人待遇事务；海外情况国内宣传；国内情况海外宣传；宣传日本文化；外交文书签发；派遣外交官及领事；接受外交官、领事及国际组织要员；日本勋章等荣誉的国际宣传；仪式及其他外交礼仪；外交史料编纂；涉外土地事务；政府开发援助事务。除大臣官房外，外务省下辖十局三部。十局指的是综合外交事务局，五个地区局（亚洲大洋洲、北美、中南美、欧洲、中东非洲），四个功能局（经济、国际合作、国际法、领事）。三部为综合外交事务局下辖的军控与科学部、亚洲大洋洲局下辖的南亚部以及中东非洲局下辖的非洲部。

5. 财务省

财务省于 2001 年由大藏省改组而成，其任务是确保财政稳健、实现适当公平的税收、妥善管理海关业务、妥善管理国库、维持对货币信赖、确保外汇稳定。财务省除掌管国家预算、决算、会计、租税、货币制度、国债、财政投融资、国有财产、外汇、酒类、烟草、制盐等工作外，还负责与烟酒相关的生产、销售业务，征收烟酒税。

6. 文部科学省

文部科学省简称文科省，2001 年由文部省和科学技术厅合并而成，使命是以促进教育和终身学习为核心，培养具有丰富人文意识的创造性人才；振兴学术；全面推进科学技术；全面推进体育和文化相关措施；妥善开展与宗教有关的行政事务。文部科学省主要负责振兴教育、科学技术、学术、文化和体育活动。

7. 厚生劳动省

厚生劳动省简称厚劳省，前身为内务省社会局、卫生局，2001 年由厚生省、劳动省合并而成。厚生劳动省为保障和改善人民生活，促进经济发展，改善和促进社会福利、社会保障和公共卫生，改善劳动者的工作条件和其他工作环境，保障就业而设立。其主要负责与健康、医疗、儿童、育儿、福利、护理、就业、劳动和养老金有关的行政事务，以及复员，赡养战死者遗属，清算旧陆、海军省遗留的行政事宜等。

8. 农林水产省

农林水产省简称农水省，最早可追溯至明治时期的农商务省，1978 年由农林省改为现称。农林水产省的任务是保障粮食供应、发展农林水产业、促进农林水产业工人福利、促进农村和丘陵山区发展、发挥农业多方面功能、可持续种植森林、提高森林生产力及适当保护和管理海洋资源。主要业务涉及农业、畜牧业、林业、渔业、食品安全、稳定供应、农村振兴等。

9. 经济产业省

2001 年，有着“日本经济参谋本部”之称的通商产业省经改革后更名为“经济产业省”，简称经产省。其使命是以提高民营经济活力和促进对外经济关系顺利发展为中心，确保经济产业发展，以及矿产资源能源的稳定、高效供给。经济产业省主要负责宏观经济政策、产业政策、贸易政策、贸易管制操作、产业技术政策、分配政策、能源政策等。

10. 国土交通省

在 2001 年进行的中央省厅改革中，运输省、建设省、北海道开发厅及国土厅四个省厅合并为国土交通省，简称国交省。该省的任务是全面系统地利用、开发和保护国家土地，并为此整合社会资本，推进交通政策，推进旅游立国相关政策，确保气象服务健全发展及海上安全治安。国土交通省具体负责业务涵盖海陆空交通、铁路、港口、船舶、气象、土地、水资源、岛屿开发、灾害对策、首都圈政策、城市规划、道路、建筑、房屋、河流、政府大楼等众多方面。

11. 环境省

环境省 2001 年由原环境厅升格而成，主要使命为保护地球环境；防止污染；保护、恢复自然环境，保全其他环境；核能研究、开发及安全利用。环境省主要负责制定环保政策、制定环境标准、制定防止污染政策、保护野生动物及其多样性、保护维护自然公园及温泉、减少温室气体排放和保护臭氧层、应对核事故放射性物质污染环境等工作。

12. 防卫省

2007 年，日本将防卫厅升格为防卫省，其主要任务是保卫日本和平与独立、维护日本国家安全，并以完成上述任务为目标，对陆上自卫队、海上自卫队及航空自卫队进行管理、运营；根据《日美安全保障条约》处理驻日美军相关事务。防卫省具体工作包括处理国防、安全相关事宜；处理与陆上自卫队、海上自卫队、空中自卫队的组织、人员、组成、装备和部署等有关的各项事务；研究武器装备；宣传国防政策；根据相关条约规定确定、取得、提供外国军队在日使用区域及设施，并处理与之相关的使用条件变更、返还等事宜；就国防事宜开展国际合作；在防卫大学、防卫医科大学等法定文化教育研究机构开展教学训练及研究工作等。

补充资料

1. 日本官厅的宗派主义

宗派主义（英文：sectionalism；日文：部局割拠主義）又称本位主义、派系思想，既指一个团体或组织内以各个部门不相互合作、坚持自己的权威和利益、排斥外部干扰为代表的倾向，也指团体或组织内以上述倾向为出发点处理对内对外关系的思想和活动。宗派主义被认为是官僚体制产生的一种负面机制，是组织内部因过度追求专业化而产生的功能障碍。宗派主义的典型表现是地盘意识和派系主义。宗派主义者不喜欢其他部门人员参与由自己部门承担的业务工作，其不考虑整个组织的全体利益和效率，只顾及自己部门的利益。

不仅如此，宗派主义者往往对自己职责以外的事情兴趣不大，尽量避免自己专业以外的事情，且对其知之甚少。为了消除组织内的宗派主义，人们采取了从各个部门选择成员并就某一项目展开合作的方式。但其也存在项目参与者除日常业务外需处理更多事务，负担过重的弊端。对广义的宗派主义者而言，即便与自己有关的事务，一旦出现其他负责人，其便不敢与之产生关联，并会对该负责人进行无端指责与诽谤。

此外，地盘主义也常被用于形容日本各官厅间关系。在人类社会中，“地盘”一词常被用于表示由特殊势力所占据的地区或势力范围。所谓地盘主义或领地意识，指的是当不同群体、地区或组织就某一地区或势力范围的归属发生冲突时，其对于自己对该区域或势力范围所有权、控制权的强烈主张。组织内部地盘主义或领地意识的盛行往往会引发各种问题。

一般而言，房屋所有权、狩猎权及捕鱼权等在本质上具有领地属性。个人空间、人际距离等概念则发轫于此。日本《黑社会组织对策法》将“地盘”定义为“尽管缺乏正当、合法权威，但仍认为属于自己权益范围的区域”。

2. 基于公务员工资表的职业分类

（1）专职公务员

专职公务员也被称为“正式员工”“正式职工”或“固定员工”，其均不是法定称谓。未达到退休年龄的人员被任命为不限任期的专职公务员，相当于公司的“正式员工”。负责各种岗位，可内部调岗、跨部门调动、加薪和晋升。根据《一般职务公务员薪资法》，专职公务员包括如下几种。

行政岗公务员：除专业行政、税务、公安、海事、教育、科研、医疗、福利、专业人员、指定岗位之外，不受考试专业限制，包括土木工程、建筑、机械工程、农业等技术官员和技术人员在内的从事一般行政事务的所有专职公务员。

专业行政岗公务员：包括从事植物防疫、家畜防疫、专利检查、船舶检查、航空管制等需要高级专业技术工作的专职公务员。

税务岗公务员：在国税厅从事征税等工作的专职公务员。

教育岗公务员：教师、教育行政人员等在教育委员会、学校从事一般事务性工作的专职公务员。

医疗岗公务员：为公务员提供医疗服务的专职公务员，包括医务官、（自卫队）医官、牙科医务官、牙科（自卫队）医官、药剂师、护士、政府机关保健师、营养师等。

研究岗公务员：指在公立研究和检测机构工作的专业型人才。在一些地方政府，由博物馆和美术馆聘用的研究员及行政人员也被视为研究岗公务员。

公安岗公务员：警察、海上保安官及消防员等从事安保、安全相关工作的专职公务员。由于岗位特殊性，公安岗公务员大都没有包括结社权、罢工权及集体谈判权在内的“劳动三权”。

（2）其他公务员

除上述以正式雇员身份工作的专职公务员外，在日本国家和地方政府机构还存在以下因就职条件不同，拥有不同地位的公务员。

临时聘用公务员：也被称作临时公务员，指的是在出现专职公务员短缺等紧急情况，或设立临时岗位时，经法律批准聘用的、用来应急的临时公务员。此类公务员最长聘期为6个月，且只能续聘一次。一般情况下，临时聘用公务员在就职期间与专职公务员享受同等待遇。但有时也会出现因工作时长少于专职公务员，工资相应减少的情况。临时聘用公务员无权跨部门调动或晋升。

返聘公务员：从退休公务员中根据退休前工作表现重新聘用的公务员，任期为一年。与临时聘用相同，返聘公务员按照工作时长可分为全职与短期两种。

固定期限专职公务员：当遇到有必要在一定时间内聘用高级专业人才，或预判到未来一段时间内特定业务工作量将有所增加时聘用的任期不超过五年的公务员。其在受聘期间与专职公务员享受同等待遇。

固定期限短时公务员：指的是在特定业务工作量增加前提下聘用的，聘期在一年以上三年以下的公务员，其工作量应少于专职公务员。

非专职公务员：无需全职工作的公务员统称为非专职公务员。一般包括消防队员等特殊职务及兼职从事一般职务工作的公务员。非专职公务员通常会在专职公务员的指挥下从事辅助性工作，其待遇相对于稳定性较高的专职公务员而言并不稳定。根据聘用方式不同，非专职公务员可分为多种不同类型，其工作制度也因聘用单位不同而千差万别。具体而言，其代表性类型包括临时公务员及日薪制公务员。

临时公务员根据聘用机构的不同要求，其聘用期限大多为一年，最长不超过三年。有时，临时公务员亦指工作时长比专职公务员短的公务员。

日薪制公务员指的是在有限时间内聘用的临时公务员。从制度上看，其受聘时长以天为单位，在规定时间内每天重新聘用。

3. 日本行政机构组织简表①

内阁（会计检查院独立于内阁）

内阁官房	
内阁法制局	
各总部、会议	• 国家安全保障会议 • 城市再生总部 • 结构改革特别区域推进总部 • 知识产权战略总部 • 全球气候变暖对策推进总部 • 地区再生总部 • 邮政民营化推进总部 • 城市中心城区活性化总部 • 道州制特别区域推进总部 • 综合海洋政策总部 • 宇宙开发战略总部 • 综合特别区域推进总部 • 核能防灾会议 • 国土强韧化推进总部 • 健康 · 医疗战略推进总部 • 水循环政策总部 • 城市 · 人 · 工作创生总部 • 网络安全战略总部 • 特定复合观光设施区域整备推进总部 • 赌瘾等对策推进总部 • 阿伊努政策推进总部 • 新冠疫情对策总部 • 国际博览会推进总部 • 新型流感等对策推进会议

① 截至 2022 年 7 月 1 日。

续表

人事院（特设行政机关）	
内阁府	• 宫内厅 • 公平交易委员会 • 国家公安委员会 • 个人信息保护委员会 • 赌场管理委员会 • 金融厅 • 消费者厅
数字厅	
复兴厅	
总务省	• 公害等调整委员会 • 消防厅
法务省	• 出入国在留管理厅 • 公安审查委员会 • 公安调查厅
外务省	
财务省	• 国税厅
文部科学省	• 体育厅 • 文化厅
厚生劳动省	• 中央劳动委员会
农林水产省	• 林业厅 • 水产厅
经济产业省	• 资源能源厅 • 特许厅 • 中小企业厅
国土交通省	• 观光厅 • 气象厅 • 运输安全委员会 • 海上保安厅
环境省	• 核能规制委员会
防卫省	• 防卫装备厅

思考题

1. 名词解释

一般职务公务员　特殊职务公务员　明星政治家　公务员“下凡”　日本中央省厅　宗派主义　霞关

2. 简答题

（1）日本公务员负有哪些义务，拥有哪些权利，受到哪些限制？

（2）日本中央省厅包括哪些？

（3）日本一般职务公务员与特殊职务公务员的区别是什么？

（4）日本公务员“下凡”现象的主要危害有哪些？

3. 论述题

（1）阐述日本官僚与政治家的区别与联系。

（2）怎样看待日本公务员的“下凡”现象。

（3）如何理解日本官厅存在的宗派主义思想。

（4）日本公务员选拔制度是如何体现其“三权分立”原则的？

（5）如何看待日本明星政治家？

第七章

司　　法

第一节　司法制度

司法权是与行政权、立法权并列的国家权力之一。在实行“三权分立”原则的日本，司法权主要由法院行使。

一、日本司法制度

1. 近代司法制度

以1890年的《法院构成法》为依据，日本近代司法制度框架基本形成。该制度在框架上与德国较为相似，检察院设于法院内部；法官和检察官均作为司法官得到培养；法务大臣拥有司法监督权；审判程序以职权主义[①]为基础。

2. 当代司法制度

随着新宪法的颁布与实施，战后日本司法制度以美国为模板发生了重大变化。法院在被赋予违宪审查权的同时，还将所有司法权收入囊中；战前以行政法院为代表的特别法院，在战后也遭到禁止。司法诉讼方面，在民事诉讼和刑事诉讼过程中，大幅度采用了以当事人诉讼活动为基础进行审理，根据其结果由法院作出判断的当事人主义[②]程序。至

---

① 指在诉讼过程中将诉讼活动主导权及各种权限赋予法院的诉讼结构。日本旧《刑事诉讼法》采用的就是这种与当事人主义相对应的诉讼模式。当前，日本采用的是当事人主义。

② 根据当事人的主张和证据提起诉讼的诉讼制度。

于法律优先顺序，战后日本采用的是宪法高于法律，法律高于政令，政令高于省令，省令高于告示，告示高于训令，训令高于纲要的法律优先顺序。

3. 司法制度特点

日本司法制度具有在政治问题上实行消极主义、司法工作人员较少、行政诉讼欠发达、民事审判费时较长、采用官僚型法官培养方式、实行民间人士参与刑事审判的“陪审员”制度、存在法官激励机制与监督机制等特点。

二、司法行政权与任命制度

1. 司法行政权

基于司法行政权[①]的司法行政机关行政活动被称为司法行政。由于司法权通常由法院行使，故其与法院相关行政职能行使权限意义相同。司法行政权主要涉及法院运营的人、物两个方面，其具体内容包括针对法官和其他法院工作人员的任免、指派、监督；相关场所管理；会计核算等。

2. 任命制度

在日本，最高法院首席法官即是其最高领导人，与内阁总理大臣、众议院议长、参议院议长并称为“三权之长”。最高法院由 15 名最高法院法官组成，其中包括 1 名最高法院长官（即最高法院首席法官）及 14 名最高法院法官（其他法官）。最高法院除首席法官以外的法官被称为最高法院法官。最高法院首席法官由天皇根据内阁提名任命；最高法院法官则由内阁任命，并经过天皇认证。

法官原则上从通过司法考试，且完成司法修习[②]的人员中任命。但在实际操作中，最高法院法官有时也从学术专家中任命；简易法院法官即便未完成司法修习，只要其具备必要专业知识，也可得到任命。

---

① 司法行政权指的是司法机关为发挥司法行政职能而行使的筹备、管理等权限。

② 在日本，通过司法考试者还需依据《法院法》之规定，以法律修习生身份经历实习方可获得法律专业资格认证。

三、法官工作

除了受到宪法和法律的约束外，法官应该凭良心独立裁决每个案件。根据隶属法院和案件内容的不同，案件可由一名法官审理，也可由多名法官组成合议庭审理，后者被称为合议制。在采取合议制对案件进行审理的过程中，将由一名法官担任主审，推进审理进程。

1. 刑事案件

在警察等部门已采取强制搜查手段时，法官应站在保障犯罪嫌疑人基本人权角度，从原则上判断是否应当签发逮捕令或搜查扣押令等命令文件。此外，法官还将对检察官提交的证据、被告与其辩护人的陈述及证据进行审查，以判断被告是否有罪。在此基础上，如果认定被告存在犯罪行为，法官还将决定如何定罪、量刑。

2. 民事案件

民事案件主要包括解雇、不发放工资等劳动争议案件；专利权、著作权等知识产权相关知识产权案件；对不遵守法院判决对象采取强制执行措施；旨在清算债务和财产、重建生活的破产案件；配偶暴力、严重危害人身安全的保护令案件。在处理民事案件、履行相关程序的过程中，法官需要听取诉讼双方，即原告及被告的主张，并对其提出的相关证据进行调查。此外，法官还应对适用法律、是否承认原告请求等问题做出判断。

3. 家事案件

家事案件一般指的是与婚姻、赡养抚养、遗产继承、析产、收养关系等有关的家事纠纷案件。在处理这种以家庭内部成员间矛盾纠纷为主的案件时，法官主要负责听取当事人的意见、调查当事人提供的证据等。一般情况下，法官会在听取家庭法院调查官报告、顾问①意见的基础上进行审判。

4. 家事案件审理机制

家庭内部纠纷等与家庭有关的案件大多以家庭成员间情感对立为背

---

① 日语为参与员，指的是可参与家庭法院人事诉讼案、家事案件审理的普通民众。做此安排的目的在于反映国民思想与意见。

景。要审理此类问题，不仅要从法律角度进行判断，还要化解家庭成员间的对立情绪。此外，鉴于其特殊性质，在审理家事案件过程中法院既要考虑个人隐私问题，也要从辅助的立场进行干预。为实现这一点，法院往往以职权主义为基础，在谋求具体妥当性的同时对案件进行审理。

5. 未成年人案件

在对涉嫌盗窃等犯罪的不良未成年人进行审判的过程中，法官应对警察等部门提供的记录进行调查，并在此基础之上听取嫌疑人、监护人及“照管人”① 的意见。不仅如此，法官还应听取家庭法院调查官关于案件调查结果的报告和意见。综合上述材料与意见，法官将对当事人是否存在不良行为做出判断，以帮助其早日重新做人为原则给予适当处分。

在日本，由家庭法院审理的未成年人案件包括：（1）包括子女在内的 14 岁以上、20 岁以下犯罪的未成年人；（2）实际触犯法律，但不构成刑事犯罪的 14 岁以下未成年人；（3）存在不良行为，将来可能犯罪的 20 岁以下易犯罪未成年人。

四、法官弹劾制度

法官肩负着通过公正审判维护国民权利的重要作用。为了确保法官能够在不受国家权力等其他因素影响的情况下进行公正、充分审判，需对其身份予以保障。因此，除根据宪法特定程序对其进行罢免外，不得违背上述原则对法官进行免职、调任、调离、停职、降薪。

1. 法官弹劾委员会

法官弹劾委员会是在法官做出有违国民信任行为时，对其发起弹劾的机构。该委员会在弹劾法官过程中的作用与检察厅在刑事案件中发挥的作用相类似。此外，《日本国宪法》规定，国会为了审判遭到弹劾的法官，设立了由参众两院议员组成的弹劾法院。《国会法》及《法官弹劾法》对发起弹劾的组织及程序、罢免理由等做出了明确规定。日本

① 日语为“付添人”，指的是在家庭法院对未成年人进行审判过程中维护其权利、代理有关事务的相关人员。其主要作用是协助法院在审理过程中正确履行相关手续，并确保当事人得到公正对待。非律师担任照管人需得到家庭法院许可。

国民均可提出弹劾请求。

2. 法官弹劾委员会的构成

法官弹劾委员会由20名弹劾委员（参议院、众议院议员各10人）和10名预备委员（参议院、众议院议员各5人）组成。委员及预备委员由参议院、众议院在全体会议上选任，任期与议员任期相同，委员长由弹劾委员互选产生。

五、陪审员制度

1. 陪审员相关法律

2004年5月28日，日本通过《关于陪审员参加刑事审判的法律》。2009年5月21日，日本正式开始实行陪审员制度。人们期望通过国民参与刑事审判，提高其对于司法的信赖。

2. 陪审员制度

陪审员制度是让国民以陪审员身份参加刑事审判，与法官一同决定被告人是否有罪、如何量刑的审判制度。按照相关规定，刑事案件的审判由合议庭进行，其原则上应包含6名陪审员及3名法官。如果被告对案件事实没有争议，则合议庭可由4名陪审员及1名法官组成。该制度也被美国、英国、法国、德国、意大利等国家采用。

3. 陪审员的选拔与参与

在日本，陪审员的选拔一般经过以下环节：首先，以市町村选举管理委员会经抽签选出的名单为依据，形成翌年陪审员候选人大名单。其次，以调查问卷方式对候选人进行逐一调查，确认其在年龄、职业、学历、身体状况等方面是否具备担任陪审员资格。最后，从调查合格人员中抽签选出陪审员候选人。

被选中的陪审员将出席审判（庭审）。在审判过程中，陪审员不仅可对证据文件进行调查、对证人及被告人进行提问，还可就被告人是否有罪、如何量刑等问题与法官共同商议，并作出判决。如果陪审员及法官无法形成一致意见，则遵照多数决定原则，经表决形成最终判决。

4. 陪审员制度适用案件

陪审员制度适用于在地方法院进行的刑事审判（一审），主要包括杀人、抢劫（抢劫致人死伤）、伤害致死、危险驾驶致死、纵火、绑架、遗弃致死、违反《兴奋剂取缔法》等恶性刑事案件。被告人无权拒绝在案件审理过程中采用陪审员制度。作为例外情况，当认为参加案件审理可能对陪审员及其亲属造成危害，或遇到陪审员难以参与的案件时，可由地方法院决定仅由法官组成合议庭进行审理。

第二节　法院构成与配置

一、法院构成

1. 法院审级制度

为确保审判公平公正，日本设立三审制度，即按照一审、二审、三审三个审级设置法院。换言之，日本采用的是如果当事人愿意，其在原则上可以接受3次反复审理的制度。具体而言，对一审判决不服的当事人可以上诉（日语称“控诉”）至二审法院，对二审判决不服的当事人还可以上诉（日语称“上告”）至三级法院。

2. 各级法院间关系

在审级关系中处于上位的法院被称为上级法院，处于下位的法院则被称为下级法院。控诉和上告可统称为上诉。在案件审理过程中，各级法院独立行使审判权，上级法院的判决优先于下级法院判决，对其具有约束力。例如，在地方法院进行一审的案件，其上级法院是负责二审的高等法院。

二、法院配置

《日本国宪法》第76条第1款规定：“国家司法权全部属于最高法院及根据法律规定设置的下级法院。”依据日本《法院法》，作为最高法院的下级法院，日本设立了包括高等法院、地方法院、家庭法院及简易法院在内的四种法院，并对适合其处理的案件类型做出明确规定。

1. 最高法院

最高法院是根据《日本国宪法》设立的日本唯一最高审级法院。最高法院除对上诉及诉讼法中特别规定的抗诉案件拥有司法审判权之外，还对针对人事官的弹劾案件拥有一审（即终审）权。

为确保司法机关的完全独立，最高法院被《日本国宪法》赋予规则制定权，即可制定与诉讼程序、律师、法院内部纪律及司法事务管理相关的各项规则。此外，下级法院法官提名、法官以外法院职员任命与任职、法院相关预算编制及执行等所谓司法行政权均由最高法院行使。

2. 最高法院首席法官

日本现任最高法院首席法官为第20任首席法官户仓三郎，其于2022年6月24日就职。

3. 高等法院

日本的高等法院分布于东京、大阪、名古屋、广岛、福冈、仙台、札幌、高松8座主要城市。此外，还在金泽（名古屋高等法院金泽分院）、冈山（广岛高等法院冈山分院）、松江（广岛高等法院松江分院）、宫崎（福冈高等法院宫崎分院）、那霸（福冈高等法院那霸分院）、秋田（仙台高等法院秋田分院）6座城市设立分院。此外，作为特别分院，东京高等法院还设立了知识产权高等法院。

4. 知识产权高等法院

随着知识产权实际运用在日本经济社会发展中的不断增加，司法机关在保护知识产权方面的作用愈加重要。基于这一现状，为进一步加强知识产权案件审理能力、加快知识产权案件审理速度，日本于2005年4月1日依据《知识产权高等法院设置法》设立了知识产权高等法院。作为专门审理知识产权相关案件的特别分院，知识产权高等法院的设立使得日本法院专业审理体系得到进一步健全与完善。

5. 高等法院的构成

日本高等法院主要由院长和法官组成。高等法院院长由内阁任命并经过天皇认证。高等法院进行的司法审判原则上由包括3名法官在内的合议庭完成。公平交易委员会作出判决的案件，以及涉及内乱罪的案件，由5名法官组成的合议庭进行审理。

6. 高等法院的工作

在日本，高等法院负责审理的案件包括：对地方法院或家庭法院判决、简易法院刑事案件判决提出上诉的案件；对地方法院二审民事案件提出上诉的案件；对简易法院民事案件提出越级上诉的案件；对地方法院或家庭法院做出决定提出抗诉的案件。

7. 地方法院

日本共有 50 家地方法院，分布在全国各地。除北海道地区下设札幌、函馆、旭川、钏路 4 家地方法院外，其他地方法院管辖范围均与各都府县行政规划相同。此外，各地方法院还设有总计 203 家分院。

8. 地方法院的构成

日本地方法院主要由院长和法官组成。地方法院对案件的审理大多由一位法官单独完成。当遇到认为适宜由合议庭进行审理、判决的案件；量刑为死刑、无期徒刑、1 年以上有期徒刑、拘役的案件；上诉案件；其他法律规定应由合议庭审理的案件，地方法院将选择由 3 名法官组成合议庭开展相关工作。

9. 地方法院的工作

地方法院原则上是一审法院，除其他法院拥有一审专属权的特别案件外，所有案件的一审工作均应由地方法院完成。此外，地方法院还负责对简易法院民事案件判决提出上诉的案件进行审理。

10. 家庭法院

家庭法院及其分院所在地与地区法院及其分院所在地相同。此外，家庭法院在需求较大地区还设有 77 家办事处。家庭法院主要负责对涉及夫妻关系及亲子关系纠纷的家庭案件进行调解、审理，同时还负责审理未成年人犯罪案件。

11. 简易法院

日本在全国范围内共设立 438 家简易法院。简易法院主要负责以下案件的一审工作：诉讼标的不超过 140 万日元的民事索赔案件；盗窃、贪污、习惯性赌博等量刑为罚款以下的罪行较轻的刑事案件。简易法院对其管辖的案件只能判处罚款以下刑罚或 3 年以下有期徒刑。如认为应被处以超过上述量刑的刑罚，案件应移送至地方法院。

12. 调解制度

简易法院还建立了通过协商解决身边民事纠纷的调解机制。民事调解费用不高，一般由调解委员会负责。调解委员会一般由 1 名法官或 1 名民事调解官及 2 名以上民事调解委员组成。其以仔细听取当事人双方意见，并在此基础上促使双方达成协议为目标。当事人双方就调解达成一致后，相关内容将被写入调解书，调解书所记载的内容与法院做出的判决具有同等效力。

第三节　检察制度

一、检察制度及其特征

由于检察厅是兼具行政、司法两种性质的组织，其组织结构也因此兼具两者特征。日本检察制度的主要特点为：（1）检察官亲自对嫌疑人、证人等展开调查，收集证据；（2）检察官根据确凿证据起诉极有可能被定罪的嫌疑人；（3）采取起诉便宜主义①。

在日本的刑事司法程序中，除了存在以检察审查会提出的起诉决定为依据提起公诉这一特殊制度外，检察官不仅以国家刑事公诉机关身份独占公诉权，还能够以合理行使公诉权为目标展开搜查，并作为原告方在执行诉讼的同时对审判执行进行监督、指挥。毫无疑问，在日本刑事司法运行过程中，检察官发挥着核心功能。

二、检察厅与检察官

1. 检察厅

检察厅是法务省下辖的特殊国家机关，主要负责对检察官工作进行监督。从隶属关系上看，检察厅属国家行政机关，拥有立法权、司法权、行政权“三权”中的行政权。由于其通常站在保护国民权利视角参与司法事务，故又被认为是“准司法机关”。日本检察厅在组织结构上与法院对应，可分为最高检察厅、高等检察厅、地方检察厅及地区检察厅四级。

2. 特别搜查部

简称特搜部，为日本检察厅下属部门之一。目前，设有特别搜查部的地方检察厅分别是东京、大阪、名古屋。特别搜查部前身为驻日盟军

---

① 又称起诉合理主义、起诉裁量主义，指的是即便存在足够犯罪嫌疑并具备起诉条件，检察官等公诉机关也可根据犯罪嫌疑人性格、年龄、犯罪轻重和情节等因素决定是否起诉的原则。

总司令部为彻查日军藏匿物资而设置的“藏匿物资事件搜查部”，1949年改为现名。特别搜查部主要负责对贪污、渎职、企业犯罪案件等展开独立调查，同时也会对公平交易委员会、证券交易等监督委员会、国税局等依法检举的案件进行调查。昭和电工事件、造船丑闻事件、洛克希德事件、利库路特事件等战后日本重大贪污案件，以及近年来较为知名的森友学园丑闻、卡洛斯·戈恩事件、“赏樱会”丑闻等均由特别搜查部侦破。

3. 检察官

依据日本《刑事诉讼法》第247条之规定，作为公共利益的代表，检察官可就刑事案件向法院提起公诉，要求法院对案件进行审判。同时，《日本国宪法》第77条规定，检察官必须遵守最高法院有关规范。检察官原则上应通过司法考试，并完成司法修习。

4. 检察官种类

检察官按职级包括检察总长、检察次长、检察长、检察官及副检察官。此外，地方检察厅还设有从检察官中选拔任命的检察厅长官“检事正”。在上述职务中，检察总长、检察次长及检察长由内阁任免、天皇认证。

5. 最高检察厅检察总长

检察总长享受国务大臣待遇，现任检察总长为第32任检察总长甲斐行夫，其于2022年6月24日就职。

检察总长以首长身份执掌最高检察厅事务，并对本单位及其对应法院辖区内所有检察厅职员进行指挥、监督。检察次长隶属最高检察院，主要负责协助检察总长工作。在检察总长遭遇事故或该职位空缺时，检察次长将代行其职务。

6. 地方检察厅长官与检察官

地方检察厅长官掌管本单位事务，并指挥、监督本单位及其对应法院辖区内所有检察厅职员。检察官一般被安排在最高检察厅、高等检察厅及地方检察厅，主要负责搜查、公审及对判决执行情况进行指挥、监督等工作。副检察官被安排在区检察厅，同样负责搜查、公审，以及对判决执行情况进行指挥、监督等工作。

7. 检察官职责

以在刑事诉讼过程中向法院提起公诉为依据，检察官拥有要求法院在案件审理过程中正确、适用法律，并对判决执行情况进行监督等社会性权利。此外，针对属于法院权限的其他事项，检察官在认为必要时，可要求法院履行告知义务或陈述相关意见，并以公共利益代表身份执行该事务。在地方公共团体拟定带有惩罚性条款的地方性法规时，由检察官负责对其进行审查。

8. 检察官权限

除主要负责刑事审判中的公审外，检察官根据《检察厅法》第 6 条及《刑事诉讼法》第 191 条之规定，亦可对大型经济犯罪和政界相关贪污案件等独立展开调查。不过，在调查此类案件时，检察官不同于警察，不能使用武力，无法对犯罪行为进行预防性处置、发挥行政警察作用。即是说，检察官并不拥有为确保行政警察顺利执行公务而赋予的携带使用武器、盘问、进入特定区域、保护特定人员、限制交通等权限。

9. 检察官工作

对刑事案件提起公诉是检察官的主要工作之一，只有在检察官对刑事案件提起公诉后，法院方可对其进行审理。此外，检察官在已起诉案件中承担着根据证据证明被告有罪的重任。对案件展开调查、监督判决执行也是检察官的工作。应该强调的是，针对案情严重，且就是否犯罪存在争议的未成年人案件，法院在认为必要时可要求检察官出席审判。

10. 检察审查制度

当检察官被认为对应当起诉的案件做出免于起诉决定时，对此不服者可向检察审查会①提出审查申请，这便是检察审查制度。采用该制度的主要目的在于在检察事务中充分反映民意，以求检察权得到公正使用。

---

① 检察审查会设在各地方法院所在地，由 11 名审查员组成。审查员从拥有众议院议员选举权的公民中抽签选出，任期为 6 个月。

补充资料

1. 公法与私法

按照公法、私法对法律进行划分的现象最早出现在古罗马法。公法是指规范国家与其公民之间关系的法律，私法是指规范私人之间关系的法律。具体而言，宪法和行政法是前者的典型，民法和商法是后者的典型。这种划分方法建立在承认国家地位与公民地位存在差异的基础之上。此外，以社会法、经济法、环境法等为代表，当今社会也存在一些介乎于公法、私法之间，兼具公法、私法性质的法律。有观点认为，公法与私法的区别具有极强的意识形态属性，即公法强调国家干预，私法强调公民自治。

2. 主要法律种类

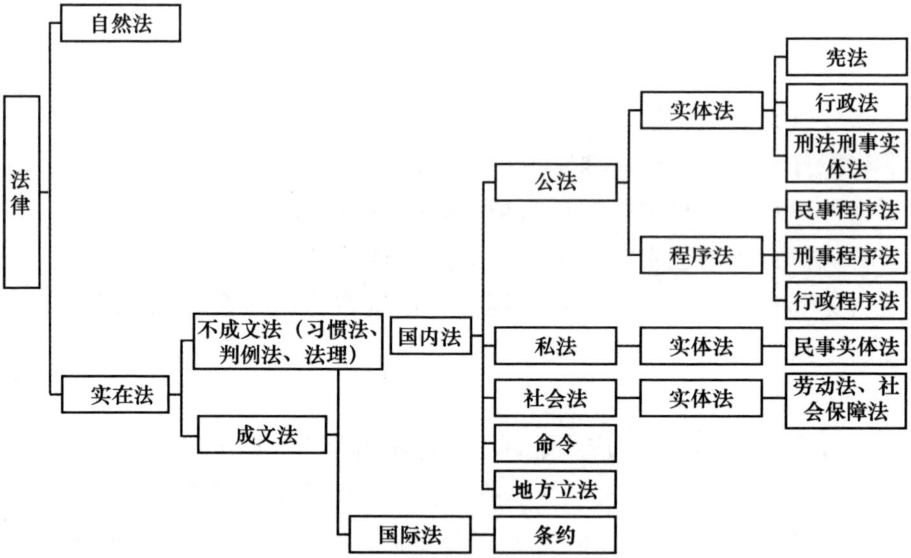

3. 日本主要法律领域

日本“六法”	
宪法	规定国家基本事项的法律
商法	规定商业活动基本事项的法律
民法	规定市民活动基本事项的法律
民事诉讼法	规定如何推动民事审判的法律
刑法	规定犯罪和刑罚等基本事项的法律
刑事诉讼法	规定如何推动刑事审判的法律

4. 日本法律优先顺位

(1) 宪法：对国家制度、国家机构、公民基本权利和义务等做出规定的国家根本法。是其他法律或命令等无法改变的最高法律。

(2) 法律（法）：国会为维持社会秩序通过的强制性规范、法律。

(3) 政令（令）：由内阁制定的命令。包括为实施宪法及其他法律规定而制定的执行类命令，以及以法律委托为基础的委托命令。

(4) 省令（则）：各省大臣就主管事务发出的命令。可分为执行命令和委托命令。

(5) 公告：国家、地方公共团体等就重大事项向广大公民发出的正式公布或公开宣告，政府公告是其主要载体。

(6) 训令、通知：各省厅向下属机构下达的命令。

(7) 纲要、要领：由各省厅相关负责科制定的政府内部规则。纲要主要涉及相较于省令而言重要性较低的其他事项。要领则主要包括行政机关内部纪律、行政指导一般性标准及官员履职必要细则。

思考题

1. 名词解释

当事人主义　职权主义　司法修习　司法行政权　三审制度　起诉便宜主义　检察审查会　特别搜查部

2. 简答题

(1) 日本法律的优先顺序是什么？

（2）日本陪审员主要参与哪些案件审理？

（3）日本的三审制度如何运作？

（4）日本检察厅在“三权分立”视角下属何种机关，其组织结构如何？

（5）日本检察官与警察有何区别？

3. 论述题

（1）战后日本制度相较于战前做出了哪些调整？

（2）简述对日本违宪审查权追究限度的理解。

（3）怎样看待日本法官弹劾制度？

（4）简述日本设立知识产权高等法院的意义。

（5）如何看待特别搜查部对日本政局的影响？

第八章

政　　党

第一节　政党政治的历史

一、从藩阀政治到政党政治

1. 藩阀政治

藩阀政治指的是出身于萨摩、长州、土佐、肥前四藩（特别是萨摩、长州两藩）的政治人物，以其在明治维新中的突出贡献为资本，在明治政府中长期垄断要职，并掌控陆、海军的政治形态。在大日本帝国国会中，虽然存在由公选议员组成的众议院，但内阁实际上由上述四藩领袖掌控，形成了排斥政党政治的超然内阁。以贵族院、枢密院等为基础的藩阀政治，成为了绝对主义天皇制的重要支柱。

2. 政治团体参政

作为与议会制相适应的政党势力迅速发展的重要表现，1900 年，伊藤博文组建立宪政友会（简称“政友会”）并亲自出任总裁。凭借这一政党，伊藤博文得以进一步巩固领导权，左右国政。此后，虽然由政党总裁出任首相，执掌国政，但由于负责国政运营的核心人物实际上仍是身为藩阀领袖的伊藤博文、山县有朋、桂太郎等人，故并不能称之为完全意义上的政党政治。

3. 原敬政党内阁

20 世纪 10 年代起，日本开始正式步入利益诱导政治时代，政友会的支持基础扩展至全国范围。1918 年，身为政友会会长的原敬组建政党内阁，成为日本历史上第一个以众议院议员身份出任首相并组建内阁的政治家。“平民首相”的出现也象征着政友会全盛时期的到来。但由于长期被受贿等嫌疑、丑闻缠身，原敬于 1921 年 11 月 4 日在东京车站遭到一名声称谴责政党腐败的暴徒暗杀，成为日本历史上首位被刺杀的在任首相。

4. 政党政治的衰退

原敬遇刺后，政友会爆发内讧。1927 年，立宪民政党（简称“民政党”）成立，日本政治进入政友会、民政党两大政党交替执政时代。1932 年，以时任首相、政友会总裁的犬养毅在“五・一五”兵变中遇害，海军元老斋藤实组建新内阁为节点，日本开始进入政友会、民政党两大政党要员均受邀入阁的“举国一致内阁”时代。此后，日本各政党虽继续参与国政，还出现了社会大众党等社会主义政党，但以 1936 年“二・二六”兵变为标志，军部对组阁的影响持续增强，军人首相占比明显上升。

二、政党政治的终结与复活

1. 大政翼赞会

1940—1945 年，大政翼赞会成为日本唯一“政党”。1940 年 6 月，为配合对外侵略战争，日本国内在首相近卫文麿带领下掀起以解散一切政党、构建“一国一党”体制为目标的所谓“新体制运动”。同年 10 月 12 日，“吸收”所有既往政党、由近卫文麿出任总裁的大政翼赞会宣告成立。大政翼赞会下辖大日本产业报国会、大日本妇女会、町内会[①]等组织，旨在对所有国民组织进行集中统一管控，发挥国民统治核心机构作用。大政翼赞会是战争期间日本代表性国家辅助机构，既完成了“东亚新秩序”“国防国家体制”建设，也提出了“职域奉公”、臣道实践[②]等一系列口号。

① 日本町级地方自治体中的居民自治组织，类似居委会。

② 指通过在本职工作领域恪尽职守、克己奉公践行为臣之道，是日本政府鼓动国民以生产活动支持对外侵略战争的代表性口号。

2. 政党政治的复活

在日本战败投降，接受美军占领时期，日本各政党相继得以恢复、重建。1945 年，日本共产党以合法政党身份重新开始活动；原社会主义政党合并组建日本社会党。此后不久，随着原立宪政友会成员组建日本自由党、原立宪民政党成员组建日本进步党，日本两大保守政党得以组建。在 1946 年 4 月举行的战后第一次众议院选举中，日本自由党成为第一大党，在日本进步党的协助下组建吉田茂内阁，自此，日本战后政党内阁制度得以正式确立。

第二节　“55 年体制”与联合政权

一、“55 年体制”形成的背景

1. 修宪态度

1951 年《旧金山和约》签订后，如何在美国军事占领结束后应对外部威胁成为摆在日本面前的重大问题之一。虽然自由党出身的吉田茂首相对修改宪法、重整军备持消极态度，但美国要求日本重整军备的态度日渐明显。在此背景下，重新回归政坛，主张修宪、再军备的日本民主党总裁鸠山一郎成为新任首相。

2. 社会党两派合并

1951 年，对媾和怀有强烈危机感的日本社会党内部围绕是否赞成单独媾和产生裂痕，分裂为左右两派。随着《旧金山和约》签订，单独媾和成为既成事实，两派矛盾逐渐趋于缓和。1955 年 10 月，在众议院分别拥有 89、67 个议席的社会党左派、右派重新走向联合，一跃成为坐拥 156 个议席的大党。

3. 保守合同

面对实现统一的日本社会党，支持吉田茂、反对修宪的自由党政治家开始出现动摇，转而支持修宪。这使得自由党与日本民主党间的意见分歧逐渐减小。同时，为确保自身利益，经济界强烈要求自由党、民主党合并，组建有利于私有企业发展的稳定政权。在此背景下，1955 年 11 月，民主党和自由党两大保守政党正式合并，组建自由民主党（简称“自民党”），史称“保守联合”①。

二、“55 年体制”的形成与崩溃

日本战败 10 年后的 1955 年是战后日本历史上的重要年份。这一年，日本形成了分别代表保守、革新势力的自民党、社会党两大政党，围绕各种问题展开角力的政党政治模式。舆论界对日本出现英国式的保、革两大政党轮流执政局面，即执政党、在野党因随时可能发生政权交替而保持紧张状态局面寄予厚望。

1. “保守联合”政治体制

自 1955 年起，日本国会长期呈现由保守派联合组成的自民党在国会占据多数席位，由革新派重新合并而成的社会党在国会中始终保持第二大党、最大在野党地位的态势。这便是被称为“55 年体制”的“保守联合”政治体制。

2. “55 年体制”的崩溃

在自民党一党独大的“55 年体制”下，日本继承了吉田茂时期以《日美安保条约》为基础的日美协调路线，走上了一条在相对稳定环境下持续推动经济增长的国家发展道路。在该时期，自民党和社会党的议席比例大约为 2∶1。由于这一比例确保了自民党无法推动修宪进程，故“55 年体制”也被称为“阻止修宪体制”。此后，社会党议席逐渐减少，取而代之的日本共产党、公明党等在野党成为“二比一政治”的新成员。自民党一党独大的长期执政使得政界、财界、官界相互勾结的政治结构，以及官僚政治等日渐巩固，导致自民党议员“忠实反映民意”的国民代表功能大为衰退，进而产生腐败等一系列积弊。最终，在冷战结束后的 1993 年，“55 年体制”走向崩溃。

三、联合政权

1. 联合政权的背景

受中曾根康弘内阁铁路民营化改革、冷战结束等国内、国际环境变化影响，社会党逐渐失去城市劳动者及知识分子的支持，导致其在

---

① 日语为保守合同。

“55年体制”中对自民党的牵制作用大为降低。与此同时，在减反政策①补贴逐年降低导致农村选票流失，以及一系列贪污案件的共同作用下，自民党支持率持续下降。1993年，以羽田孜退出自民党，组建新生党为契机，日本出现了由日本新党、日本社会党、新生党、公明党、先驱新党、民主社会党、社会民主联合、民主改革联合组成的八党联合政权——细川护熙内阁。由于该联合政权既不包括自民党，也不包括日本共产党，故也称为非自民、非共产联合政权。联合政权的出现，标志着持续长达38年的“55年体制”最终崩溃。自此以后，联合政权成为日本政党政治的主要形态。

2. 联合政权的持续

以1994年6月村山富市组建自民党、日本社会党、先驱新党联合政权为标志，自民党重新以执政党身份掌握政权。桥本龙太郎内阁后，第一次小渊惠三内阁为自由党、自民党联合政权；第二次小渊惠三内阁为自由党、自民党、公明党联合政权。在森喜朗内阁及小泉纯一郎内阁（第一次小泉内阁）时期，联合政权的主要参与者为自民党、公明党及由部分自由党成员重新组建的保守党（保守新党）。2003年保守新党解散后，自民党多与公明党组成联合政权。

3. 民主党联合政权

鸠山由纪夫内阁时期（2009—2010年），民主党与社会民主党、国民新党组建联合政权，时隔15年再次使自民党沦为在野党。此后，菅直人内阁（2010—2011年）延续了民主党、社会民主党、国民新党联合执政态势。野田佳彦内阁（2011—2012年）则由民主党与国民新党联合组成。即是说，在2009—2012年，自民党持续成为在野党。

第三节 主要政党

以2022年10月为节点，日本共有包括自由民主党、公明党、日本

① 减反政策指的是日本政府为应对大米生产过剩和粮食管理赤字增加而实施的大米产量控制政策。其主要方式是通过增加休耕田面积及改变作物品种减少水稻种植面积，从而调整大米供求关系。

共产党、社会民主党、立宪民主党、国民民主党、日本维新会、令和新选组、NHK 党、参政党在内的 10 个主要政党。

1. 自由民主党

1955 年 11 月 15 日由自由党、日本民主党合并而成的保守政党，简称“自民党”。除在 1993—1994 年、2009—2012 年短暂沦为在野党外，自民党自成立以来多以执政党身份开展政治活动，其更于 1955—1993 年单独执政 38 年。自民党主张立足民主政治理念，维护自由经济体制，修改宪法，坚持日美安保体制，增强自主防卫力量。对外政策方面强调以日美同盟为基轴，积极拓展外交布局。自民党现为日本执政党（与公明党联合执政）、国会第一大党，现任总裁为岸田文雄，党刊为《自由民主》。一般认为，自民党领导层由干事长、总务会长、政务调查会长、选举对策委员长“四大要职”组成。截至 2022 年 3 月，自民党共有党员 112.2664 万人。

2. 公明党

公明党成立于 1964 年 11 月 17 日，是以宗教团体——创价学会为母体的中道政党[①]。自 1993 年以来，其曾多次通过与其他政党组建联合政权上台执政。该党提倡在和平主义基础上构筑“世界中的日本”，主张坚持“中道路线”，贯彻深入民间的民主主义，尊重地方自主性，推行地方分权。公明党现为日本执政党（与自由民主党联合执政）；现任总裁为山口那津男；党刊为《公明新闻》。截至 2022 年，公明党党员约为 45 万人。

3. 日本共产党

简称“日共”，成立于 1922 年 7 月 15 日，是以科学社会主义（马克思主义）为理论基础的共产主义政党。自成立以来，日本共产党曾数次解散、重组，1945 年 12 月重新成为合法政党。日本共产党党章规定党的性质为“工人阶级政党”和“全体日本国民的政党”。主张建设社会主义社会乃至共产主义社会；废除《日美安保条约》，将日本建成独立、民主、和平的自由国家。日本共产党现为日本在野党，现任最高领导人为中央委员会干部会委员长志位和夫，党刊为《赤旗报》。截至

① 奉行中正政策，即既不偏向左派也不偏向右派、既不保守也不革新的政党。

2022 年 7 月，日本共产党党员约为 26 万人。

4. 社会民主党

简称“社民党”。1996 年 1 月 19 日由曾为日本第一大在野党的日本社会党更名而来。社会民主党奉行以和平、自由、平等、共生为核心的日本社会民主主义思想，坚决反对自由主义。社会民主党现为日本在野党，现任党首为福岛瑞穗，党刊为《社会新报》。截至 2021 年 3 月，社会民主党共有党员约 1.3 万人。

5. 立宪民主党

简称“民主党”。立宪民主党组建于 2020 年 9 月 15 日，由旧立宪民主党、旧国民民主党国会议员联合组成，是一个以立宪主义、民主政治为基本纲领的自由主义政党。该党以尊重自由与多样性、创建共生社会、实现国际协调、履行未来责任作为基本理念。目前，立宪民主党是日本国会第一大在野党。其现任最高领导人为党代表泉健太，党刊为《立宪民主》。截至 2021 年 11 月，立宪民主党党员约为 10 万人。

6. 国民民主党

简称“民主党”。国民民主党是一个可以同时包含稳健保守派和自由派的改革型中道政党。其建立于 2020 年 9 月 11 日，是由旧国民民主党部分议员重新另立的新国民民主党。国民民主党的基本理念是自由、共生、未来责任。目前，国民民主党为在野党。其现任最高领导人为党代表玉木雄一郎，党刊为《国民民主新闻》。截至 2022 年 11 月，国民民主党共有党员约 5 万人。

7. 日本维新会

简称“维新”。日本维新会是一个主张修宪、推动政治改革的保守政党。其组建于 2015 年 11 月 2 日，以大阪地区性政党大阪维新会、太阳党为母体。日本维新会主张成立大阪都，实现大阪府副首都化，推进地方分权，打破中央集权。改革统治机构，推动修改宪法，实现首相普选。目前，日本维新会为在野党。其现任最高领导人为党代表马场伸幸，党刊为《日本维新》。截至 2022 年 3 月，日本维新会共拥有党员 3.3 万人。

8. 令和新选组

简称“令和”。令和新选组成立于 2019 年 4 月 1 日，前身为自由党。该党以守护国民为使命，主张废除消费税、将最低时薪提高至1500日元、实施“奖学金德政令”等。令和新选组现为在野党，现任最高领导人为党代表山本太郎。

9. NHK党

简称“NHK”，是一个组建于2013年6月17日，以促使日本广播公司进行加密播出为目标的保守政党。其结党初衷在于反对日本广播公司向并不愿意收看其节目的公民强制收取费用。NHK党主张从国民、生物、环境、文化和传统等方面入手保护日本，并认为情报、军力、经济力及能源是保护日本的必要条件。NHK党现为日本在野党，现任党首为立花孝志。

10. 参政党

参政党成立于2020年4月11日。该党以维护日本国家利益，建立大同世界为理念，基本纲领为：运用前人智慧，创建以天皇为中心的和平国家；追求日本独立与繁荣，为人类发展作出贡献；发挥日本精神和传统，树立和谐社会典范。参政党现为在野党，现任最高领导人为党代表松田学。截至2022年7月，参政党党员人数约为9.4万人。

第四节 派阀与利益团体

一、自民党内的派阀现象

1. 派阀政治

由以政治家利益、思想等为纽带联系在一起的政党内部小集团推进政治进程的政治模式被称为派阀政治。在自民党一党独大政权下，由于首相一般由自民党总裁出任，故各派阀围绕总裁宝座展开的斗争愈演愈烈。此外，在中选举区制度下，同属保守政党阵营的候选人会在同一选举区展开竞争，这就导致候选人更多以派阀为单位参加竞选，从而使得派阀功能进一步得到强化。

2. 族议员

在自民党长期执政过程中，重要政策多由自民党、各省厅决定，这就导致以自民党政务调查会为中心的部分议员，通过长期接触与特定省厅、业界形成了密切关系。他们一方面可以在相关决策过程中发挥巨大影响力，另一方面也借此逐步构建其可从中持续获利的利益输送体系。

二、政治团体与利益团体

1. 政治团体

依据《政治资金规正法》，以推进、支持或反对某种政治主张或政策措施推进为根本目的的团体及政策研究团体、政治资金团体、特定集会召开团体等有组织且持续开展活动的团体就是政治团体。

2. 利益团体

利益团体也被称为压力团体、游说团体，是对议会和政府等的决策过程施加影响，以实现和推进集团和团体利益或主张为目标的活动集团。利益团体和政党的不同之处在于：利益团体虽然以各种形式对政党活动予以支援，但并不想真正获得政权，承担相关责任。一般来说，经营者团体、工会、各种行业团体、农业团体、医师会等专家团体均为利益团体。

3. 利益团体利弊与活动

对以政党为中心的代议制政体而言，利益团体虽然起到了通过多种形式对其加以完善的重要作用，但也存在导致政府在决策过程中屈服于拥有丰富活动资金和庞大组织利益团体要求、动摇决策公平的隐患。

至于其具体表现形式，包括向政治家和政党提供政治献金①、请愿、拉票、在公开场合提出政策建议或提供相关信息、通过各种媒体广告开展宣传活动等。利益团体活动具有何种影响力、能否成功，取决于成员规模、成员忠诚度与统一性、领导人实力、资金来源、团体目标的意义能在何种程度上获得国民支持等因素。

4. 利益团体主要功能

利益团体所具有的主要功能包括：（1）为立法工作提供专业信息和建议；（2）充当国民和政府间的“中介集团”；（3）对政治极端主

---

① 即指企业等为选举和政治活动等向政治家、政党提供资金的行为。在旧《政治资金规正法》中，此类行为被视为捐赠。1994 年《政治资金规正法》修订后，向政治家个人提供资金的行为在原则上遭到禁止。如想向政治家提供资金，只可通过后援会等政治团体提供，且提供者必须为日本国籍、每年最多可向同一政治团体提供 150 万日元。企业则一律不得向政治家个人提供资金。如想向政党提供资金，提供者既可以是个人，也可以是企业。

义形成震慑；（4）在非选举期间对公共政策及行政进行监督；（5）体现政党在政策中未能充分考虑的特殊利益；（6）揭发政府官员的错误与不正之风。

补充资料

1. 族议员

所谓族议员，是指了解日本特定省厅政策，在构筑人脉过程中掌握政策决定权，对业界团体和利益团体利益保护有影响力的国会议员及其集团。族议员是在自民党长期执政、日本政治决定由官僚主导转向政党主导的发展过程中产生的，其体制与组织的基础是自民党政务调查会及其所属部会、调查会和特别委员会，以及这些组织与官僚体系内相应省厅所形成的较为稳定的协调、交流与合作关系。族议员的最基本特征就是对特定政策领域具有很强的影响力。其一般都由在党内、官界、财界都有比较强的影响力的实力派议员构成。

族议员多出身官僚，其原就职官厅便是其当选议员后主要负责的具体领域。此外，族议员大多属于与各省厅相对应的政务调查会下辖具体部门会议。虽不是必备前提，但以众议院议员为例，当选2次者可出任相关省厅政务次官；当选3次者可出任部门会议负责人；当选4次者可出任国会相关委员会委员长；当选5次者可出任相关大臣。如此一来，以当选次数及职务为依据，政治家在职务序列中不断上升，最终成为类似首领的、可以在政策表决时发挥极强影响力的族议员。

虽然给人留下了仅存在于长期执政的自民党议员之中的印象，但实际上，在经历过执政党、在野党身份转换的日本社会党、公明党议员中也存在族议员。

人们普遍认为日本族议员的兴起始于20世纪70年代。这是因为当时的政府与自民党制定了在将法案正式呈交国会前，应由政务调查委员会各部门会议进行事前审查的规则。同时，作为经济高速增长结束、社会保障制度不断得到推进的必然结果，各部门很难再获得过去那样宽裕的预算额度，需要在党内予以调整。此外，随着自民党实现长期执政，自民党籍议员在相关领域不仅积累了丰富的专业知识，其业务能力也有所提升。

2. 各政党众议院议席数

各政党众议院议席数情况表（截至 2022 年 11 月 1 日）	
政党名称	议员人数
自由民主党	262
立宪民主党	97
日本维新会	40
公明党	32
日本共产党	10
国民民主党	10
令和新选组	3
社会民主党	1
无党派	8
空缺	2
总计	465

3. 各政党参议院议席数

各政党参议院议席数情况表（截至 2022 年 11 月 1 日）	
政党名称	议员人数
自由民主党	119
立宪民主党	39
公明党	27
日本维新会	21
日本共产党	11
国民民主党	10
令和新选组	5
参政党	1
NHK 党	1
社会民主党	1
无党派	13
总计	248

4. 自民党主要派阀（截至 2022 年 10 月）

名称	俗称	领导人	议员总数	众议院议员数	参议院议员数	源流	前任领导人
清和政策研究会	安倍派	空缺	97	59	38	岸信介	安倍晋三
平成研究会	茂木派	茂木敏充	54	34	20	佐藤荣作	竹下亘
志公会	麻生派	麻生太郎	53	38	15	河野洋平	河野洋平
志帅会	二阶派	二阶俊博	43	34	9	河野一郎	伊吹文明
宏池会	岸田派	岸田文雄	43	33	10	池田勇人	古贺诚
近未来政治研究会	森山派	森山裕	7	6	1	山崎拓	石原伸晃

5. 政治团体的主要类型

类型	主要项目
政党	符合以下任意一项的政治团体就是政党： （1）所属国会议员 5 人以上； （2）在上届众议院议员总选举（小选举区・比例代表区）、上届或上上届参议院议员通常选举（选举区・比例代表区）中的任意一次国政选举中获得 2% 以上的全国得票率。
政治资金团体	以为政党提供资金援助为目的，由政党指定的团体
其他政治团体	除政党及政治资金团体以外的政治团体（主义主张团体、推荐团体、后援团体、特定集会举办团体、资金管理团体①等）

除上述政治团体外，以下被称为国会议员相关团体的组织也在收支报告等方面被视为特例。

① 公职候选人应从以其为代表的政治团体中指定一个，作为其接受政治资金的政治团体，该团体便是资金管理团体。

类型	主要项目
国会议员相关政治团体	除政党、政治资金团体及所谓“政策研究团体”外，以下团体被视为国会议员相关政治团体： （1）以与国会议员有关的公职候选人①为代表的政治团体； （2）在符合《租税特别措施法》第41条第18款第1项第4目的政治团体（即适用于捐款扣税制度的政治团体）中，以对特定国会议员相关公职候选人进行推荐、支持为根本目标的政治团体； （3）在以议员选取或举行选举地区为单位设立的政党支部中，由与国会议员相关公职候选人出任代表的支部。

思考题

1. 名词解释

藩阀政治　大政翼赞会　保守联合　“55年体制”　联合政权　自由民主党　公明党　中道政党　派阀政治　族议员　政治团体　利益团体　政治献金

2. 简答题

（1）简述日本战前政党政治的衰退过程。

（2）如何评价原敬内阁？

（3）“55年体制”因何形成？

（4）如何理解联合政权这一执政形式？

（5）利益团体有何功能？

3. 论述题

（1）怎样看待首相遇刺事件对战前日本政治的影响？

（2）阐述自民党内部派系形成的原因。

（3）简述“55年体制”崩溃的历史背景。

（4）对“族议员”有何理解？

（5）如何看待日本金权政治及腐败问题？

① 既包括现在担任国会议员的人，也包括想要成为国会议员相关公职候选人的人。

第九章

选　　举

第一节　小选举区和比例代表并立制

根据日本《公职选举法》第 4 条之规定，日本众议院议员总人数为 465 人，其中 289 人由小选举区选出，176 人由比例代表区选出；日本参议院议员总人数为 248 人，其中 100 人由比例代表区选出，148 人由选举区选出。

在实行小选举区与比例代表并立制的日本，每位选民在每次选举中拥有两张选票。其中，选民在小选举区投票给候选人，在比例代表区投票给政党（参议院选举中亦可投给候选人）。小选举区候选人可同时成为比例代表区政党名册登记人，即所谓的“重复参选”。日本现行选举制度以 1994 年修改的《公职选举法》为依据。

一、小选举区制

1. 小选举区制

在每个选区选出 1 名议员的选举方式被称为小选举区制。由在各选区获得票数最多的候选人当选。目前，美国、英国、印度、加拿大、法国、澳大利亚等国均采用小选举区制。与此相对，从同一选举区选出 2 名以上议员的选举方式被称为大选举区制。

2. 小选举区制的利弊

小选举区制具有容易形成候选人对立局面、可迅速实现政权交替、选举费用相对低廉、可深入开展选举活动、有利于大政党及政权稳定等优点。同时也存在容易产生两大政党制、不尊重少数派意见、各选举区死票①增多、出现以地区为单位的利益诱导政治等缺点。一般认为，政党在小选举区制下获得的议席数之比，与其在选举中的得票数之比呈三次函数关系，即政党得票数之比的立方，便是其获得议席数量之比，这就是所谓的“立方法则”。

3. 重复候选人与复活当选

在日本，候选人被允许在小选举区和比例代表区重复参选，在小选举区落选的候选人可能在比例代表区复活当选。重复参选的候选人优先在小选举区当选，即便在小选举区落选，如果按照比例代表区政党名册排序属于当选范围，其仍可复活当选。此外，若出现多位候选人在比例代表区政党名册中处在同一顺位的情况，则由在小选举区投票中惜败率②高的一方当选。

4. 小选举区的划分

在日本，众议院小选举区的划分由总务省众议院议员选举区划分委员会依据相关法律经审议后决定。一般而言，日本全国总共被划分为289个小选举区，除以各都道府县为单位划分的47个选举区外，剩下的242个选举区根据人口普查结果按比例进行划分。③

5. 众议院小选举区划分调整

根据部分修改后于2017年7月16日正式实施的《众议院议员选举区划分委员会设置法》及《公职选举法》，日本众议院小选举区总数由此前的295个减少为289个。此次调整共涉及19个都道府县，97个选举区。

---

① 选举中投给落选者的选票即被称为死票。在小选举区制度下，由于只有得票最高者能够当选，故当出现候选人票数接近，或无法当选的多个候选人得票数合计占总投票数的八到九成等情况时，死票就会大量出现。有观点认为，大量死票的出现会导致多党制无限类似于一党制。

② 惜败率的计算方法为：落选者得票率除以当选者得票率再乘以100。

③ 小选举区的划分以人口普查结果为依据，原则上每10年调整一次。其划分原则为：确保各小选举区人口差距不超过2倍；除大城市外，不对普通市町村级地方自治体进行切割；不制造飞地。2020年后，日本小选举区划分通过亚当斯公式计算得出。其基本计算逻辑是用各都道府县人口除以特定数字（依据实际情况确定），其结果四舍五入后便成为该都道府县内小选举区数量。

二、比例代表制

1. 比例代表制

比例代表区以每个政党的得票数为依据分配席位，众议院选举根据选举前公布的名册顺序决定当选人；参议院选举根据个人得票数先后顺序决定当选人。选民在全国11个比例代表区向政党（参议院选举时亦可投给候选人）投票。在比例代表区，各政党最终当选人数以总得票数为基础，通过最大均数法（又称“东特法”）计算得出；最终当选人则根据当选人数及名册顺序（众议院）或个人得票数（参议院）决定。

2. 公布名册资格

在日本，满足以下条件中任意一项的政党方可在众议院、参议院议员选举中提交名册。(1) 拥有合计5名以上国会众议院、参议院议员；(2) 在近期举行的任意一次国政选举（众议院小选举区选举、比例代表选举；参议院选举区选举、比例代表选举）中的全国得票率超过2%；(3) 在众议院选举中，各政党名册登记候选人数量应达到该比例代表区选出议员数量的20%；在参议院选举中，各政党选举区、比例代表区候选人合计应超过10人。

3. 比例代表制的特点

当前，日本在众议院、参议院选举中均部分采用比例代表制。其主要特点是各政党根据得票率获得席位。所谓得票率，指的是各政党得票数占有效选票总数的比例。

三、限制名册式比例代表制与非限制名册式比例代表制

1. 限制名册式

在众议院议员选举的比例代表区，选民根据政党预先提交的候选人名册，向政党而非候选人投票，这便是限制名册式比例代表制。在这一制度下，选民没有向名册中任何候选人投票的自由，也无法改变由政党决定的当选顺序。

2. 非限制名册式

自2001年第19届参议院议员选举起，日本开始在参议院选举中采用非限制名册式比例代表制。在该制度下，选民既可以向政党投票，也

可以投票给具体候选人。向具体候选人投出的选票最终视为其所属政党得票。名册顺序并非由政党预先决定，而是根据个人得票数量排序完成。换言之，个人得票数量的多寡直接决定了候选人在名册中的排位高低。

3. 比例代表制的利弊

一般认为，比例代表制的优点在于能够较为准确地将得票数反映在席位中，从而较为客观地反映出各政党的组织能力；最大限度减少死票；有利于小党及新建政党发展。其缺点则包括容易形成小党分立局面；政府很可能由多个政党，甚至多个主张并不相似的政党组成，不利于政权稳定；大联合政府导致议会决策时间成本进一步上升；权力相对集中在政党领导层；选民与候选人必须以政党为纽带，导致二者关系相对疏远；在限制名册式比例代表制下，选民无法自由选择候选人；选举及开票程序相对复杂。

四、选举管理

1. 选举管理委员会分类

在日本，众议院比例代表选举、参议院比例代表选举及最高法院法官国民审查等事务由身为总务省附属机构的中央选举管理委员会负责管理。众议院小选举区选举、参议院选举区选举、都道府县议会议员及知事选举由都道府县选举管理委员会负责管理。此外，市区町村议会议员选举及市长选举由市町村选举管理委员会负责管理。在此类选举中，选举管理委员会主要对包括投票、开票、候选人名册制作及管理在内的所有环节进行管理。

2. 选举管理委员会职责

选举管理委员会除了对选举相关事务进行管理外，还应以促使选举更加公平、合理为目标，利用一切机会提高选民政治常识，向其宣讲投票方法、选举违规行为等选举必要事宜。

第二节 选举权与被选举权

一、选举的意义与原则

《日本国宪法》第15条第3款明确规定，保障成年人在公务员选举中的普选权。通过选举产生的代表是国民、居民的代言人。其在履行职务时，并非代表一部分人的利益，而是为全体国民、居民参与政治活动。多数表决是一种在汇集众人意见、做出最终决定时使用的方法，体现了为政者得到多数国民支持的民主政治原则。

二、选举权与被选举权

1. 选举权

选举权是日本公民的基本权利之一。随着《公职选举法》的修改，日本自2016年第24届参议院议员选举开始将众议院、参议院选举权年龄从20岁下调至18岁①。至于地方选举，除年龄须在18岁以上外，还应在该选举区内居住3个月以上。此外，公民可能因犯罪等丧失选举权。

2. 被选举权

被选举权指的是可作为公民代表就任国会议员、都道府县知事、都道府县议会议员、市区町村长官、市区町村议会议员的权利。在日本，年满30岁以上的公民拥有参议院议员、都道府县知事的被选举权；年满25岁以上的公民拥有众议院议员、都道府县议会议员、市区町村长官及市町村议会议员的被选举权。② 与选举权一致，公民也可能因犯罪等丧失被选举权。

3. 选民

选民一般指的是享有选举权的公民。根据《公职选举法》第9条及第11条关于公民选举权之规定，日本选民涵盖范围包含18岁以上且

---

① 从18岁生日前一天0点开始计算。

② 年龄以投票日为准，即成为候选人时可不满足上述年龄条件。

未被剥夺该权利的日本公民，规模大约在 1.0551 亿人左右[①]，约占日本全体公民数量的 83% 左右。值得强调的是，受候选人无法兑现竞选承诺等因素影响，日本近年来投票率持续呈下降态势。

4. 候选人

在日本，公民可通过以下三种方式成为国会议员选举及地方公共团体选举的候选人。（1）政党申请：在众议院选举区选举、比例代表区选举及参议院选举区选举、比例代表区选举中，满足一定条件的政党和其他政治团体可向选举长提交申请。在比例代表区选举中，还要提交候选人名册。（2）本人申请：除众议院、参议院比例代表选举外，有意成为候选人的公民可直接或通过代理人向选举长提交申请。（3）推荐申请：除众议院、参议院比例代表选举外，公民若想推荐他人成为候选人，应在征得本人同意后，向选举长提出推荐申请。此外，在日本成为候选人还须缴纳保证金。

第三节 选举类型与规定

一、选举类型

1. 基本类型

日本选举可依据以下两种标准进行分类：第一种是选举公职人员的类型。此类选举决定了国会议员、都道府县知事、都道府县议会议员、市区町村长官、市区町村议员等职位的人选。第二种是选举事由。按照这一标准，日本选举可分为任期届满选举、议会解散选举、议员空缺补选等。

2. 总选举

总选举指的是为选举全体众议院议员举行的选举。一般在众议院议员任期届满（4 年）前 30 日内[②]或众议院遭解散后 40 日内举行。总选

---

① 根据总务省每年进行的选民人数统计，截至 2021 年 9 月 1 日，日本共有选民 1.0551 亿人，同比减少 20.4677 万人，下降 0.19%，其中海外登记选民为 95909 人。

② 若遇众议院会期尚未结束，或会期结束不足 23 日，则众议院议员总选举应在会期结束之日起 24 日后、30 日内举行。

举由小选举区选举和比例代表选举两部分组成，二者在同一投票日进行。《日本国宪法》第 7 条第 4 款中“国会议员总选举”的表述被认为存在错误，按照官方定义，国会议员选举中只有众议院议员选举可被称为总选举。

3. 通常选举

在参议院议员任期届满时进行的、以选出半数参议院议员为目标的选举被称为通常选举。通常在参议院议员任期届满前 30 日内举行。[①]《日本国宪法》第 46 条规定，参议院议员任期为 6 年，每 3 年改选半数议员。由于参议院不能被解散，故参议院议员正常情况下均可任期届满。

4. 一般选举

在日本，一般选举即指都道府县、市区町村等各级地方公共团体举行的议会议员选举。其既包括议员任期届满（4 年）时举行的选举，也包括因议会解散等导致全体议员、当选人失去资格时举行的选举。

5. 地方公共团体长官选举

为选出都道府县知事及市区町村长官等地方公共团体领导人而举行的选举。地方公共团体长官选举除在其任期届满（4 年）时举行外，还可以在出现其遭到罢免，因不信任案通过丧失职务、死亡、退职、失去被选举权等情况时举行。

6. 统一地方选举

统一地方选举以选出全国各地方公共团体领导人及议会议员为目标，由于其在统一日期举行，故被称为统一地方选举。为增强选民选举意识，同时谋求选举工作顺利、高效展开，统一地方选举自 1947 年起每 4 年举行一次。

7. 设立选举

在设立新地方公共团体时，为选出其议会议员及领导人而举行的选举。

---

① 若遇参议院会期尚未结束，或会期结束不足 23 日，则参议院议员通常选举应在会期结束之日起 24 日后、30 日内举行。

8. 其他法定选举

除上述选举外，依据相关法律规定举行的选举均为其他法定选举，如农业委员会委员选举、海区渔业调整委员会委员选举、土地改良区干部及总代表选举、防洪协会会员选举等。此外，针对最高法院法官进行的国民审查投票，也在众议院议员选举时一并举行。

9. 特殊选举

针对国会议员及地方公共团体议会议员举行的改选、补选、增选等均被称作特殊选举。

其中，改选指的是以重新选举、弥补当选人不足为目标举行的选举。在日本，当出现选举结束未选出足够当选人；递补当选后当选人仍无法达到相关要求；投票截止后当选人死亡、被判定当选无效等情况时，均需进行改选。改选有时在哪怕出现一个空缺时举行，有时在空缺达到一定数量时举行。

补选指的是议员人数不足时举行的选举。当出现当选人就任议员后死亡、退职，且递补当选后议员人数仍无法达到要求情况时，就会举行补选。在国家层面，补选原则上每年举行两次，分别在 4 月和 10 月的第 4 个星期日举行。需要予以强调的是，都道府县知事、市区町村长官死亡、退职时所举行的选举并不是补选，而是一般选举。

增选即指在议员任期内因议席定额增加而进行的地方公共团体议员选举。值得予以说明的是，当出现应该举行相关选举情况时，若议员任期已不足 6 个月，除非议员数量低于定额的 2/3，否则无需进行地方公共团体议员的改选、补选或增选。

除上述选举外，日本还存在祓禊选举、哀悼选举两种特殊形式选举。祓禊选举指的是议员因政治丑闻辞去议员职务后再次以候选人身份参加的选举。哀悼选举指的是现任议员去世后，其亲属、秘书等关系密切人员以候选人身份参加的选举。一般认为，如果公开宣布继承逝者遗志，或逝者生前已明确指定继承人，则其凭借继承的票田、后援会成功当选的可能性很高。

二、选举规定

1. 抽签当选

在两位或两位以上候选人得票数相同，但只能有一人当选的情况下，当选人最终通过抽签决定。在1946年以前的选举中，出现上述情况时往往由年长者当选。

2. 选举活动

根据相关司法判例及实际案例，选举活动被定义为在特定选举期间，以特定候选人当选为目的，为得到选票或直接或间接采取的必要、有利行为。

3. 选举活动期限

选举活动期限从选举公告发布之日起算，于正式投票前一日结束。在规定时间内，候选人和政党可以开展有限的选举活动。选举活动期限由《公职选举法》规定，选举种类不同，具体活动时长也有所不同。具体而言，参议院选举活动期限为17天；众议院选举活动期限为12天；都道府县知事选举活动期限为17天；指定城市市长选举活动期限为14天；都道府县议会议员及指定城市议会议员选举活动期限为9天；指定城市以外的市、区议会议员，以及市、区长选举活动期限为7天①；町村议会议员及长官选举活动期限为5天。

4. 选举活动限制

除了禁止逐户走访，对相关文件②发放进行严格限制外，为确保政治家与选民的清白关系，防止选举及政治腐败，日本对政治性捐赠行为同样持禁止态度。政治家及其后援团体、相关公司均不能向选民进行捐赠。同时，以政治家等为对象的政治性捐赠行为，也受到《政治资金规正法》等的严格限制。

为了进一步规范选举过程，肃清不正之风，日本针对政治性捐赠提出了“三不”原则，即不赠送、不索要、不接受。此外，日本还提倡“廉洁选举”，希望选民能够按照自己真正的想法正确行使投票权。

---

① 区即指东京都下辖的23个区。

② 相关文件即指明信片、个人传单等。

5. 政治资金规正

鉴于政党及其他政治团体功能的重要性，以及公职候选人所肩负的重任，日本通过颁布《政治资金规正法》使政治团体及公职候选人进行的政治活动处于国民的不断监督和批评之下。具体而言，该法旨在推动：(1) 政治团体申报；(2) 公开政治团体相关政治资金收支情况；(3) 规正政治团体及公职候选人对政治资金的授受；(4) 通过采取其他措施确保政治活动的公平、公正，并为民主政治的健康发展作出贡献；(5) 禁止政治性捐赠。

政治资金规正的基本思路大致可分为以下两种：(1) 政治资金收支公开。政治团体有义务提交记录有政治团体收入、支出及资产等情况的收支报告书。通过公开这一文书，公民可明确该政治团体政治资金收支状况。(2) 对政治资金授受条件进行规正。通过限制授受对象等方式，从量和质的层面对政治活动相关捐赠加以限制。

6. 投票制度

选民原则上应在选举当日亲自前往投票点进行投票。为方便选民投票，日本选举投票日通常设置在周日。同时，为了方便选民行使投票权，日本还采用了各种投票制度应对特殊情况。例如，因出差、旅行等无法在投票日前往投票站投票的选民可提前投票；一些离岛地区为避免因天气原因造成票箱无法按时运出，通常也会提前 1—3 天开始投票。此外，生病住院的选民可在医院投票；行动不便人员可通过邮寄投票；海外工作选民可通过使领馆或邮寄方式投票；从事远洋运输、极地科考等人员可通过传真投票。还需强调的是，随着 2013 年日本《公职选举法》修订，选民亦可通过网络进行投票。

7. 开票

在日本，各类选举均设有专门负责开票工作的市町村选举管理委员会。其成员从在相应选举中拥有选举权的公民中选任。开票工作一般于所有票箱送达之日或次日进行。国政选举通常为当日开票，地方选举中则存在次日开票的地方自治体。与当日开票相比，由于能够省去加班费用，次日开票的成本较为低廉。

补充资料

1. 日本国会议员选举制度情况表

国会议员（众议院、参议院）选举制度		
名称	众议院	参议院
任期	4 年（可解散）	6 年（不可解散）
议席定额	465	248
议员构成	小选举区（289 人）+比例代表区（176 人）	选举区（148 人）+比例代表区（100 人）
比例代表区数量	11 个	11 个
选举活动时间	12 天	17 天
投票方式	自书式	自书式
投票对象	小选举区：候选人 比例代表区：政党	选举区：候选人 比例代表区：政党或候选人
当选条件	小选举区：票数最多，且得票超过有效选票总数的 1/6	选举区：票数较多，且得票达到法定数量
比例代表选举方式	限制名册式	非限制名册式
是否可重复参选/复活当选	是	否

2. 日本众议院比例代表选举情况表

众议院比例代表选举区（定额 176 个）		
选区名称	涉及都道府县	议席定额
北海道比例代表区	北海道	8
东北比例代表区	青森县、岩手县、宫城县、秋田县、山形县、福岛县	13
北关东比例代表区	茨城县、枥木县、群马县、埼玉县	19
南关东比例代表区	千叶县、神奈川县、山梨县	22

续表

众议院比例代表选举区（定额176个）		
选区名称	涉及都道府县	议席定额
东京都比例代表区	东京都	17
北陆信越比例代表区	新潟县、富山县、石川县、福井县、长野县	11
东海比例代表区	岐阜县、静冈县、爱知县、三重县	21
近畿比例代表区	滋贺县、京都府、大阪府、兵库县、奈良县、和歌山县	28
中国比例代表区	鸟取县、岛根县、冈山县、广岛县、山口县	11
四国比例代表区	德岛县、香川县、爱媛县、高知县	6
九州比例代表区	福冈县、佐贺县、长崎县、熊本县、大分县、宫崎县、鹿儿岛县、冲绳县	20

3. 选举保证金缴纳情况

选举类型	保证金金额（日元）	没收条件及金额（未特别标注为没收全部保证金）
众议院小选举区	300万	得票不足有效票总数的1/10
众议院比例代表	600万①/人	没收金额＝缴费额－300万×重复参选者小选举区当选人数＋600万×比例代表当选人数×2
参议院比例代表	600万/人	没收金额＝缴费额－600万×比例代表当选人数×2
参议院选举区	300万	得票不足有效票总数÷议席定额×1/8
都道府县知事	300万	得票不足有效票总数的1/10
都道府县议会	60万	得票不足有效票总数÷议席定额×1/10

① 重复参选者减半。

续表

选举类型	保证金金额（日元）	没收条件及金额（未特别标注为没收全部保证金）
指定城市市长	240 万	得票不足有效票总数的 1/10
指定城市议会	50 万	得票不足有效票总数 ÷ 议席定额 × 1/10
其他城市市、区长	100 万	得票不足有效票总数的 1/10
其他城市、区议会	30 万	得票不足有效票总数 ÷ 议席定额 × 1/10
町村长	50 万	得票不足有效票总数的 1/10
町村议会	15 万	得票不足有效票总数 ÷ 议席定额 × 1/10

4. 最大均数法（东特法）

日本众议院、参议院比例代表选举均使用最大均数法分配席位。最大均数法的基本运算过程是将各政党得票数从 1 开始按顺序除以整数，按照该结果（商）的顺序决定当选者，直到达到议席定额。该算法建立在如果使用原始比例进行分配（允许分配非整数议席），则每个议席对应票数相同的想法之上。

以在议席定额为 10 的情况下，A 党获得 1500 票，B 党获得 1000 票，C 党获得 800 票，D 党获得 500 票为例。按照最大均数法，应用各党所获票数依次 ÷1 ÷2 ÷3……然后根据其结果（商）的大小分配席位。

	÷1	÷2	÷3	÷4	÷5	÷6	÷7
A 党	1500（1）	750（4）	500（5）	375（9）	300	250	214
B 党	1000（2）	500（5）	333（10）	250			
C 党	800（3）	400（8）	266				
D 党	500（5）	250					

依据上表所示计算结果，A 党得票数 ÷1 的 1500 先获得一个席位；B 党得票数 ÷1 的 1000、C 党得票数 ÷1 的 800 均大于 A 党得票数 ÷2 的 750，故 B、C 两党各获得一个席位；以此类推，直至 B 党得票数 ÷3

的 333 结果已完成对议席定额，即 10 个议席的分配。最终 A 党获得 4 个议席，B 党获得 3 个议席，C 党获得 2 个议席；D 党获得 1 个议席。

5. 选举的三大要素（“三ばん”①）

所谓“三ばん”，指的是在公职选举中获胜所需的三大要素。由于代表这三大要素的三个单词，即地盘（じばん）、看板（かんばん）、鞄（かばん），均含有“ばん”读音，故有此说法。其中，地盘意指与政治团体及选民关系；看板指的是知名度、头衔；鞄则指代选举资金。

具体而言，世袭、旧藩主家出身的政治家在地盘上占据一定优势；从政的艺人、文化人、运动员及当地知名企业主在知名度上更胜一筹；经济实力雄厚的候选人则能够为选举活动提供充足资金，其主要包括选举对策费、事务所经费、交通费及后援会活动经费等。

作为一种理想状态，政治家应该凭借其在政策、资质、能力等方面的优异表现赢得选举。但在日本现实选举过程中，能否当选大多取决于政治家后援组织的实力、政治家本人知名度大小，以及其选举资金的多寡及集资能力。因此，“三ばん”带有明显的讽刺意味。

6. 选举管理机构

（1）中央选举管理会

中央选举管理会的主要任务是对众议院、参议院比例代表选举，以及最高法院法官国民审查事务进行管理。该机构的另一项重要工作是就上述事务向都道府县、市区町村选举管理委员会提出建议和劝告。

中央选举管理会由 5 名委员组成，任期为 3 年。委员由国会从国会议员之外的、拥有参议院议员被选举权的公民中提名，内阁总理大臣任命。委员长则由委员互选产生。从省厅隶属关系上看，中央选举管理会是总务省附属机构。

（2）都道府县选举管理委员会

都道府县选举管理委员会主要负责管理众议院小选举区选举、参议院选举区选举、都道府县议会议员及知事选举。此外，管理土地改良区干部及总代表选举等事务、向市区町村选举管理委员会提出建议和劝告也是都道府县选举管理委员会的职责所在。

---

① 罗马音标注为 bann。

都道府县选举管理委员会一般由4人组成，任期为4年。其成员由议会议员选举产生，均为拥有选举权，并且品格高洁、能够正确理解政治选举的公民。都道府县选举管理委员会委员长由委员互选产生。

（3）参议院联合选举区选举管理委员会

根据2015年7月参议院选举区调整，日本目前设有包含两个都道府县在内的选举区。随之而来的，就是由两个都道府县共同设立的参议院联合选举区选举管理委员会。该机构负责管理选区的选举事务，并向下辖两个都道府县内的市区町村选举管理委员会提出建议和劝告。

参议院联合选举区选举委员会由来自两个都道府县选举管理委员会的8名委员组成，任期以各自选举管理委员会委员任期为准。参议院联合选举区选举委员会委员长由委员互选产生。

（4）市区町村选举管理委员会

市区町村选举管理委员会不仅负责管理市区町村议会议员及领导人选举，还承担着所有选举的投票、开票及选举人名册制作、管理工作。指定城市的区选举管理委员会分担了市区町村选举管理委员会的大部分工作。

市区町村选举管理委员会委员人数为4人，任期4年；由议会议员从拥有选举权，并且品格高洁、能够正确理解政治选举的公民中选出。市区町村选举管理委员会委员长由委员互选产生。

（5）选举会、选举长

在各类选举中，根据开票管理人报告确定开票结果，并在此基础上决定当选人的机构被称为选举会。负责选举会相关事务的特定选民便是选举长。选举长由负责管理选举的各级选举管理委员会从拥有对应选举权的选民中选出。选举长也负责受理候选人申请。

（6）投票管理人

在日本，每次选举均会指定投票管理人对此次选举投票事务进行管理。其具体包括发放选票、允许代投、核验选民、将投票箱送达开票管理人处、维持投票点秩序等。投票管理人由市区町村选举管理委员会从相应选举选民中选任。

（7）开票管理人

与投票管理人一致，日本在每次选举中均会指定开票管理人负责处理此次选举的开票事务。开票管理人需要处理的具体工作包括检查投票、决定投票效力、报告开票结果、制作开票记录、维持开票点秩序等。开票管理人同样由市区町村选举管理委员会从相应选举选民中选任。

（8）投票监督人

投票监督人主要负责对投票事务的执行进行监督，以确保公正。具体而言，投票监督人应对投票程序、票箱送达等进行监督。投票监督人数量一般为2人以上、5人以下，提前投票环节应有2名投票监督人。

（9）开票监督人

开票监督人的主要任务是对开票事务的执行进行监督，以确保公正。开票监督人的具体工作包括监督开票过程、就投票效力等问题发表意见。开票监督人数量应在3人以上、10人以下。

（10）选举监督人

选举监督人主要对选举会进行监督，参与确定最终当选人程序。选举监督人数量一般为3人以上、10人以下。

7. 选举与被选举条件

<table>
<tr><th colspan="3">选举权</th></tr>
<tr><th>类型</th><th>必备条件</th><th>丧失权力条件</th></tr>
<tr><td>众议院、参议院议员选举</td><td>年满18岁的日本公民（自18岁生日前一天0点起算）</td><td rowspan="3">（1）被判处监禁以上刑罚，尚在服刑期
（2）被判处监禁以上刑罚但尚未服刑（缓刑除外）
（3）公职期间因犯受贿罪获刑，刑满释放尚不足五年（被选举权为十年，包括缓刑）
（4）因选举有关犯罪被判处监禁以上刑罚，尚在缓刑期
（5）因触犯《公职选举法》等选举有关法律被暂停选举权、被选举权
（6）因触犯《政治资金规正法》被暂停选举权、被选举权</td></tr>
<tr><td>知事、都道府县议会议员选举</td><td>年满18岁，且连续3个月以上在都道府县内同一市区町村居住（包括之后连续在同一都道府县居住）的日本公民</td></tr>
<tr><td>市区町村长官、议会议员选举</td><td>年满18岁，且连续3个月以上在该市区町村居住的日本公民</td></tr>
</table>

续表

被选举权	
类型	必备条件
众议院议员	25岁以上日本公民
参议院议员	30岁以上日本公民
都道府县知事	30岁以上日本公民
都道府县议会议员	25岁以上日本公民，拥有该都道府县议员选举权
市区町村长官	25岁以上日本公民
市区町村议会议员	25岁以上日本公民，拥有该市区町村议员选举权
被选举权年龄以投票时间为准	

8. 禁止政治性捐赠

政治家（候选人、预定候选人、现任公职人员）与选民之间的联系非常重要。但如果这种联系建立在金钱和礼品基础之上，排除金钱等干扰的纯粹选举、清廉选举便无从谈起。为此，日本针对政治性捐赠作出如下规定。

（1）禁止政治家捐赠

无论是否举行选举，政治家都不得以任何名义向选区内选民进行捐赠（除个别特殊情况）。同时，选民也不得向政治家索要捐赠。值得强调的是，在婚礼、葬礼、节日、开业、大型活动、祭祀等仪式上赠送的礼物也被视为捐赠。

（2）禁止后援团体捐赠

与政治家捐赠一样，政治家后援团体（后援会等）对选区内选民进行的捐赠同样遭到禁止。虽然以建立后援团体为目的的仪式，以及与后援团体业务相关的活动可以成为例外，但即便在此类活动中，也不能通过花圈、供花、奠仪、贺礼等形式进行捐赠。同时，在进行选举前的一段时间内，上述活动亦不得举办。

（3）禁止政治家相关企业捐赠

由政治家出任要职或构成成员的公司及团体，不得以政治家名义进行捐赠。此外，以政治家姓名冠名的公司、团体不得进行与选举有关的捐赠活动。

（4）限制对于政治家等的捐赠

对于以政治家为对象的捐赠行为，《政治资金规正法》从量、质等方面入手对其加以限制；与国家、地方公共团体存在承包等关系的人员也被限制在各类选举中开展捐赠活动。

9. 众议院、参议院投票率变化

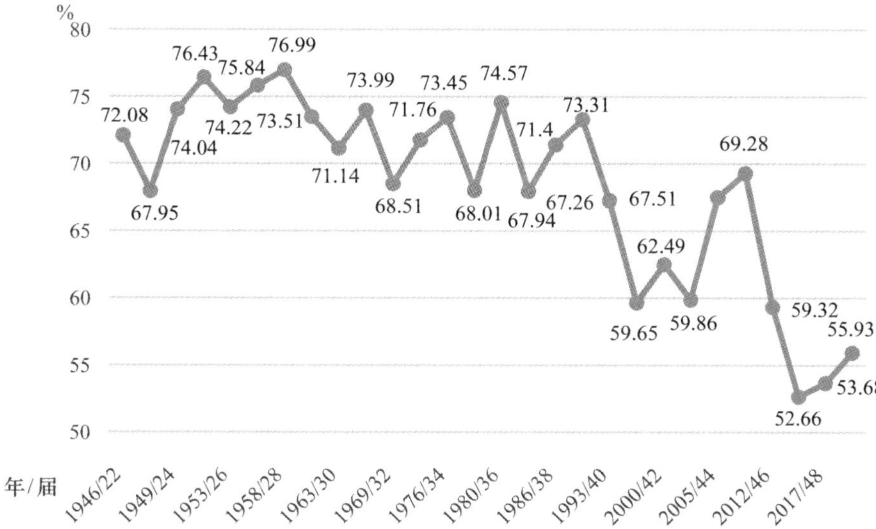

众议院议员总选举（大选举区、中选举区、小选举区）投票率变化

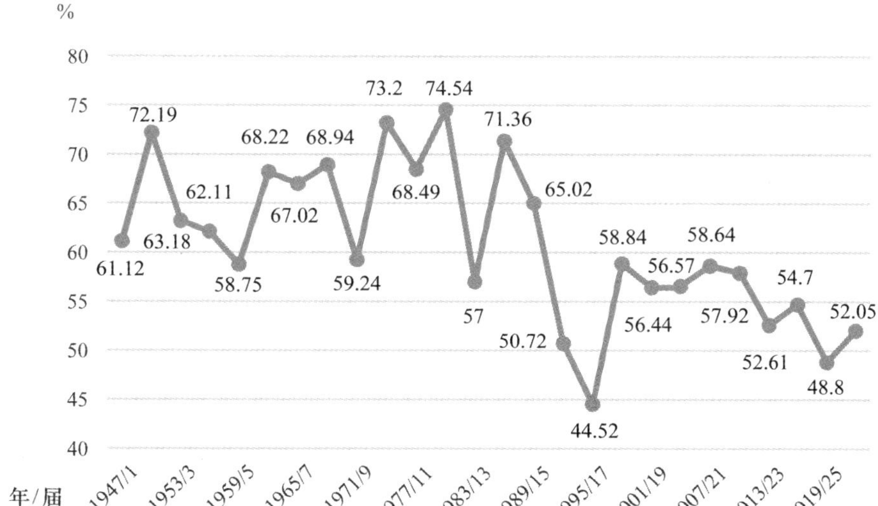

参议院议员通常选举（地方区、选举区）投票率变化

思考题

1. 名词解释

小选举区制　重复候选　复活当选　比例代表制　最大均数法（东特法）　总选举　通常选举　统一地方选举　一般选举　祓禊选举　哀悼选举　抽签当选　资金规正　死票

2. 简答题

（1）简述小选举区的利弊。

（2）限制名册式比例代表制和非限制名册式比例代表制有何异同？

（3）日本对众议院小选举区范围进行调整的依据是什么？

（4）何为日本选举中的“三ばん”？

（5）在议席定额为10的情况下，A党获得1000票、B党获得800票、C党获得500票、D党获得300票，以上四党应分别获得几个席位？

3. 论述题

（1）如何理解日本选举活动中的重复候选与复活当选现象？

（2）怎样看待日本现行选举制度？

（3）日本因何放宽选民年龄限制？

（4）从制度上看，日本众议院、参议院选举有何异同？

（5）日本颁布《政治资金规正法》的目的是什么？

第十章

外　　交

第一节　基本外交方针

日本在1957年版《我国外交近况》（日后的《外交蓝皮书》）中提出了其在加入联合国后的三大基本外交活动原则：以联合国为中心、与自由主义阵营各国协调、坚持作为亚洲一员的立场，这就是日本“外交三原则”。一般认为，战后日本外交基本呈现以日美同盟为基轴，重视多边协调特征。

一、日本外交战略

1. 日美同盟

1951年9月8日，在签订《旧金山对日和平条约》，完成片面媾和后不久，日美两国签订了《日本国与美利坚合众国共同合作及安全保障条约》（即《日美安全保障条约》）。通过这一双边条约，美国有权以保障日本安全为由在日本驻扎陆海空三军。1952年2月，两国根据《日美安全保障条约》第3条之规定签订《日美行政协定》。以上述三个双边文件的签订为标志，“旧金山体制”基本框架得以建立。1960年1月，日美两国重新签订《日本国和美利坚合众国共同合作及安全保障条约》（即新《日美安全保障条约》），同时用《日美地位协定》替换此前的《日美行政协定》。在此基础上，以最早签订于20世纪70年代中期的《日美防卫合作指针》等具体合作文件为纽带，被视为日本外交基轴的日美同盟关系得以确立。需要予以强调的是，“日美同盟”这一表述首次出现于20世纪80年代初。1981年5月，铃木善幸首相访美，在与时任美国总统里根发表的联合声明中，双方首次共同使用了“日美同盟”表述。

在日本看来，日美两国拥有共同的基本价值及战略利益，已建立以日美安保体制为核心的牢固同盟关系。日本正以日美同盟为外交基轴，就地区形势及安全保障、经济、全球性问题等与美国密切合作。

2. 国际协调主义

日本把推进以联合国为中心的国际协调作为其外交政策的主要支柱之一。联合国维和行动（PKO）、政府开发援助（ODA）、智力贡献及人才培养是日本落实其国际协调主义的主要抓手。

3. 外交战略的扩展

2013年12月17日，日本颁布《国家安全保障战略》。以这一决定日本外交政策及防卫政策基本方针的战略性文件为基础，日本外交战略得以在进一步强调服务本国利益的同时，不断扩展其领域与维度。

4. 自由开放的印太

2007年，时任日本首相的安倍晋三在印度国会发表演讲时强调了将印度洋、太平洋视作整体的重要性。2016年，安倍又在第六届“非洲开发会议上”提出了“自由开放的印度洋、太平洋”概念。自此，“自由开放的印太”成为日本外交战略的核心概念。近年来，日本已围绕“自由开放的印太”与域内、外国家展开密切合作，在政治、经济、安全等领域构建了一系列双边、多边机制。具体而言，日本正通过发布海洋秩序相关政策、与国际社会共享海洋法知识；为扩大自由、公平的经济圈制定规则；实现跨印度洋、太平洋连接；通过能力构筑援助项目强化相关治理能力；确保海洋安全及海上安全等手段稳步推进其“自由开放的印太”构想。

二、政府开发援助与全球性问题

政府开发援助是日本最为重要的外交工具，其在强化日本同受援国关系、推动日本在国际社会发挥主导作用等方面效果显著。日本开展政府开发援助工作的目的在于从基于国际协调主义的积极和平主义立场出发，为确保国际社会的和平、稳定及繁荣作出更为积极的贡献，并以此确保日本国家利益。

在日本看来，随着全球化进程的推进，世界各国相互影响和依存度迅速提高。贫困、冲突、人权、传染病、环境等问题已超越单一国家范畴，成为对整个国际社会造成影响，甚至构成威胁的重要问题。为了实现国际社会的自由、繁荣与稳定，日本在对政府开发援助进行战略性有效利用的同时，还为支持开发、解决问题持续努力。

1. 援助开始

日本政府开发援助始于1954年加入旨在支援发展中国家建设的科伦坡计划。作为其依据与基础，1992年6月，日本内阁会议通过了《政府开发援助大纲》。

2. 援助分类与特点

日本政府开发援助分为直接援助对象国的双边援助，以及通过国际组织进行的援助。具体而言，双边援助可进一步分为无偿资金合作、技术合作以及有偿资金合作。在有偿资金合作中，利率和提供条件均较为宽松。日本政府开发援助的特点是成为对象国自助努力后盾，推动受援国经济可持续发展及保障个体安全。

3. 大纲调整

进入21世纪以来，日本已于2003年、2015年先后两次修改《政府开发援助大纲》。其中，2015年进行的修改不仅将《政府开发援助大纲》更名为《开发合作大纲》，还在首次强调国家利益的同时，允许对其他国家军队提供“非军事目的”援助。在新版大纲中，日本将政府开发援助基本方针调整为以非军事合作为世界和平与繁荣作出贡献；推进个体安全保障；通过支援自助努力，以及基于日本经验与见识的对话及共同努力，开展以独立发展为目标的合作。同时，其实施援助原则也调整为有效、高效推进开发合作及确保开发合作合理性。具体而言，前者包括强化战略性、灵活利用日本优势、对国际性问题的讨论做出积极贡献；后者则包含关注受援国民主化落实、法治及基本人权保障状况；避免军事性用途及激化国际纷争；关注受援国军事支出、大规模杀伤性武器及导弹开发制造、武器进出口等情况；关注开发对环境、气候变化的影响；确保公平、照顾弱势群体；推动女性参与；防止腐败；关注开发合作相关人员安全。

按计划，日本政府将于 2023 年再次修改《开发合作大纲》。其主要修改方向为以维护基于普遍价值的国际秩序为目标，为进一步推进“自由开放的印太”理念加强合作；以应对新冠病毒感染疫情等对经济、社会造成的冲击为目标，推进有助于日本经济安全保障的开发合作，并推动日本企业开展海外援助；以应对全球性问题的复杂、深刻变化为目标，主导针对全球性问题的国际合作。

4. 基本援助情况

截至 2022 年 9 月，日本已向全球 190 个国家和地区提供政府开发援助，累计援助金额 5708 亿美元。同时，日本还向全球 183 个国家和地区累计派遣 19.9 万名专家；累计接受来自 187 个国家和地区的进修人员 67.6 万人。

历史上，日本曾于 1989 年超越美国成为世界第一大援助国。此后 10 年间（1990—2000 年），日本更连续蝉联世界第一援助国（1990 年除外）。近年来，日本对外援助规模虽已不能同 20 世纪 90 年代同日而语，但其仍为世界第三大援助国，年度对外援助金额约为 176 亿美元（2021 年）。从援助对象上看，日本政府开发援助对象国主要集中在亚洲地区，印度尼西亚、中国、印度、菲律宾、越南、泰国、孟加拉、伊拉克等是其主要受援国。

5. 对华政府开发援助

日本对华政府开发援助始于 1979 年，全部项目结束于 2022 年。43 年中，日本累计向中国提供贷款约 3.3165 万亿日元，无偿资金援助约 1576 亿日元，援建项目 231 个。此外，日本国际协力机构（JICA）还累积向中国提供了约 1857 亿日元的技术援助。

6. 参与应对全球性问题

日本参与应对全球性问题的主要抓手包括《联合国 2030 年可持续发展议程》（SDGs）、灾害预防、医疗卫生、环境、气候变化、南极北极问题及与之相关的科学技术。

三、经济外交

日本认为，随着经济全球化进程的持续推进，即便国际市场不断扩大，但围绕其展开的竞争仍日趋激烈。同时，世界经济还面临新兴经济体经济增速放缓、资源竞争加剧等风险。在此背景下，尽管日本国内存在贸易逆差、财政赤字等不利因素，但政府正在努力通过企业盈利及改善就业等手段实现经济良性循环，并致力于确保其得以持续。此外，日本还有必要继续推动东日本大地震灾后恢复工作。为将全球经济发展动力融入日本增长，营造有助于日本经济振兴的国际环境，从而实现日本经济强劲增长，政府将以支持企业海外发展并推进全面高层次经济合作、强化多边自由贸易体制、确保资源稳定供给等为抓手开展经济外交。

1. 确保、增加国家经济利益

在国际形势复杂多变、人口减少、少子老龄化、财政赤字等内外经济环境日趋严峻的情况下，日本有必要以强化经济为目标积极推进经济外交。具体而言，应从经济合作协定（EPA）、自由贸易协定（FTA）、能源、矿产资源、粮食稳定供给、海外基础设施建设、支持日本企业等方面入手积极推进经济外交。

2. 制定国际规则与推进政策协调

推动贸易、投资自由化对日本乃至世界经济的持续增长具有不可或缺的重要意义。在贸易领域，日本既要抑制保护主义，同时也要对在法律层面为国际贸易带来稳定性、预见性的世界贸易组织体制予以维护、强化。以七国集团（G7）、二十国集团（G20）、世界贸易组织（WTO）、经济合作与发展组织（OECD）等为抓手，日本正积极参与国际规则的制定、推进各国政策协调。此外，日本也为加强双边、多边知识产权保护做出了种种努力。

3. 经济合作与对话

以亚太地区为代表，日本致力于维护和加强同各国及地区间的经济合作与对话。截至 2022 年 1 月，日本已同 51 个国家和地区签署经济合作协定或自由贸易协定。同时，《全面与进步跨太平洋伙伴关系协定》（CPTPP）、《日欧经济伙伴关系协定》（日 EU · EPA）、《中日韩自由贸易协定》（中日韩 FTA）、《区域全面经济伙伴关系协定》（RCEP）、《亚太自由贸易区》（FTAAP）等多边经贸合作与对话也在稳步推进之中。

四、宣传文化外交

为了顺利、有效地实施日本外交政策，推进国民跨国活动及与世界各国人民的交流，提高其他国家民众对日本的兴趣，加深其对日本的理解、信任及亲近感是不可或缺的重要环节。为此，外务省积极传播有关日本外交政策和一般事务的各种信息，同时也对介绍日本文化、人文交流及日语海外传播等予以支持。

1. 海外宣传

为了促进世界各国正确理解日本，对日本形成良好印象及亲近感，外务省致力于通过各种措施向海外发布除外交政策以外的政治、经济、社会、文化各领域情况。其包括以大使、总领事为首的外交官发表演讲、向当地媒体投稿或接受当地媒体采访；用当地文字发布简讯等材料；举办各种以介绍日本为目的的活动；邀请各国有影响力的舆论界人士及电视团队赴日；向可对国际舆论造成影响的海外研讨会、演讲会派遣日本有识之士；提供各国语言版本的印刷品、视听材料等。同时，在海外就日本印象及兴趣点等展开调查、分析，也有助于日本实施更为有效的海外宣传活动。

2. 文化交流与人文交流

文化是与政治、经济并驾齐驱的重要外交领域，近年来，其发挥的作用愈加明显。促使拥有不同背景的人与文化通过相互交流产生理解，是培养国与国、人与人之间信赖，进而发展友好关系的必备前提。此外，让世界各国民众充分理解日本的不同侧面，是在全球化背景下顺利推动日本人海外活动及民间交流的重要前提。基于此，日本政府在积极开展各方面文化领域交流合作的同时，与国际交流基金等展开密切合作，向各国介绍以传统文化及流行文化为代表的日本多样魅力，同时积极支持民间团体的国际交流活动。

不仅如此，日本政府还致力于通过开展各国、地区政府有关人士、有识之士、知识分子的交流；留学生及青年交流；体育交流等多种活动，推动跨国境、跨文化交流。

3. 国际合作与援助

日本支持由联合国教科文组织，联合国大学等开展的文化、教育、学术等领域活动。同时，随着经济社会发展，发展中国家越来越关注对本国固有文化的维护与振兴，许多国家不仅致力于经济、社会基础设施建设，还努力从文化层面加强国家建设。为了对此类国家提供援助，从而加深国家间相互理解及友好亲善，日本政府在政府开发援助中增设了文化无偿资金援助项目。

此外，在日本看来，以亚太、北美、欧洲、中南美各国及地区拥有对外宣传能力及未来发展潜力的人才为对象，通过邀请、派遣、线上交流等方式与之建立联系，既可以在政治、经济、社会、文化、历史及外交政策领域促进对日理解，也可以发掘亲日派、知日派。此外，促使上述人才就日本外交态度、日本魅力等问题积极主动发布信息，不仅能够提升日本对外宣传能力，也可进一步强化日本的外交基础。

五、民间外交

基于观光、商务、留学、支持发展中国家等多种目的，很多日本人走出国门，长期在外。针对这些承担部分国际合作、国际交流等外交活动的个人与团体，日本外务省在支持其活动的同时，对相关人员的生命和身体安全予以保障。此外，为了使正在推进的外交政策得到国民的理解与支持，外务省不仅努力通过各种媒体就政策内容及政府作用等发布信息，还积极公开政府过去的外交记录。

1. 全球本土化外交网络

近年来，活跃于地方自治体及地区的各种团体不仅开展了传统友好交流（友好城市）、文化交流、经济交流（振兴出口、旅游招商等）等活动，还积极推动国际合作等丰富多彩的国际性活动。此类活动在加深国际间相互理解、提升日本国际地位、强化日本品牌效应等方面，已成为日本外交的重要参与者。为了在全国范围内强化日本综合外交能力，外务省将地方自治体、团体等视为重要伙伴，积极加强与其在国际活动方面的合作。

2. 非政府组织对话合作

从事国际合作活动的日本非政府组织（NGO）约有400多个。其中有很多组织从贫困及自然灾害、地域纷争等各种问题入手，在掌握当地草根阶级需求的基础上，对发展中国家实施细致、灵活的支持。其重要性正稳步提升。外务省将非政府组织视为国际合作伙伴，通过各种措施从侧面对其海外活动予以支持。

3. 智库合作

针对日本智库等外交、安全保障调查研究机构，外务省以提高其情报收集、分析、发布、政策建议能力为目标，支持其活动。

4. 外交记录公开

公开政府过去的外交记录是健全民主主义的根本。基于外交记录是国民共有知识资源的认知，除了对 1936 年（昭和十一年）以来的主要外交记录进行编纂，并以《日本外交文书》形式公开发行外，外务省还从 1976 年（昭和五十一年）起自主公开战后史料记载。

第二节　近邻关系

一、同中国的关系

在中日两国之间，既存在从古代开始的互通友好、民间交流历史，也存在近代以来以甲午战争、14 年抗日战争为代表的日本侵略中国、中国奋起抵抗的侵略与反侵略历史。在第二次世界大战结束后的近 30 年中，中日关系受到冷战和“旧金山体制”的不良影响，处于不正常状态。1972 年，中日两国实现邦交正常化；1978 年，两国签订《中日和平友好条约》。

1. 政治关系

中日是重要近邻。1972 年 9 月 29 日，双方签署发表《中华人民共和国政府和日本国政府联合声明》，实现邦交正常化。1978 年 8 月 12 日，双方于北京缔结《中日和平友好条约》，同年 10 月 23 日，双方于日本东京互换批准书，条约正式生效。此后，双方先后于 1998 年 11 月和 2008 年 5 月发表《中日关于建立致力于和平与发展的友好合作伙伴关系的联合宣言》和《中日关于全面推进战略互惠关系的联合声明》。上述四个政治文件构成中日关系的政治基础。

邦交正常化以来，中日关系总体不断发展，各领域友好交流和务实合作日益深化，给两国和两国人民带来实实在在的利益，也有利于维护地区乃至世界的和平、稳定与繁荣。

2. 中日四点原则共识

2014 年 11 月 7 日，国务委员杨洁篪在钓鱼台国宾馆同来访的日本国家安全保障局长谷内正太郎举行会谈，双方就处理和改善中日关系达成四点原则共识。即双方确认将遵守中日四个政治文件的各项原则和精神，继续发展中日战略互惠关系；双方本着“正视历史、面向未来”的精神，就克服影响两国关系的政治障碍达成一些共识；双方认识到围绕钓鱼岛等东海海域近年来出现的紧张局势存在不同主张，同意通过对话磋商防止局势恶化，建立危机管控机制，避免发生不测事态；双方同意利用各种多双边渠道逐步重启政治、外交和安全对话，努力构建政治互信。

3. 经贸关系

日本是中国主要贸易伙伴。截至 2003 年，日本连续 11 年为中国第一大贸易伙伴，目前是中国第四大贸易伙伴（次于东盟、欧盟、美国）。据日方统计，自 2007 年开始，中国一直是日本最大贸易伙伴国。2020 年中日贸易总额 3175. 3 亿美元，其中中国出口额 1426. 6 亿美元，进口额 1748. 7 亿美元。

日本是中国第三大外资来源国。截至 2020 年底，日本累计对华投资额 1189. 1 亿美元，在中国利用外资国别中排名第一。2020 年，中国对日本全行业直接投资 3. 6 亿美元。截至 2021 年 5 月，中国对日全行业直接投资累计 47. 8 亿美元。

4. 文化交流与合作

新中国成立后，中日两国一直保持民间文化交流。主要形式有文艺演出、艺术和文物展览、学术和人员往来等。1979 年 12 月，两国签署《中日文化交流协定》，确定了发展两国文化、教育、学术、体育等方面交流的目标。在双方共同努力下，中日文化交流与合作全面发展，呈现出官民并举和多渠道、多形式的新局面，其范围之广、规模之大、数量之多、活动之频繁、内容之丰富，在与中国有文化交流的国家当中处于领先地位。近年来，双方在商业展演、音乐影视、动漫游戏等新兴文化产业领域的交流与合作蓬勃发展。目前，日本已成为中国最重要的文化贸易伙伴之一。

两国目前共缔结友好城市 256 对。2020 年，受疫情影响，中日双边人员往来由 2019 年的 1279.5 万人次骤降至 151.7 万人次，其中中国赴日本公民 128.5 万人次，日本来华人员 23.2 万人次。

5. 科技交流与合作

中日邦交正常化以后，双方于 1980 年签署《中华人民共和国政府和日本国政府科学技术合作协定》，建立起政府间科技合作关系。此后，两国的科技交流与合作发展迅速，规模不断扩大，形成了多形式、多渠道、官民并举的局面。特别是在应用技术合作方面成绩显著，为中国社会经济发展、科技进步起到了积极作用。

6. 军事交流与合作

中日两国于 1974 年互设武官处，20 世纪 70 年代末开始军事交流，关系发展良好。1989 年后两国军事交流一度中断。1995 年日本防卫厅参谋长联席会议主席访华，中日军方高层交往得以恢复。1998 年实现国防部长互访。2000 年实现两军总参谋长互访。2007 年 11 月，中国军舰在二战后首次访日。1997—2011 年，中日防务部门举行了 9 次安全磋商。中日双方还在防卫医学、院校和学术研究等领域开展交流。2008 年 5 月胡锦涛主席访日时，双方同意加强防务交流。2018 年 6 月 8 日，中日防务部门海空联络机制正式启用。

7. 钓鱼岛问题

2012 年 9 月，中国政府针对钓鱼岛问题发布《钓鱼岛是中国的固有领土》白皮书，其中明确指出：钓鱼岛及其附属岛屿是中国领土不可分割的一部分。无论从历史、地理还是从法理的角度来看，钓鱼岛都是中国的固有领土，中国对其拥有无可争辩的主权。

日本在 1895 年利用甲午战争窃取钓鱼岛是非法无效的。第二次世界大战后，根据《开罗宣言》和《波茨坦公告》等国际法律文件，钓鱼岛回归中国。无论日本对钓鱼岛采取任何单方面举措，都不能改变钓鱼岛属于中国的事实。长期以来，日本在钓鱼岛问题上不时制造事端。2012 年 9 月 10 日，日本政府宣布“购买”钓鱼岛及附属的南小岛、北小岛，实施所谓“国有化”。这是对中国领土主权的严重侵犯，是对历史事实和国际法理的严重践踏。

中国坚决反对和遏制日本采取任何方式侵犯中国对钓鱼岛的主权。

中国在钓鱼岛问题上的立场是明确的、一贯的，维护国家主权和领土完整的意志坚定不移，捍卫世界反法西斯战争胜利成果的决心毫不动摇。

二、同俄罗斯的关系

日俄关系建立在日本同苏联关系的基础之上。1956 年 10 月 19 日，日本首相鸠山一郎与苏联尼古拉·布尔加宁主席签署《日本国和苏维埃社会主义共和国联邦共同宣言》（简称《日苏共同宣言》），恢复两国邦交。迄今为止，日俄两国尚未签订和平条约。

1. “北方四岛”（俄称“南千岛群岛”）问题

即指日本、俄罗斯关于国后、择捉、齿舞和色丹四个岛屿归属争议产生的双边问题。四岛位于日本北海道东北海域，东临太平洋，西濒鄂霍次克海，总面积近 5000 平方千米。“北方四岛”（俄称“南千岛群岛”）问题是影响日俄关系的“最大悬案”。

2. 对俄基本方针

日本当前对俄外交方针主要包含三方面内容：其一，按照先解决领土问题，再缔结和平条约的基本方针，坚持不懈地致力于对俄谈判；其二，在政治、经济、安全保障、文化、人文交流等广泛领域发展日俄关系，构建“印太”地区合作伙伴友好关系；其三，继续推动俄罗斯在朝鲜、乌克兰问题及中东局势等国际问题上发挥建设性作用。

3. 主要政治文件

除《日苏共同宣言》外，日俄两国间缔结的主要双边政治文件包括 1973 年《日苏共同声明》、1991 年《日苏共同声明》、1993 年日俄《东京宣言》、2001 年日俄《伊尔库茨克声明》、2003 年《日俄行动计划》等。

4. 其他领域交流

经贸领域，2021 年，日俄两国贸易总额为 2.4055 万亿日元。安全领域，日俄两国间存在外长、防长“2 + 2”会谈机制。人文交流领域，2020—2022 年是“日俄地区、友好城市交流年”。

三、同韩国的关系

1965 年 6 月，日本同韩国签署《日韩关系基本条约》《关于旅日朝鲜侨民法律地位和待遇的协定》《日韩渔业协定》《日韩关于解决对日财产请求权和经济合作的协定》《日韩关于文物及文化合作的协定》等文件。同年12月18日，随着双方完成批准换文手续，两国正式实现邦交正常化。

1. 政治关系

日本将韩国视为重要邻国，认为对以应对朝鲜为代表的地区问题而言，日韩、日美韩合作不可或缺。近年来，日韩两国关系因强征劳工问题①、慰安妇问题②、独岛（日本称“竹岛”）问题等陷入“非常严峻”的状态。特别是2019年7月1日，作为对韩国劳工案判决的反制，日本宣布加强对制造半导体芯片和显示面板的3种核心原材料的出口管制，并将韩国移出“白名单”。此后，韩国亦接连采取了中止履行两国间《军事情报保护协定》、将日本移出贸易“白名单”、就日本对韩不合理出口管制向世界贸易组织提起诉讼等应对行动。

在日本看来，日韩两国关系不能就此“放任不管”，但同时强调“遵守国与国之间的约定国家间关系的基础”。为了使日韩关系恢复到健全状态，日本将根据一贯立场，与韩国尹锡悦政权展开密切沟通。

2. 经贸关系

2021年，日韩两国贸易总额为9.3万亿日元。日本是韩国第三大贸易伙伴，韩国是日本第四大贸易伙伴。此外，以日本1965年依据《日韩关于解决对日财产请求权和经济合作的协定》向韩国提供总计5亿美元经济援助为开端，日本共向韩国提供约6049亿日元政府开发援助。③

3. 其他领域交流

日韩两国在文化、艺术、体育等众多领域交流广泛。人员往来方

---

① 2018年10月30日及11月29日，韩国大法院（最高法院）先后两次做出判决，认为日本企业应该对第二次世界大战期间强征韩国劳工进行赔偿。日本认为“判决及相关司法程序明显违背《日韩关于解决对日财产请求权和经济合作的协定》，从根本上推翻了1965年邦交正常化以来建立的日韩友好合作关系的法律基础”。

② 2015年12月，日韩两国签署《日韩慰安妇协议》，并以此为依据由日方出资10亿日元设立“和解与治愈基金会”。日本认为该协议的签署意味着日韩两国就“慰安妇”问题达成“最终且不可逆转的一致”。2018年11月21日，韩国政府正式宣布解散根据《日韩慰安妇协议》设立的“和解与治愈基金会”。

③ 日本对韩国政府开发援助已于2001年全部结束。

面，日韩两国正通过对日理解交流促进项目（JENESYS）推进友好交流事业，2018 年两国人员往来达 1049 万人次。此外，截至 2021 年 6 月，日本与韩国共缔结友好城市 165 对。

四、同朝鲜的关系

日本与朝鲜尚未建立外交关系。

1. 邦交正常化谈判

日朝两国于 1991 年 1 月起开始进行邦交正常化谈判。1992 年 11 月，第八次会议中止。1999 年 12 月，村山富市代表团访问朝鲜后，日朝恢复邦交正常化谈判，并先后于 2000 年 4 月、8 月、10 月，2002 年 10 月举行相关会晤。此外，1999 年 12 月、2000 年 3 月、2002 年 4 月及 8 月，日朝两国还举行了红十字会会谈。

2. 首脑会谈

2002 年 9 月及 2004 年 5 月，日朝两国首脑，即时任日本首相小泉纯一郎、时任朝鲜民主主义人民共和国国防委员会委员长金正日先后两次举行首脑会谈。在第一次首脑会谈结束后，两国签署《日朝平壤宣言》，认为结束不幸的过去、解决悬而未决的问题，并建立富有成果的政治、经济和文化关系既符合双方的根本利益，也有助于地区的和平与稳定。

3. 绑架问题

第一次日朝首脑会谈期间，朝鲜承认曾于 20 世纪七八十年代对日本人实施绑架，并为此向日本道歉。目前，日本政府认为共有 17 名日本人遭到绑架，除 5 名受害者已于 2002 年 10 月回到日本外，两国未就其余受害者事宜达成一致。日本认为，涉及日本国民的绑架问题是关系到国家主权、国民生命与安全的重大问题。这个问题得不到解决，日朝邦交正常化就无从谈起。为实现所有绑架受害者早日回国，日本政府将坚持不懈地做出最大努力。

4. 核实验及导弹实验问题

日本支持联合国安理会针对朝鲜核试验及导弹实验通过的第 1695 号、1718 号、1874 号、2087 号、2094 号、2270 号、2321 号、2356 号、2371 号、2375 号以及 2397 号决议，正在实施包括冻结资产、禁止武器等进出口在内的一系列对朝制裁措施。此外，在联合国安理会决议基础之上，日本还对朝鲜实施了全面禁止对朝进出口、禁止朝鲜籍船舶入港（人道主义目的除外）等单边制裁。

第三节　与世界主要国家、地区及国际组织的关系

一、同亚洲其他国家的关系

1. 同东盟关系

日本和东南亚国家间关系始于第二次世界大战后对其开展的赔偿外交。东南亚国家联盟（ASEAN）成立后，日本以1973年合成橡胶对话为契机开始与之建立合作关系。1977年，福田赳夫首相访问菲律宾期间提出了日后成为日本对东盟外交原则的“福田主义”①。随着同年首次日本·东盟首脑会议以及翌年日本—东盟外长会议的召开，日本与东盟形成定期会议机制。

日本认为，其与东盟40多年来为实现亚洲地区的和平与稳定、发展与繁荣建立了合作关系。同时，两国作为商务合作伙伴也建立了密切关系。在日本看来，“作为地区合作的中心，以及共享法治和民主主义等价值的伙伴，与东盟加深合作，对整个地区的稳定和繁荣具有重要意义”，这也成为其全面支持东盟进一步加强一体化的重要原因。

2. 东盟外交五原则

2013年，即日本—东盟友好合作40周年之际，时任日本首相的安倍晋三提出了对东盟外交五原则，其主要内容为：（1）与东盟各国一道为落实和扩大自由、民主主义、基本人权等普遍价值而努力。（2）与东盟各国一道守护基于法律而非实力支配的、自由开放的海洋秩序，以确保其“公共财产”属性，同时欢迎美国重视亚洲。（3）通过各种经济合作网络，进一步推进物、钱、人、服务等贸易及投资的流动，促进日本经济复兴，与东盟各国一起繁荣。（4）共同携手保护、培育亚

---

① 即以日本不成为军事大国、日本与东盟构建“心心相通”关系、日本将东盟视为对等伙伴等为基本原则的对东盟国家外交政策。

洲多样文化及传统。（5）进一步促进引领未来的年轻一代之间的交流，增进相互了解。

3. 同印度关系

日印两国于1952年建交。在日本看来，印度国内强烈的亲日情感支持，是两国维持友好关系的重要原因。2000年8月，森喜朗首相访问印度，就构筑“面向21世纪的日印全球伙伴关系”达成一致。2005年4月，小泉纯一郎首相访印后，两国几乎每年都会举行首脑会谈。2006年印度总理辛格访日，将两国关系提升为“全球战略伙伴关系”。2014年9月，印度总理莫迪访日期间，两国又将双边关系升级为“特殊全球战略伙伴关系”。

经贸领域，2021年日印两国贸易总额为2.1673万亿日元。同时，印度近年来已成为日本政府开发援助首要对象。2021年，日本共向印度提供3122亿日元贷款，成为其第一大援助国。安全领域，日本与印度于2019年11月第一次召开外长、防长“2+2”会议，建立相关机制。此外，两国还相继于2015年、2020年签署了《军事情报保护协定》《防卫装备及技术转让协定》《相互提供物资与劳务协定》等一系列安全合作文件。

二、同欧洲的关系

日本将欧盟及欧洲各国视为共享自由、民主主义、法治及人权等基本价值和原则的重要伙伴。日本认为，由于欧洲各国通过包括欧盟在内的合作框架，在外交、安全、经济、财政等诸多领域采取共同政策，故其在国际社会规范形成过程中发挥着重要作用。同时，利用语言、历史、文化、艺术活动、知名媒体及智库等的传播能力，欧洲各国对国际舆论亦具有相当影响力。鉴于此，与欧洲进行合作，对于提高日本在国际社会中的存在感和传播能力具有重要意义。

1. 政治关系

根据1991年7月签署的《日本—欧共体共同宣言》，日本开始与欧洲各国在多领域构建密切合作关系。1991年以来，日欧首脑更通过日欧首脑定期会谈机制以每年一次的频率进行会晤。2019年，日本与欧盟相继签署《日欧经济伙伴关系协定》（EPA）、《日欧战略伙伴关系协定》（SPA）和《日欧可持续互联互通伙伴关系协议》。

2. 其他领域关系

在经贸领域，2021 年，日本与欧盟（除英国）贸易总额为 14.0348 万亿日元。2022 年版日本《外交蓝皮书》指出，经济规模仅次于美国、中国的欧盟，在经济方面也是日本的重要合作伙伴。在安全领域，日本与英国、法国、德国等欧洲国家均建立了外长、防长“2 + 2”会议机制。

3. 其他多边机制

除双边关系与日本—欧盟关系外，日本还通过以下机制与欧洲各国或组织发展外交关系：（1）“维谢格拉德集团 + 日本”对话合作机制，即日本与由波兰、匈牙利、捷克、斯洛伐克四国组成的维谢格拉德集团间对话合作机制。（2）“三海倡议”（3SI）。2021 年，日本加入了由奥地利、保加利亚、克罗地亚、捷克、爱沙尼亚、匈牙利、拉脱维亚、立陶宛、波兰、罗马尼亚、斯洛伐克和斯洛文尼亚 12 个国家组成的波罗的海、亚德里亚海、黑海倡议。（3）“北欧波罗的海 8 国 + 日本”机制，日本同由丹麦、瑞典、挪威、芬兰、冰岛、爱沙尼亚、拉脱维亚及立陶宛等 8 个国家组成的区域合作组织建立了会谈机制。（4）“西巴尔干合作倡议”。2018 年，时任日本首相的安倍晋三在访问塞尔维亚时提出了以协助阿尔巴尼亚、波黑、黑山、北马其顿、塞尔维亚五国加入欧盟为主要目标的“西巴尔干合作倡议”。（5）“GUAM + 日本”会议，即日本面向格鲁吉亚、乌克兰、阿塞拜疆、摩尔多瓦四国设立的对话机制。

三、同大洋洲的关系

1. 日澳关系

1976 年，日本与澳大利亚签署《日本国与澳大利亚友好合作基本条约》，正式建立双边关系。在政治方面，日澳于 2014 年将两国关系从“全面战略安全和经济伙伴关系”提升为“特别战略伙伴关系”。在安全领域，日澳两国于 2007 年 3 月签署《安全保障联合宣言》，这也是日本战后首次与美国以外的国家签署防务合作文件。此后数年间，日澳两国又相继签署《情报保护协议》《防卫装备品与技术转移协议》《物品劳务相互提供协议》《互惠准入协定》，并建立外长、防长“2＋2”会议机制。2022年10月，日澳两国签署新版《日澳安全保障联合宣言》，再度提升安全合作。在日本看来，同为美国亚太地区盟国的日澳两国应进一步在日美澳、日美印澳框架下推动安全合作。在经贸领域，日本认为日澳经济具有较强互补性，两国已于2014年签署《经济伙伴关系协定》。2021年两国贸易总额为7.4082万亿日元。在人文交流领域，截至2021年8月，日澳两国共缔结友好城市107对。

2. 太平洋岛国峰会

日本认为，太平洋岛国与其拥有深厚历史渊源，是其在赢得国际支持、获取水产等自然资源方面的重要合作伙伴。同时，由于太平洋岛国普遍位于太平洋中心，系“自由开放的印太”要冲所在，故其重要性也在不断提高。目前，由日本主导的“日本和太平洋岛国首脑峰会”（PALM）是日本在该地区开展外交工作的最重要抓手。该峰会始于1997年，每三年召开一次，主要成员包扩图瓦卢、库克群岛、斐济、基里巴斯、马绍尔群岛、密克罗尼西亚、瑙鲁、纽埃、帕劳、巴布亚新几内亚、萨摩亚、所罗门群岛、汤加、瓦努阿图14个太平洋岛屿国家，以及澳大利亚、新西兰、新喀里多尼亚和法属波利尼西亚。

四、同非洲的关系

日本在2022年版《外交蓝皮书》中指出，拥有54个国家、人口超过13亿的非洲因其所蕴含的巨大潜力及丰富自然资源受到国际社会的广泛关注。同时，非洲和平与稳定正遭受争端、政治动荡及恐怖主义的威胁，严重贫困等发展问题亦亟待解决。在非洲克服上述挑战对整个国际社会和平与繁荣至关重要。目前，日本正从经济、医疗卫生、人才培养、粮食、环保等多领域入手发展同非洲关系，此外，日本还在吉布提建立了首个永久性海外基地。

自1993年首次举办以来，由日本主导，联合国、联合国开发计划署、非洲联盟委员会及世界银行共同举办的非洲开发会议（TICAD）已成为其发展同非洲国家间关系的重要渠道。通过该会议，日本正以非洲“共同成长伙伴”身份为实现非洲的更具韧性的可持续发展提供强有力支持。

五、联合国外交及重要多边合作机制

1. 同联合国关系

1956年12月18日，日本重新加入联合国，成为其第80个成员国。自此，日本得以在联合国框架下开展各领域外交活动。在政治领域，日本不仅是迄今为止出任联合国安理会非常任理事国次数最多的国家[①]，还曾多次以联合国及安理会改革为由申请成为安理会常任理事国。在安全领域，日本于1992年通过《协助联合国维持和平活动法案》，即“PKO法案”，使自卫队能够以参与联合国维和行动的名义派驻海外。在经济领域，日本是联合国主要会费缴纳国，2022年缴纳会费仅次于美国、中国。此外，日本还十分重视日本籍工作人员在联合国相关机构中的占比。截至2021年底，在联合国总部、世界卫生组织（WHO）和世界贸易组织（WTO）等联合国相关国际机构工作的日本人职员为956人，比上一年增加38人，人数创下新高。

日本认为，在环境及气候变化、核裁军及核不扩散、解决纠纷及构筑和平、贫困等逐渐成为外交重要议题的领域，联合国发挥着重要作用。为实现自身可持续发展，创造稳定的国际环境，日本必须同与致力于解决上述课题的联合国进行合作。同时，日本认为联合国在朝鲜等关乎日本安全保障的重大问题上亦可发挥重要作用。此外，在日本看来，由于成员国广泛、能够从世界各地收集信息与知识，联合国具有普遍性和专业性。这正是联合国拥有极强正统性的原因所在。鉴于此，日本可以最大限度地利用联合国的这一优势，实现单一国家无法实现的政策目标。

2. 四国机制

四国机制最早可追溯至2004年12月26日印度洋地震及海啸后，美国、日本、印度、澳大利亚四国展开的联合人道主义救援行动。以此为基础，2007年，时任日本首相的安倍晋三在访问印度时提议建立“四方安全对话”机制（QUAD），将主要合作领域转向安全。此后10余年间，受澳大利亚退出、美国暂停等因素影响，该机制一直未能取得

① 2023年1月起，日本将第12次担任联合国安理会非常任理事国。

实质性成果。2017 年 11 月，时任美国总统的特朗普在首次出访亚洲地区时提出了美国“印太战略”构想，“四方安全对话”机制逐渐受到重视。以 2019 年 9 月首次召开四国外长会议为开端，围绕“四方安全对话”机制举办的各层级会议日渐频繁。2021 年 3 月，“四方安全对话”机制首次召开线上首脑会议；同年 9 月，“四方安全对话”机制首次领导人线下会议在华盛顿举行。

六、同中东、北非国家的关系

1. 基本认知

日本 2022 年版《外交蓝皮书》指出，中东、北非地区系连接欧洲、亚撒哈拉、中亚及南亚的地缘政治要冲。作为世界主要能源来源地，该地区石油储量占世界总储量约五成，天然气储量占世界总储量约四成。同时，在地区国家人口增长率保持高位背景下，海湾各国正持续推进经济多边化，构建脱碳社会，具有一定市场潜力。当然，该地区不仅在历史上存在着各种各样的纷争与对立，现在也存在着诸多不稳定因素与亟待解决的课题。

在此背景下，对于从该地区进口约九成原油的日本而言，促进该地区和平与稳定，维持和强化与该地区各国良好关系对确保日本和平与繁荣而言具有极其重要的意义。基于此，日本近年来在包括经济、政治、安全保障、文化、人文交流在内的诸多领域，努力强化与该地区各国关系。

2. 政策框架

目前，除发展与该地区国家间双边关系外，日本参与该地区事务的主要多边机制包括以推动日本、巴勒斯坦、以色列、约旦四国通过区域合作促进约旦溪谷的社会经济发展，从而增强巴勒斯坦经济独立的“和平与繁荣回廊”构想；旨在调动东亚各国资源及经济发展智慧支援巴勒斯坦国家建设的“东亚国家合作促进巴勒斯坦发展会议”（CEAPAD）；以及日本—阿拉伯经济论坛、“与伊斯兰世界文明对话”论坛。此外，日本也加入了美国提出的“泛中东和北非地区”（BME-NA）构想。

七、同美洲其他国家的关系

1. 同加拿大关系

日本与加拿大于1952年恢复双边关系。日本认为加拿大是其在“印太”地区的重要合作伙伴。同时，同为七国集团成员的日加两国在政治、经济、安全保障、人员交流等广泛领域展开了密切合作。自特鲁多政权上台以来，日加两国除了举行9次首脑会谈、15次外长会谈外，还频繁地在电话会谈、各种国际会议场合进行高水平接触。

2. 桥梁项目

作为日本宣传文化外交的具体表现，以美国、加拿大高校本科生、研究生为主要对象，日本实施了“文化桥梁”项目（KAKEHASHI Project）。2022年，该项目计划邀请650名美国、加拿大学生赴日交流，同时也将派遣110名日本学生赴上述两国交流，交流时长原则上为10天。

3. “强化联系”构想

作为日本对中南美国家外交的核心理念，2018年12月1日，时任首相安倍晋三在访问阿根廷期间提出了旨在强化日本同中南美国家关系的“强化联系”构想。该构想以2014年安倍提出的“三个共同”理念为基础，旨在将日本同中南美国家间合作关系上升为解决地区及全球性问题的伙伴关系。同时，继续强化与中南美日裔族群合作也是该构想提出的重要初衷。“强化联系”构想主要包含三大支柱：加强经济联系，维护和发展自由开放的经济体系，支持高质量基础设施建设；加强价值联系，维护和发展基于规则的多边主义，通过基于基本价值的成熟政策讨论，扩大国际幕后合作；加强智慧联系，以实现可持续发展为目标，在推进跨地域知识共享的同时，向需要支援的其他国家共享知识。

八、同中亚的关系

1. 总体认知

系连接东亚、南亚、中东、欧洲及俄罗斯的地缘政治要冲；拥有石油、天然气、铀等丰富天然资源；在应对恐怖主义、毒品等全球性问题上颇具重要性是日本对中亚地区的总体认知。日本视2021年迎来独立

30 周年的中亚各国为维护和强化自由开放的国际秩序的伙伴；将为推进中亚地区和平与稳定作出贡献作为自身的地区外交目标。

2. “中亚 + 日本”

2004 年，日本与中亚五国，即乌兹别克斯坦、哈萨克斯坦、吉尔吉斯斯坦、塔吉克斯坦、土库曼斯坦建立了“中亚 + 日本”对话框架。在日本看来，其之所以建立这一对话框架，是由于其支持中亚地区的“开放、稳定、自由”发展，愿意以区域合作“催化剂”身份，推动以贡献地区及国际和平与稳定为目的的中亚地区外交。在“中亚 + 日本”对话框架下，已先后举行了包括外长会议、高官会议（SOM）、专家会议、商务对话及东京对话（有识之士参加的公开研讨会）在内的各级别会议。

补充资料

1. 国际交流基金会

国际交流基金会（The Japan Foundation）成立于 1972 年，系外务省下辖特殊法人。2003 年 10 月 1 日，受日本行政体制改革影响，国际交流基金会成为独立行政法人机构。国际交流基金会是日本唯一一个全面开展国际文化交流工作的专门机构，旨在加深各国对日本的了解，增进国际相互理解，在文化和其他领域对世界作出贡献，以便创造良好的国际环境和维持并发展和谐的国际关系。国际交流基金会的主要工作可分为文化艺术交流、日语教育及日本研究—国际对话三大部分。目前，国际交流基金会除东京总部、京都支部及两个国内附属机构（日语国际中心、关西国际中心）外，在全世界 24 个国家建立了 25 处海外机构。

2. 《外交蓝皮书》

《外交蓝皮书》指的是汇总了一定时期国际形势变化及日本外交活动的政府官方年度报告。其最早发行于 1957 年（昭和三十二年）9 月，每年发行 1 次。《外交蓝皮书》名称启用于 1987（昭和六十二年）。此前，该报告名称为《我国外交近况》。为了方便国民了解国家外交动向，外务省在主页上公开了过去发行的所有报告。

3. 关于稳定、发展中日双边关系的五点共识①

中日双方就稳定和发展双边关系达成五点共识

当地时间2022年11月17日，国家主席习近平在泰国曼谷会见日本首相岸田文雄。双方团队经过磋商，就稳定和发展双边关系达成五点共识：

一、中日关系的重要性没有变，也不会变。共同恪守中日四个政治文件原则，践行“互为合作伙伴、互不构成威胁”的政治共识。加强高层交往和对话沟通，不断增进政治互信，共同致力于构建契合新时代要求的建设性、稳定的中日关系。

二、尽早举行新一轮中日经济高层对话，加强节能环保、绿色发展、医疗康养、养老照护等领域合作，共同为企业提供公平、非歧视、可预期的营商环境。

三、积极评价今年纪念中日邦交正常化50周年系列活动。尽早举行新一轮中日高级别人文交流磋商机制会议。积极开展政府、政党、议会、地方及青少年等交往交流。

四、尽早开通防务部门海空联络机制直通电话，加强防务、涉海部门对话沟通，共同遵守2014年“四点原则共识”。

五、共同肩负维护国际地区和平与繁荣的责任，加强国际地区事务协调合作，努力应对全球性挑战。

思考题

1. 名词解释

日本“外交三原则”　旧金山体制　“自由开放的印太”　中日四个政治文件　中日“四点原则共识”　日本政府开发援助　钓鱼岛问题　“北方四岛”问题　朝鲜绑架日本人问题　“福田主义”　东盟外交“五原则”　太平洋岛国峰会　非洲开发会议　PKO法案　“四国机制”　国际交流基金会　《外交蓝皮书》

2. 简答题

（1）日本“外交三原则”的主要内容是什么？

① 引自中华人民共和国外交部网站。

（2）简述日美同盟的形成过程。

（3）中日四个政治文件、“四点原则共识”是什么？

（4）影响日韩关系发展的主要原因是什么？

（5）怎样看待日本申请成为联合国安理会常任理事国这一外交诉求？

3. 论述题

（1）如何理解日本“外交三原则”？

（2）日本提出“自由开放的印太”的背景、目的是什么，其落实情况如何？

（3）请谈谈对日本宣传文化外交的理解。

（4）怎样看待日本对华政府开发援助？

（5）怎样理解日本与澳大利亚关系的近年发展？

（6）如何理解日本与美国、英国等国建立的外长、防长“2+2”机制？

第十一章

防　卫

第一节　防卫政策

一、国防会议与《国防基本方针》

第二次世界大战后，日本的防卫政策基本以1957年5月20日由国防会议和内阁会议通过的《国防基本方针》为依据。随着2013年12月17日国家安全会议及内阁会议通过《国家安全保障战略》，《国防基本方针》的地位被《国家安全保障战略》取而代之。

1. 国防会议

1954年6月9日公布的《防卫厅设置法》规定，作为审议国防重要事务的专门机构，日本应在内阁设置国防会议，但具体相关事项由其他法律另作规定。随着1956年7月2日日本政府颁布国防会议组成等相关法律，内阁正式设置国防会议。国防会议由内阁总理大臣担任议长，以《内阁法》第9条"第一顺位指定大臣"、外务大臣、大藏大臣、防卫厅长官、经济企划厅长官为会议成员。

2. 基本防卫政策

在这一时期，日本基本防卫政策以《日本国宪法》为前提，贯彻了"专守防卫"理念，遵循了不成为威胁其他国家的军事大国基本理念，坚持日美安保体制，确保文官统治，在遵守"无核三原则"的同时，迅速形成了极具实效性的全面防卫力量。

3. “专守防卫”

所谓专守防卫是指包括在受到对方武力攻击时方可动用防卫力量，其状态和保持的防卫力量均仅限于自卫所需的最小限度等内容的国防理念，是一种基于《日本国宪法》精神的被动防卫战略态势。

4. 非军事大国化

虽然没有关于军事大国概念的明确定义，但就日本而言，应不保持超过自卫所需最小限度、可对其他国家构成威胁的强大军事力量。

5. “无核三原则”

日本关于核武器的基本政策，即“不制造、不拥有、不运进核武器”。

该政策由时任日本首相的佐藤荣作于 1967 年 12 月 11 日在众议院预算委员会答辩中首次提出。在次年 1 月 30 日的国会施政方针演讲中，佐藤荣作进一步提出了由四大支柱组成的日本核政策，即“无核三原则”、废核与核裁军、依靠美国核威慑及和平利用核能。佐藤荣作也因此获得了 1974 年诺贝尔和平奖。

6. 文官统治

文官统治指的是国家在军事问题上按照政治优先、民主政治原则对武装力量进行统治的制度。在日本，其主要表现为国会通过法律、预算形式对自卫官人数、主要组织等进行表决，并对动用防卫力量等行动予以承认。

二、从安全保障会议到国家安全保障会议

1. 安全保障会议的设置

根据 1986 年 5 月 27 日颁布的《安全保障会议设置法》，日本于该年 7 月 1 日废除了持续 30 年的国防会议，设置安全保障会议。安全保障会议形成了所谓“九大臣会议”体制，即除内阁总理大臣以议长身份参加会议外，《内阁法》第 9 条“第一顺位指定大臣”（副首相）、总务大臣、外务大臣、财务大臣、经济产业大臣、国土交通大臣、防卫大臣、内阁官房大臣、国家公安委员会委员长 9 人亦应参会。

2. 国家安全保障会议的提出

2006 年，作为第一次安倍内阁行政改革的内容之一，安倍晋三提

议创建国家安全保障委员会，即所谓“日本版 NSC”①，用来代替安全保障会议。为此，日本政府还专门成立了“强化官邸有关国家安全保障功能会议”，由安倍晋三亲自担任议长。

2007 年 12 月，安倍内阁向众议院提出了以将安全保障会议改组为国家安全保障会议，并设立相关事务局为主要内容的“安全保障会议设置法修正案”。但安倍晋三在提出修正案不久后便因病辞职。由于继任的福田康夫首相认为应以现有安全保障会议为基础充分发挥相关作用，故该修正案成为废案。

3. 国家安全保障会议的成立

2013 年 6 月 7 日，日本安倍晋三内阁通过了旨在设立国家安全保障会议的《部分修改安全保障会议设置法的法案》，即《国家安全保障会议设置法》。同年秋，该法案提交第 185 届国会审议，最终于同年 11 月 27 日获得国会两院批准。以此为依据，2013 年 12 月 4 日，安全保障会议正式调整为国家安全保障会议。翌年 1 月 7 日，国家安全保障会议事务局，即国家安全保障局正式成立。

4. 国家安全保障会议的结构

国家安全保障会议隶属内阁，是审议国家安全保障重要事项的专门机构，主要负责对与国家安全保障相关的外交、防卫政策的基本方针与重要政策进行策划、草拟、综合调整。其宗旨是永远支持首相的决策和政治决断。国家安全保障会议由会议及事务组组成。

5. 国家安全保障会议的规模

一般情况下，国家安全保障会议规模为“四大臣会议”或“九大臣会议”。前者由内阁总理大臣、内阁官房长官、外务大臣、防卫大臣参加。后者则在前述四位大臣基础上加入了《内阁法》第 9 条“第一顺位指定大臣”（副首相）、总务大臣、财务大臣、经济产业大臣、国土交通大臣、国家公安委员会委员长。在紧急情况下，除内阁总理大臣和内阁官房长官外，内阁总理大臣也可召开由指定国务大臣出席的“紧急事态大臣会议”。此外，上述会议除各国务大臣等参会外，还可

① 即以美国国家安全保障会议（NSC，National Security Council）为模板，建立以首相官邸为核心，能够迅速收集外交及安全保障信息，并作出重要决策的政府机构。

根据需要，在获得内阁总理大臣批准的情况下，要求统合幕僚长等人出席。

6. 国家安全保障局

国家安全保障局（NSS）隶属内阁官房，是国家安全保障会议的事务组织，主要负责协调各省厅、紧急情况下提出政策建议、拟定中长期外交及安全保障政策。此外，国家安全保障局还可向外务省、防卫省、警察厅、公安调查厅、经济产业省、国土交通省、内阁情报调查室等各省厅及其下辖情报部门索要情报。

各省厅有义务向国家安全保障局提交报告。国家安全保障局局长与负责应对国防以外紧急事态的内阁危机管理总监同为大臣政务官级别，二者一般密切合作。国家安全保障局局长任免由内阁总理大臣提议，内阁决定。

7. 国家安全保障局主要业务

国家安全保障局主要负责开展以下业务：（1）永远支持国家安全保障会议。利用内阁官房的综合调整权限，专门从事与国家安全保障外交、防卫政策基本方针，重要事项有关的策划、草拟、综合调整工作。（2）在应对紧急事态时，从与国家安全保障有关的外交、防卫政策视角出发，提出必要建议（处理事态的具体操作由身为危机管理专家的内阁危机管理总监等继续负责）。（3）向有关行政机构等及时索要情报。另外，将会议提供的情报用于政策立案等（情报“综合整理”功能）。

8. 国家安全保障局的结构

随着2020年4月1日增设“经济组”，日本国家安全保障局由既有6大部门调整为7大部门。其中，“综合协调组”主要负责处理综合及国家安全保障会议相关事务；“政策1组”主要负责美国、欧洲各国及东盟事务；“政策2组”主要负责东北亚、俄罗斯事务；“政策3组”主要负责中东、非洲、中南美事务；“战略策划组”主要负责《防卫计划大纲》《国家安全保障战略》等中长期安全保障政策；“情报组”主要负责涉及机密情报业务各省厅等政府内部的联络协调工作；“经济组”主要负责经济安全保障战略。

三、防卫政策调整

2013 年 12 月 17 日，日本出台首份《国家安全保障战略》。该文件规定了与国家安全保障相关的外交政策及防卫政策基本方针，向国内外展示了“积极和平主义”的具体内容。

1. 日本国家利益

日本认为其国家利益包含以下要点：（1）维护日本和平与安全，确保日本生存。（2）实现日本及国民的进一步繁荣，进一步巩固日本的和平与安全。（3）维护、拥护基于普世价值和规则的国际秩序。

2. 日本国家安全保障目标

日本国家安全保障的目标为：（1）加强威慑，防止威胁波及日本。（2）通过强化日美同盟、加强与合作伙伴的信赖与合作关系等改善地区安全保障环境，预防和减少威胁的发生。（3）改善全球安全环境，构建和平稳定、繁荣的国际社会。

3. 日本国家安全保障基本方针

日本认为应在国家安全保障方面采取以下方针：（1）强化和扩大日本在相关方面的能力和作用。（2）强化日美同盟。（3）加强同伙伴国家的外交及安全保障合作，维护国际社会的和平与稳定。（4）为旨在维护国际社会和平与稳定的国际性努力作出积极贡献。（5）以普世价值合作应对全球性问题挑战。（6）加强支撑国家安全的国内基础，并促进国内外对其的理解。

4. “防卫装备转移三原则”

2014 年 4 月 1 日，日本政府在内阁会议上正式通过了“防卫装备转移三原则”，以取代过去的“武器出口三原则”。“武器出口三原则”是此前日本政府在武器出口限制及运用方面采取的基本原则，也被称为“禁止武器出口三原则”。1967 年 4 月 21 日，时任首相的佐藤荣作在众议院决算委员会答辩中提出了以不向共产主义阵营国家出售武器、不向联合国禁止的国家出口武器、不向发生国际争端当事国或者可能发生国际争端当事国出售武器为主要内容的“武器出口三原则”。1976 年 2 月 27 日，时任首相的三木武夫在众议院预算委员会答辩中又进一步扩大了该原则的适用范围。

5. “防卫装备转移三原则”的主要内容

“防卫装备转移三原则”主要内容包括：(1) 明确了禁止转移武器的几种情况，即在转移违反日本国政府缔结的条约或其他国际协议所规定的义务；转移违反联合国安理会决议规定的义务；转移对象为冲突当事国（发生武力攻击，并被联合国采取旨在维护、恢复国际和平与安全相关措施的国家）时，不同意将防卫装备向海外转移。(2) 对允许转移装备的情况做出限定，并对其进行严格审查、要求公开相关信息。只有在有助于积极推进为和平作贡献及国际合作、有助于日本安全保障等时，方可在确保透明性，进行严格审查的前提下实施转移。(3) 确保对用于预期目的以外用途和转移到第三国的装备进行适当管理。作为一般性规则，装备接收国必须在事先征得日本政府同意的前提下将其用于预定目的以外用途、将其转移到第三国。

6. 解禁“集体自卫权”

所谓集体自卫权，指的是与本国关系密切的国家遭受其他国家武力攻击时，无论自身是否受到攻击，都有使用武力进行干预和阻止的权利。2014 年 7 月 1 日，第二次安倍内阁召开临时会议，通过了修改宪法解释、解禁“集体自卫权”的内阁决议案。2015 年 7 月 16 日及同年 9 月 17 日，日本众、参两院相继通过《新安保法案》。该法案由《和平安全法制整备法案》和《国际和平支持法案》两部分组成，共涉及 11 部法律的修正案，核心议题便是解禁“集体自卫权”。《新安保法案》获得国会通过、正式成为法律标志着日本政府可以行使“集体自卫权”，时隔 70 年再度获准参加海外战争。

7. 国防三大支柱与防卫力量核心要素

日本 2022 年版《防卫白皮书》指出，日本国防三大支柱分别为自身防卫体制、日美同盟以及安全保障合作。日本防卫力量的核心要素包括与防卫装备、技术相关的各项政策；情报能力强化；努力与地方及环境共存。

8. 防卫领域及装备变化

当前，日本防卫力量建设已不仅限于陆、海、空等传统领域，其在宇宙、网络空间及电子对抗等领域也投入了大量精力，增设太空作战群、网络空间防卫队等专门力量。此外，通过自主研制及购买，日本自卫队现拥有“出云”级、“日向”级“准航空母舰”；“大鲸”级、“苍龙”级常规动力潜艇；“摩耶”级、“金刚”级、“爱宕”级驱逐舰；“F－35”战斗机等先进装备。

9. 反击能力

2022年12月16日，日本岸田文雄政府在出台的《国家安全保障战略》《国家防卫战略》《防卫力量整备计划》3份安全文件中明确写入构建“反击能力”。“反击能力”原定名称为“对敌基地攻击能力”。其指的是当发生使用弹道导弹对日本发动武力攻击时，日本为防卫此类攻击，不得不根据“武力行使三要件”所采取的“必要最小限度自卫措施”。这就要求自卫队具备在对方疆域内对其实施有效反击、运用防区外战力等能力。在日本政府看来，通过保有此类“有效反击能力”，日本可以对外部武力攻击形成威慑。以此为基础，一旦遭到导弹袭击，日本既可以运用导弹防御体系对其进行拦截，同时也可以通过行使“反击能力”防止对手进一步发起进攻，进而保卫日本国民生命及和平生活。

四、日美安保体制

日美安保体制是冷战的产物。从20世纪中叶开始，在美苏对立的国际背景下，日本被定位为美国的“桥头堡”。随着《旧金山对日和平条约》的签署，日美两国签署了成为两国关系核心的《日美安全保障条约》，日本安保体制就此形成。

1.《日美安全保障共同宣言》

1996年4月17日，在时任美国总统克林顿和时任日本首相桥本龙太郎进行首脑会谈后，两国于东京发表了《日美安全保障共同宣言》。该文件不仅重新确认了日美安保体制的重要性，结束了日美同盟在冷战结束后的“漂流”状态，还向日本国内及国际社会明确了两国如何将同盟关系带入21世纪。

《日美安全保障共同宣言》的要点包括：（1）日本和美国将共同努力在亚太地区构建更加稳定的安全环境。（2）两国将修改《日美防卫合作指针》。（3）两国将以安保体制为基础，推动开展多种形式的双边合作。

2.《日美防卫合作指针》

《日美防卫合作指针》(Guidelines for Japan - U. S. Defense Cooperation)指的是日美两国就双边军事合作制定的具体指导方针。1978 年 11 月 27 日,《日美防卫合作指针》(又称“78 指针”)于东京签订。该文件规定,日本为自卫应保有适当规模的防卫力量;确保美军在日设施及区域的使用;美国在保持核威慑同时,应部署能够在前线展开、驰援的其他兵力。此外,为确保两国在日本遭到武力攻击情况下能够顺利实施共同应对行动,应努力完善自卫队和美军之间的合作态势。

1997 年 9 月 23 日,两国公布了经过修订的《日美防卫合作指针》(又称“97 指针”)。该文件旨在明确日美两国如何在“和平时期”“日本出现紧急事态”和“日本周边地区出现紧急事态”三种情况下进行更为有效、可靠的安全合作。其中,应对“周边事态”的内容扩大了日美合作范围。

2015 年 4 月 27 日,日美安全保障磋商委员会(2 +2)会议批准了旨在进一步强化两国同盟威慑力及应对能力的新《日美防卫合作指针》。新《日美防卫合作指针》在与安全保障法制保持一致性的同时,以“无止境”的形式充实、强化了两国在确保日本和平与安全问题上的合作,并准确反映了日美同盟合作领域已扩展至地区、全球及太空、网络空间等新战略领域。此外,作为确保日美合作实效性的机制,明确了同盟协调机制、共同制订计划等基础性合作措施。

3.《日美安全保障条约》第五条

在外务省公布的《〈日美安全保障条约〉主要条款解释》中对《日美安全保障条约》第五条做出了如下解释。《日美安全保障条约》第五条规定了美国对日本的防卫义务,是该条约的核心规定。该条款规定,日美两国对于“在日本施政领域内对任何一方的武力攻击”,将“采取共同应对危险的行动”,这包括在日本施政领域内对美军发起的攻击。即是说,依据该条款规定,当日本施政领域内发生武力攻击状况时,日美两国应共同承担保卫日本的任务。

第五条后半部分主要对与联合国安理会关系进行了规定。依据《联合国宪章》第五十一条,日本应牢记在安理会采取维护国际和平的必要措施前,会员国行使自卫权是权宜之举;会员国以自卫权之名采取的任何行动都应立即向安理会报告。

4. 意义

日本认为，《防卫计划大纲》及自身防卫体制是其安全保障的基石。时至今日，日美安保体制的意义主要体现在确保日本的和平与安全、确保日本周边地区的和平与安全、应对全球性问题三个方面。

第二节　重要防卫政策文件

一、《防卫计划大纲》

《防卫计划大纲》简称《防卫大纲》，以各大纲制定时的年度为基础，一般也被称为“某某（年）[①] 大纲”。作为日本安全保障政策体系中的重要方针性文件，《防卫计划大纲》一般以 10 年为限，从中长期观点对日本安全保障政策及防卫力量规模进行规划。通常情况下，政府每 10 年对《防卫计划大纲》进行修订，但在形势出现重大变化时，政府可随时修订《防卫计划大纲》。同样，若没有修订必要，即便超过 10 年也可不对其进行修订。

1. 首份《防卫计划大纲》

第二次世界大战后，日本长期通过制订《防卫力量整备计划》指导国防建设。三木武夫改造内阁为应对国内不满情绪、石油危机及通货膨胀等不利影响，决定用《防卫计划大纲》取代《防卫力量整备计划》。1976 年 10 月 29 日，日本首份《防卫计划大纲》，即《昭和 52 年以后的防卫计划大纲》（又称“51 大纲”）经国防会议、内阁会议通过正式公布。

2. 各《防卫计划大纲》宗旨

“51 大纲”的最大特点是提出了建立“基础防卫力量”构想，即日本自卫队保持“最小限度”防卫力量的防卫理念。此后的“07 大纲”（又称《平成 8 年以后的防卫计划大纲》）在延续这一防卫理念的同时，将自卫队主要职能从抵御外来入侵扩大为保卫日本、应付大规模

---

① 一般使用日本年号纪年。

灾害和“为国际和平做贡献”。2004 年，日本提出《平成 17 年以后的防卫计划大纲》（又称“16 大纲”），其防卫理念从“基础防卫力量”构想调整为建设“可发挥多种作用且灵活有实效的防卫力量”。随着日本于 2010 年、2013 年、2018 年密集提出新《防卫计划大纲》，其防卫理念也经历了由“动态防卫”到“联合机动防卫”，再到“多维联合防卫”的转变。2022 年 12 月 16 日，日本政府将《防卫计划大纲》更名为《国家防卫战略》，并通过其最新版本。

二、《中期防卫力量整备计划》

《中期防卫力量整备计划》简称“中期防”，是对日本防卫力量整备、维持及运用做出具体规定的防卫政策文件。各《中期防卫力量整备计划》也可按照其起始年份称作“某某（年）[①] 中期防”。2022 年 12 月 16 日，日本政府将《中期防卫力量整备计划》改为《防卫力量整备计划》。

1.《中期防卫力量整备计划》的基本性质

作为各《防卫计划大纲》的配套文件，《中期防卫力量整备计划》主要依据上版《防卫计划大纲》对日本防卫力量建设做出 5 年规划。首份《中期防卫力量整备计划》出台于 1986 年，其前身是防卫厅时期的《中期业务评估》。与《防卫计划大纲》一致，目前，《中期防卫力量整备计划》须经国家安全保障会议及内阁会议批准。《中期防卫力量整备计划》一般实施周期为 5 年，从第 3 年起开始重新评估工作。

2. 迄今为止的《中期防卫力量整备计划》

时期	名称
《防卫计划大纲》出台前	《第一次防卫力整备计划》（1957 年） 《第二次防卫力整备计划》（1961 年） 《第三次防卫力整备计划》（1967 年） 《第四次防卫力整备计划》（1972 年）

① 一般使用日本年号纪年。

续表

时期	名称
“51 大纲”《中期业务评估》时期	《昭和 53 年中期业务评估》(1979 年) 《昭和 56 年中期业务评估》(1982 年) 《昭和 59 年中期业务评估》(1985 年)
“51 大纲”《中期防卫力量整备计划》时期	《昭和 61 年—昭和 65 年中期防卫力量整备计划》(1986 年) 《平成 3 年—平成 7 年中期防卫力量整备计划》(1991 年)
“07 大纲”	《平成 8 年—平成 12 年中期防卫力量整备计划》(1996 年) 《平成 13 年—平成 16 年中期防卫力量整备计划》(2001 年)
“16 大纲”	《平成 17 年—平成 21 年中期防卫力量整备计划》(2005 年)
“22 大纲”	《平成 23 年—平成 27 年中期防卫力量整备计划》(2011 年)
“25 大纲”	《平成 26 年—平成 30 年中期防卫力量整备计划》(2014 年)
“30 大纲”	《平成 31 年—令和 5 年中期防卫力量整备计划》(2019 年)
“04 战略”	《防卫力量整备计划》(2022 年)

第三节　防卫省与自卫队

一、防卫省结构

1. 最高指挥权

内阁总理大臣代表内阁拥有对自卫队的最高指挥监督权；专职国家防卫的主管大臣，即防卫大臣统领自卫队工作。此外，在内阁中还设置了专职审议国防相关重要事项的国家安全保障会议。

2. 防卫大臣

主管防卫省的国务大臣被称为防卫大臣。随着 2007 年 1 月防卫厅升格为防卫省，防卫长官亦升格为防卫大臣。防卫大臣可向自卫队下达“警备行动”命令。更为高级的“警卫出动”及“治安出动”命令，以及最为高级的“防卫出动”命令，须在事前或事后得到国会承认，相关命令权归身为内阁首长的内阁总理大臣掌握。

3. 防卫会议

防卫会议指的是在防卫大臣的领导下，政治官员、文官、自卫官三者齐聚一堂，对防卫省管辖事务基本方针进行审议的会议。防卫会议旨在进一步彻底贯彻文官统治。此外，国会还将通过对自卫队定员、预算、组织等重要事项进行表决的方式控制自卫队。

二、防卫省历史

防卫省的前身可以追溯到 1950 年 6 月朝鲜战争爆发后成立的警察预备队本部。此后经过保安厅、防卫厅等机构调整变化，最终成为现在的防卫省。

1. 警察预备队本部

1950 年 6 月 25 日，朝鲜战争爆发。为了应对这一情况，驻韩美军及驻日美军兵力大都被派往战场。7 月 8 日，驻日盟军总司令麦克阿瑟向时任首相吉田茂下达了关于设立警察预备队的指令。8 月 10 日，日本政府颁布《警察预备队令》（昭和 25 年第 120 号政令），组建了由 7.5 万人组成的警察预备队（相当于现在的陆上自卫队）。作为管理、运营警察预备队的国家机关，日本在当时的总理府设立了警察预备队本部。这便是自卫队的开端。

2. 保安厅

1952 年 4 月 26 日，作为海上保安厅附属机关的海上警备队（相当于现在的海上自卫队）得以成立。8 月 1 日，根据《保安厅法》，总理府增设保安厅为外局。当日，由警察预备队本部管辖的警察预备队，以及由海上保安厅管辖的海上警备队统一交由保安厅管辖。10 月，警察预备队更名为保安队。

3. 防卫厅

1954 年 3 月，日本同美国签订了《日美共同防御援助协定》（MSA 协定），其中规定日本应逐渐自行负担防务责任。同年 7 月 1 日，根据《防卫厅设置法》，保安厅改为防卫厅，继续以外局身份隶属于总理府。同时，保安队、海上警备队予以解散，陆上自卫队、海上自卫队、航空自卫队等正式得以组建。

4. 防卫省

2006 年 12 月 15 日，日本国会通过了将防卫厅升格为防卫省的《部分修改防卫厅设置法的法案》。2007 年 1 月 9 日，防卫厅正式升格为防卫省。

5. 防卫省结构

防卫省的内部组织包括内部部局、地方分支部局、防卫装备厅及幕僚监部、信息本部、防卫监察本部等特别机构。此外，特别机构还包括自卫队及相关机构。目前，防卫省（含自卫队）是日本最大的公务员组织。

三、自卫队

通常情况下，自卫队一词指的是作为防卫省特殊机构的陆上自卫队、海上自卫队、航空自卫队，即所谓防卫省“制服组”。

1. 自卫队构成

陆上自卫队、海上自卫队、航空自卫队均由防卫大臣直属部队组成。作为防卫大臣的幕僚机构，还设有负责处理自卫队队务的陆上幕僚监部、海上幕僚监部及航空幕僚监部。此外，作为统一动用自卫队的幕僚机关，还设置了统合幕僚监部，由统合幕僚长，即自卫官序列的最高级别领导负责。

防卫大臣通过各幕僚长官向自卫队发出命令，但关于各部队的动用全部通过统合幕僚长进行。各幕僚长作为“最高级别的专业顾问”辅佐防卫大臣，执行防卫大臣对自卫队等发出的命令。

2. 队旗

目前，陆上自卫队使用的是八条旭日旗，海上自卫队使用的是十六条旭日旗。其与明治维新以后日本帝国陆军、帝国海军使用的军旗并无二致。对此，时任日本内阁官房长官的加藤胜信曾于 2021 年 5 月 18 日阐明了日本政府关于使用旭日旗的基本立场。日本政府认为，旭日旗的图案与太阳旗一样，均出于对太阳的模仿。其作为大渔旗及庆祝生产、节日等的旗帜，在日本国内至今仍被广泛使用。因此，不能认为其代表着特定政治性、歧视性主张。对此，日本政府已多次向包括韩国在内的国际社会表达了使用旭日旗并不意味着进行政治宣传的观点。今后，日本政府也将继续坚持这一观点。

3. 防卫省与自卫队的联系与区别

根据《自卫队法》等相关法律，防卫省和自卫队并不完全相同。在以防卫事务次官、防卫参事官、防卫书记官、防卫部员为代表的防卫省内部部局，以及防卫装备厅等防卫省下辖部门工作的文官均被认为是自卫队员。其与自卫官（制服组）一样在服役前宣示"遇事将不顾生命危险完成任务，不负国民嘱托"。同时，防卫省下辖所有审议会、审查会及地方合作局劳务管理课等机构并不属于自卫队范畴。

4. 统合幕僚监部

统合幕僚监部（JSO）是以统筹陆、海、空自卫队为目的设立的防卫省特别机构，成立于2006年3月27日，其作用相当于联合参谋部。统合幕僚监部的前身为1954年7月1日设立的统合幕僚会议。与辅佐防卫大臣的文官相对应，统合幕僚监部及陆上幕僚监部、海上幕僚监部、航空幕僚监部的绝大多数工作人员均为武官。其中，统合幕僚监部的最高负责人统合幕僚长为自卫队最高级别军官。日本现任（第36任）统合幕僚长为陆上自卫队出身的山崎幸二上将，其于2019年4月1日起担任该职务。

5. 自卫队规模

日本2022年版《防卫白皮书》显示，截至2022年3月31日，日本自卫队自卫官定员及实际人数见下表：

区别	陆上自卫队	海上自卫队	航空自卫队	统合幕僚监部等	合计
定员	150590人	45307人	46928人	4329人	247154人
现有人员	139620人	43435人	43720人	3979人	230754人
充足率	92.7%	95.9%	93.2%	91.9%	93.4%

此外，根据2023年度日本防卫省预算，自卫队预备自卫官定员为47900人。

6. 防卫费变化情况

自1976年以来，防卫费占比不超过国内生产总值（GDP）的1%，既是日本历届政府在防卫领域坚守的“红线”，也是衡量日本是否继续奉行和平主义理念的重要指标。20世纪80年代后，日本防卫费仅在2010年突破这一限制。日本防卫费自2013年起呈持续增长态势。2022年度日本防卫费（含补充预算）已超过国内生产总值的1%。不仅如此，2023年度日本防卫预算已达55598亿日元，其中还不包括在预算编制时未形成定论的“讨论事项”。此外，针对防卫费，日本还提出了“五年内从根本上强化防卫力量”的基本方针。根据岸田文雄于2022年11月28日下达的指示，日本国防开支将在五年内（预计为2027财年）增至国内生产总值的2%。

7. 联合国维和行动（PKO）

联合国维和行动是联合国为解决世界各地纠纷而进行的活动，一般包括由维和部队（各国部队编成）负责的维持停火、隔离交战方部队行动，以及军事观察团（原则上由非武装军人组成）负责的维持停火活动。对于这些以联合国为中心进行的旨在谋求国际社会和平与稳定的努力，日本为起到与自身国际地位和责任相符的作用，不仅在资金方面有所投入，在人员方面也作出了自己的贡献。

四、驻日美军重编

1. 基本动向

驻日美军重编始于2005年日美两国共同发表的《日美同盟：面向未来的变革与重编》。2006年，两国正式公布《驻日美军重编路线图》，为驻日美军重编工作提供了具体方案。此后，日美两国通过“2+2”会谈等形式先后就驻冲绳美海军陆战队迁移至关岛、普天间机场搬迁至名护市边野古地区、归还相关土地等问题达成一致。两国在处理相关问题时所考虑的主要因素包括：（1）采取措施迅速、稳健地使冲绳当地负担得到显著减轻；（2）参照2012年1月公布的《美国国防战略指针》，协调重视亚太地区战略与驻日美军重编计划；（3）美国国会提出的削减关岛搬迁相关费用。

2. 军费问题

正常情况下，针对驻日美军费用分摊问题的两国间协定每 5 年更新一次。2022 年 1 月 7 日，日美两国就驻日美军驻留经费负担问题签订特别协议，从 2022 年度开始的 5 年内，日本将累计承担相互经费约 1.055 万亿日元。其具体包括 23178 名日本工作人员的工资、水电费和训练转移费等。

补充资料

1.《国防基本方针》

国防基本方针

（1957 年 5 月 20 日国防会议及内阁会议决定）

国防的目的是防范直接和间接侵略于未然，万一发生侵略就将其排除，以维护基于民主主义的日本独立与和平。为达上述目的，特制定以下基本方针。

（1）支持联合国的活动，谋求国际间的协调，以期实现世界和平；

（2）稳定民生，弘扬爱国之心，为保障国家安全奠定必要基础；

（3）根据国力国情，在自卫所需的限度内，逐步形成高效防卫力量；

（4）关于外来侵略，日本将根据同美国构建的安全保障体制进行应对，直至联合国能有效阻止侵略活动为止。

2. 自卫队主要装备数量

截至 2022 年 3 月 31 日，日本自卫队主要装备数量、性能规格等情况

种类	无后坐力炮	迫击炮	野战炮	火箭弹发射器等	高射炮	坦克	装甲车	机动战车
数量（个）	2600	1200	400	50	50	540	990	120

隶属	机型	用途	数量（架）
陆上自卫队	LR－2 侦察机	联络侦察	8
	AH－1S“眼镜蛇”武装直升机	反坦克	48
	OH－1“忍者”侦察直升机	观测	37
	UH－1J“休伊”通用直升机	多功能	115
	UH－2 通用直升机	多功能	1
	CH－47J/JA“支奴干”运输直升机	运输	50
	UH－60JA“黑鹰”通用直升机	多功能	40
	AH－64D“阿帕奇”武装直升机	战斗	12
	V－22“鱼鹰”运输机	运输	9
海上自卫队	P－1 海上巡逻机	巡逻	33
	P－3C“猎户”反潜机	巡逻	40
	US－2 水上飞机	救灾	6
	SH－60J“海鹰”反潜直升机	巡逻	12
	SH－60K“海鹰”反潜直升机	巡逻	75
	MCH－101 扫雷直升机	扫雷、运输	10
航空自卫队	F－15J/DJ“鹰”战斗机	战斗	200
	F－2A/B 战斗机	战斗	91
	F－35A“闪电Ⅱ”战斗机	战斗	27
	C－1 运输机	运输	7
	C－2 运输机	运输	14
	C－130H“大力士”运输机	运输	13
	KC－767 空中加油机	空中加油、运输	4
	KC－130H 空中加油机	空中加油、运输	3
	E－2C“鹰眼”预警机	预警	10
	E－2D“高级鹰眼”预警机	预警	3
	E－767 预警机	预警管制	4
	CH－47J“支奴干”运输直升机	运输	15
	UH－60J“黑鹰”通用直升机	救灾	37

分类	护卫舰	潜水艇	扫雷舰	巡逻艇	运输舰	辅助舰艇
数量（艘）	47	22	22	6	11	29
排水量（千吨）	268	63	22	1	28	130

3.《防卫力整备计划》（04 战略）中的军备发展计划（预计 10 年左右实现）

<table>
<tr><td rowspan="2">共同部队</td><td colspan="2">网络空间防御部队</td><td>1 个防卫队</td></tr>
<tr><td colspan="2">海上运输部队</td><td>1 个运输队</td></tr>
<tr><td rowspan="15">陆上自卫队</td><td colspan="2">常备自卫官定员</td><td>149000</td></tr>
<tr><td rowspan="14">基础部队</td><td rowspan="3">基本作战部队</td><td>9 个师团</td></tr>
<tr><td>5 个旅团</td></tr>
<tr><td>1 个装甲师团</td></tr>
<tr><td>空降部队</td><td>1 个空降团</td></tr>
<tr><td>水陆机动部队</td><td>1 个水陆机动团</td></tr>
<tr><td>空中机动部队</td><td>1 个直升机团</td></tr>
<tr><td rowspan="3">防区外导弹部队</td><td>7 个地对舰导弹联队</td></tr>
<tr><td>2 个岛屿防御高速滑翔弹大队</td></tr>
<tr><td>2 个远程导弹部队</td></tr>
<tr><td>防空导弹部队</td><td>8 个高射特殊科目群</td></tr>
<tr><td>电子战部队（包括对空电子战部队）</td><td>1 个电子作战队
（1 个对空电子战部队）</td></tr>
<tr><td>无人机部队</td><td>1 个多功能无人机部队</td></tr>
<tr><td>情报战部队</td><td>1 个部队</td></tr>
</table>

续表

海上自卫队	基础部队	水面舰艇部队（护卫舰·扫雷艇部队）	6个群（21个队）
		潜艇部队	6个潜水艇队
		预警机部队（包括固定翼预警机部队）	9个航空队（4个队）
		无人机部队	2个队
		情报战部队	1个部队
	主要装备	护卫舰（包括搭载宙斯盾系统护卫舰）	54艘（10艘）
		宙斯盾系统搭载舰①	2艘
		巡逻舰	12艘
		潜水艇	22艘
		作战用飞机	约170架
航空自卫队	基础部队	航空警戒管制部队	4个航空警戒管制团
			1个警戒航空团（3个飞行队）
		战斗机部队	13个飞行队
		空中加油·运输部队	2个飞行队
		航空运输部队	3个飞行队
		地对空导弹部队	4个高射群（24个高射队）
		太空专门部队	1个队
		无人机部队	1个飞行队
	主要装备	作战情报部队	1个队
		作战用飞机（包括战斗机）	约430架（约320架）

4.《防卫白皮书》

《防卫白皮书》是日本防卫省（前防卫厅）每年发布的国防、安全领域白皮书，旨在寻求日本国民对国防政策基本原则的理解。该文件于1970年（昭和45年）10月，即中曾根康弘任防卫厅长官时期首次发布，标题为《日本的防卫——防卫白皮书》。1976年（昭和51年），日本第二次发布该文件，其标题为《防卫白皮书》。此后，该文件每年发

① 指的是搭载宙斯盾系统的大型水面战斗舰。

布一次。2000 年（平成 15 年）起，日本分别将《防卫白皮书》《日本的防卫》作为文件标题、副标题。

5.《防卫计划大纲》的变迁

名称	背景	核心理念
“51 大纲”（1976 年 10 月 29 日国防会议—内阁会议通过）	冷战持续，国际形势有所缓和 我国周边环境呈美中苏均衡态势 有必要向国民展示防卫力量建设目标	基础防卫力量构想 与其直面军事威胁，日本不如为避免成为力量空白及周边地区不稳定因素，以独立国家身份保持最低限度的基础防卫力量

19 年　↓

“07 大纲”（1995 年 11 月 28 日安全保障会议—内阁会议通过）	冷战终结 不透明、不可靠的国际形势 国民对于日本国际贡献的期待有所提高	基本延续基础防卫力量构想 除保卫国家外，加入了应对大规模灾害等事态、为构筑更加稳定的安全保障环境做贡献等体现防卫力量作用的内容

9 年　↓

“16 大纲”（2004 年 12 月 10 日安全保障会议—内阁会议通过）	恐怖主义、弹道导弹等新国际威胁 与世界和平和日本和平直接相关的状况 从强调威胁转为强调对策的重要性	延续基础防卫力量构想中的有效部分 在有效应对新威胁及多种事态的同时，积极主动地致力于国际和平合作活动，组建多功能、灵活且有效的防卫力量

6 年　↓

“22 大纲”（2010 年 12 月 17 日安全保障会议—内阁会议通过）	全球力量平衡变化 日趋复杂的周边军事态势 国际社会中军事力量的作用日渐多样化	建立动态防卫力量（放弃基础防卫力量构想） 构建能够有效威慑、应对各种突发事件；可以为稳定亚太地区安全环境、改善全球安全环境主动开展活动的防卫力量

3 年 ↓

“25 大纲”（2013 年 12 月 17 日国家安全保障会议—内阁会议通过）	日本周边安全保障环境日趋严峻 美国“亚太再平衡” 自卫队在东日本大地震中的教训	构建联合机动防卫力量 为了适应日趋严峻的安全保障环境、通过确保海上优势—空中优势等方式，获得连续、灵活、机动应对各种事态能力，形成更加彻底贯彻联合机动作战理念的防卫力量

5 年 ↓

“30 大纲”（2018 年 12 月 18 日国家安全保障会议—内阁会议通过）	日本周边安全保障环境的严峻性与不确定性以惊人速度增加 对太空、网络空间、电子等新领域利用的迅速发展 进一步强化军事力量、加强军事活动的趋势明显	构建多维联合防卫力量 在陆、海、空传统领域基础上，加强太空、网络空间、电子等新领域能力建设，形成可开展跨域联合作战、切实有效的防卫能力

4 年 ↓

“04 战略”（2022 年 12 月 16 日国家安全保障会议—内阁会议通过）	周边国家军事动向及国际环境变化 新作战方式逐步显现	构建“着眼于对手能力与作战方式的防卫力” 强化日本自身防卫体制，特别是大幅增强防卫能力（7 个能力：防区外防御能力、综合防空及导弹防御能力、无人装备防御能力、跨领域作战能力、指挥控制及情报相关能力、机动展开及保护国民能力、持续作战及弹性作战能力。其中，防区外防御能力包括在威慑对日本攻击行为过程中起到关键作用的“反击能力”） 日美同盟的威慑力与应对力（强化共同威慑力与应对力、强化协调功能、强化基础、驻日美军驻留措施） 加强与“志同道合”国家合作（澳大利亚、印度、英国、法国、德国、意大利、韩国、加拿大、新西兰、东南亚国家等）

思考题

1. 名词解释

“专守防卫” “无核三原则” 国家安全保障会议 《国家安全保障战略》 防卫装备转移三原则 “集体自卫权” 日美安保体制 《日美防卫合作指针》《防卫计划大纲》《中期防卫力量整备计划》《防卫白皮书》 自卫队 统合幕僚监部 “反击能力”

2. 简答题

(1) 战后日本防卫决策机构经历了哪些演变?

(2) 自卫队的最高指挥监督权由谁掌握?

(3) 简述日本《防卫计划大纲》所体现的防卫理念变迁。

(4) 简述战后日本实现重新武装的过程。

(5) “无核三原则”的主要内容是什么?

3. 论述题

(1) 如何理解《日美安全保障条约》第五条对日本同周边国家间关系造成的影响?

(2) 日本《国家安全保障战略》的主要内容是什么,如何理解该文件?

(3) 请谈谈对日美安保体制的理解。

(4) 怎样看待日本在太空、网络空间等领域的防卫力量建设动向。

(5) 怎样理解日本近年来对“周边安全威胁”的渲染。

(6) 结合集体自卫权概念谈谈对日本解禁集体自卫权的理解。

(7) 请谈谈对日本近年来不断提高防卫费、加强防卫力量建设的看法。

(8) 如何理解2022年日本岸田文雄政府对3份安全保障政策文件的调整。

(9) 怎样看待日本决意拥有“反击能力”。

第十二章

地方公共团体

第一节　地方自治制度

一、地方自治的宗旨

依据《日本国宪法》，地方政府组织及运作事项将根据地方自治原则依法进行。其宗旨包含“居民自治”及“团体自治”两大要素。

1. 居民自治

居民自治以居民意愿为依据，是民主主义的重要组成部分。居民参与地方公共团体行政运营，对包括选举领导人及议员、直接请求、居民投票、居民合作等在内的运营工作负责。

2. 团体自治

根据《日本国宪法》第92条之宗旨，政府承认地方自治体作为团体的独立性，团体内部问题交由地方自治体自己解决。这种地方自治体依据自身意愿开展工作，并对其负责的模式体现了自由主义、地方分权要素。在团体自治概念中，地方自治体是独立的团体，相对于国会而言拥有自己的地位。为强调这一点，地方自治体使用了“地方公共团体”概念。

3. 二者关系

为实现地方自治，建立独立于国家的团体，在该团体权限和责任范围内开展地区行政工作的“团体自治”不可或缺。同时，即使存在自治体这种独立于国家的地区团体，若不能按照居民自治理念，使居民充分参与、筹划团体政治及行政，则难以实现代表居民的地方行政。

4. “夏普劝告”

1949年5月，受驻日盟军总司令部邀请，由美国财政学家、哥伦比亚大学教授卡尔·夏普率领的“税制使节团”对日本进行考察，并于该年8月和次年9月向驻日盟军总司令麦克阿瑟递交两份《夏普使节团日本税制报告书》。在报告书中，夏普强调了强大地方团体的必要性，主张“相较于其他因素，日本或任何国家将来的进步和福利更取决于从质、量两方面对地方团体进行有效行政管理”。

二、地方自治法

日本《地方自治法》于1947年4月17日公布，同年5月3日正式实施。该法在第1条“遵循地方自治宗旨”中，明确了地方公共团体划分及其组织、运营相关事项，并确立了国家和地方公共团体之间的基本关系。不仅如此，该法在确保地方公共团体能够民主高效开展行政工作的同时，提出了保障地方公共团体健康发展的目标。

1. 规定事项

《地方自治法》主要对以下事项作出规定：（1）原则：国家和地方公共团体分工原则；地方公共团体相关法令的立法、解释及运用原则。（2）职能与义务：地方公共团体的种类与性质、事务与职能、名称、区域等；居民及居民权利义务。（3）地方性法规及规章：议会；执行机关构成、事务及职能等；财务；国家等对地方公共团体进行介入的方式及争议处理等。

2. 地方公共团体的目标

《地方自治法》第一条第二款规定，地方公共团体以增进居民福利为基础，广泛发挥确保地区行政得以自主、全面施行的作用。

3. 其他相关法律

除《地方自治法》外，日本还存在以下与地方自治相关的法律法规：（1）规定基本一般性事务的法律，如《公职选举法》《地方公务员法》《地方财政法》《地方税法》《地方交付税法》《居民基本台账法》等。（2）特定地方行政领域相关法律，如《地方公营企业法》《地方教育行政组织及运营相关法律》《警察法》《消防组织法》等。

三、地方公共团体

1. 地方自治制度

《日本国宪法》规定日本实行地方自治制度。地方自治以《地方自治法》为基础，由地方公共团体承担。地方公共团体采取两级体制，即包括市町村在内的基础性地方公共团体，以及都道府县等广域性地方公共团体。

2. 基础性地方公共团体

市町村设有作为执行机关的市町村政府，以及作为表决机关的市町村议会（或町村总会）。市町村长和议会议员均由辖区内居民选举产生。市町村负责管理其财产、处理本地区事务、开展行政工作。此外，市町村可在法律允许范围内制定地方性法规。特别是规模较大的市，其作为政令指定城市往往拥有一部分由都道府县转让出去的权限。

3. 广域性地方公共团体

都道府县设有作为执行机关的都道府县政府，以及作为表决机关的都道府县议会。都道府县知事和议会议员均由辖区内居民选举产生。都道府县涵盖市町村，在更为广泛的区域内开展行政工作。都道府县也可以在法律允许范围内制定地方性法规。目前，为了缓解权力集中在中央一级，推进地方分权，日本正在探讨废除都道府县，导入涵盖范围更为广泛的道州制度。

4. 47 个都道府县

目前，日本广域性地方公共团体包括 1 都、1 道、2 府、43 县。

所在地区	名称
北海道地区	北海道
东北地区	青森县、岩手县、宫城县、秋田县、山形县、福岛县
关东地区	茨城县、枥木县、群马县、埼玉县、千叶县、东京都、神奈川县

续表

所在地区	名称
中部地区	新潟县、富山县、石川县、福井县、山梨县、长野县、岐阜县、静冈县、爱知县
近畿地区	三重县、滋贺县、京都府、大阪府、兵库县、奈良县、和歌山县
中国地区	鸟取县、岛根县、冈山县、广岛县、山口县
四国地区	德岛县、香川县、爱媛县、高知县
九州地区	福冈县、佐贺县、长崎县、熊本县、大分县、宫崎县、鹿儿岛县
冲绳地区	冲绳县

四、地方公共团体的特征

1. 作用大于中央政府

在日本，相较于中央政府，各级地方公共团体，特别是市町村提供了与国民生活相关的大部分行政服务。

2. 财政依赖中央政府

除东京都等一部分地方公共团体外，能够凭借地方税等自有财源提供行政服务的地方公共团体寥寥无几。此类地方公共团体对地方交付税、补助金等来自国家的财政转移支付具有较强的依赖性。此外，不同地方公共团体在财政收入方面的地区差异也十分明显。

3. 直接选举与扭曲问题

在日本，由于地方自治体最高领导人（知事、市町村长）及议员均由辖区居民直接选举产生。故由此产生的意见不合，如都道府县知事与市町村长之间、市长与市议会之间出现矛盾的情况时有发生。相较于采用议会内阁制、国会执政党与内阁成员大都为同一政党成员的中央政府，在地方公共团体中，最高领导人与议会多数派不一定来自同一政党。

五、地方公共团体执行机构

1. 地方公共团体最高领导人

地方公共团体的最高领导人既负责管辖该地方公共团体，也是其代表。都道府县最高领导人为知事，市町村最高领导人为市町村长。普通地方公共团体最高领导人任期一般为 4 年。

2. 最高领导人辅助机构

地方公共团体最高领导人的辅助机构一般包括副知事（都道府县）及副市町村长（市町村）。其人数一般由相关地方性法规规定。不过，即便地方性法规没有明确规定，也会有从事会计管理工作的相关人员协助地方公共团体最高领导人完成相关工作。

3. 行政委员会及委员

在日本，只有需要政治中立和公平的领域，以及需要慎重履行程序的特殊领域，才会设置行政委员会及其委员。行政委员会的设置以及其掌管业务、组织形式等由法律规定。例如教育委员会、选举委员会、人事委员会、公安委员会（仅限都道府县）等。

4. 会计管理人员

为在财务会计工作中实现指挥机构和执行机构的分离，地方公共团体专门设置了会计管理人员一职。会计管理人员作为财务会计事务中的执行机构，主要司职会计事务。会计管理人员一般为 1 人，其人选由地方公共团体最高领导人从其辅助机关的工作人员中任命。

5. 附属机构

附属机构是根据执行机构要求开展审议、调查工作，发表意见的机构。有的附属机构根据法律规定设置，有的附属机构则依据地方性法规任意设置。如都道府县防灾委员会、城市规划审议会等。

6. “地方六团体”

所谓“地方六团体”，指的是作为地方公共团体最高领导人联合组织的全国知事会、全国市长会、全国町村会三个团体（执行三团体），以及作为议长联合组织的全国都道府县议会议长会、全国市议会议长会、全国町村议会议长会三个团体（议会三团体）。

地方六团体均被定位为依据《地方自治法》第 263 条第 3 款之规定

设立的全国性联合组织。除各团体单独开展的活动外，其为了实现共同目标还组建了“确立地方自治对策协议会”，开展了有利于实现地方行政、财政健康发展的多种活动。

六、地方议会

议会是地方公共团体的议事机构，由居民直接选举的议员组成。议员定额由有关地方性法规规定。议会必须从议员中选举议长及副议长。

1. 全体会议

地方公共团体议会全体会议由全体议员参加，其表决结果是该议会意志的体现。

2. 委员会

地方公共团体议会委员会由一部分议员组成。其中有常任委员会（对一般地方公共团体事务的审查）、特别委员会（对根据议会决议提上日程事件的审查）、议会运营委员会（决定议会运营事项）。

3. 定期会议

地方公共团体议会定期会议指的是无论是否有议案提上日程，每年均须依据有关地方法规规定召开的会议。该会议可处理一切提案。

4. 临时会议

地方公共团体议会临时会议在必要时召开，主要处理预先进行过公告的被提上议事日程的特殊提案。①

5. 议会职能

主要议决事项：地方性法规的制定与修正、预算与决算、主要公务员任命、知事针对市町村废除合并及界线变更的决定。此外，还包括提出意见书、调查、监督请求、受理请愿等其他权限。

---

① 根据地方性法规，可以在不区分定期会议和特别会议的情况下举行全年会议。在这种情况下，必须由地方性法规确定固定开会日期。

第二节　地方自治体与国家关系

一、地方制度的沿革

《大日本帝国宪法》中没有关于地方自治的规定。作为地方自治体制，日本先于 1869 年实行版籍奉还，后又通过 1871 年颁布《户籍法》、实行废藩置县、制定县府官制；1886 年制定地方官官制；1888 年制定市及町村制；1890 年制定府县制、郡制等措施对其逐步完善。经过近 20 年的修改与调整，日本近代地方自治制度于 20 世纪 10 年代最终确立。

1. 近代地方制度的基本结构

在作为国家行政区划单位的府县，由知事及以下官吏负责国家行政工作。同时，通过设置府县、郡、市町村地方自治体，将国家事务的一部分及地方事务交由地方处理；中央政府、知事对其进行指导、监督。在这种集权型结构下，中央政府的观点对地方自治而言并不能赋予其类似宪法的制度保障，也不是必须确立的基本原则，而是单纯的立法政策问题。

2. 近代地方自治制度的特色

地方自治体处理的事务大多是来自国家的委托事务（机关委托事务），能够参加自治的仅限于有产阶级。这些参与者以名誉职务身份无偿参加公务。在地方负担自治体经费的自治结构下，地方自治体处理的事务均由国家官吏负责监督，即呈现所谓“官员治下自治”的特色。

3. 战后地方制度改革

经过第二次世界大战后占领时期的一系列改革，日本形成于明治时代的地方制度发生了根本性变化。《日本国宪法》第八章规定，地方自治成为宪法体制的重要组成部分。相应地，参与地方自治成为公民的一项基本权利，而不是像以前那样的义务。

4. 地方公共团体规模

截至 2022 年 11 月 18 日，日本共有包含 1 都、1 道、2 府、43 县的广域性地方公共团体 47 个；基础性地方公共团体 1724 个，其中市 792

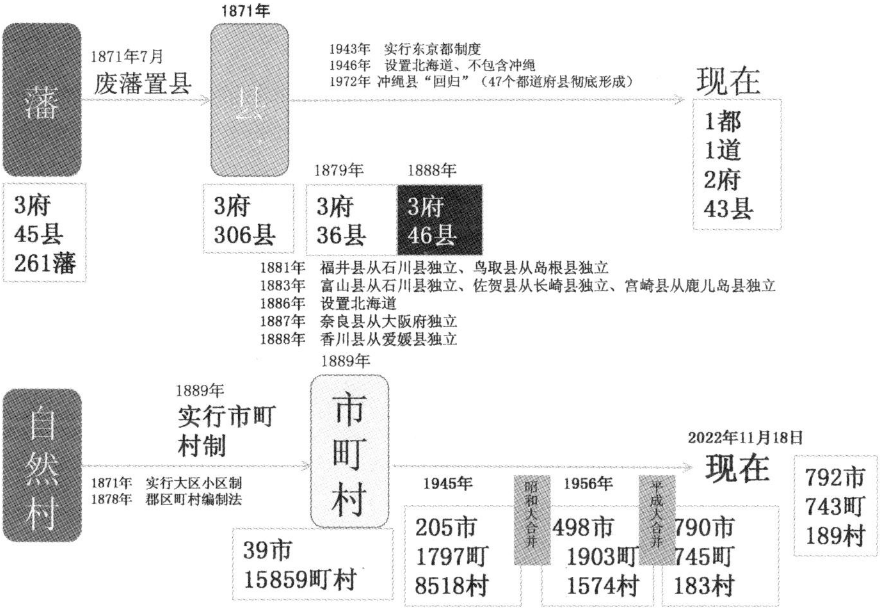

地方制度的沿革

个（包含20个政令市）、町743个、村189个。

5. 主要城市人口规模

根据2020年日本人口普查结果，除东京都人口为1404.7594万人，约占日本总人口的11%外，日本人口超过200万的主要城市为横滨市、大阪市、名古屋；人口超过100万的主要城市为札幌市、福冈市、神户市、川崎市、京都市、埼玉市、广岛市、仙台市。

6. 城市划分

依据《地方自治法》人口超过50万的城市为政令指定城市；人口超过30万的城市为核心城市；人口超过20万的城市为特例城市；其他市的人口应在5万人以上。不同级别的城市在地方自治方面享有的权限有所不同。

7. 中央与地方关系

中央政府与地方政府间关系并非以前的上下监督关系，内务大臣、知事以监督官身份对地方自治体行使的一般监督权也得以废除；1947年，内务省也遭到撤销、解体。这样一来，随着地方自治体独立性的加强，日本得以在警察、教育、消防等领域实现地方分权。

8. 改革主要内容

战后日本关于地方自治制度的改革主要包括以下内容：（1）废除地方官官制，制定《地方自治法》并于1947年5月3日同《日本国宪法》同时生效。（2）根据《地方自治法》，居民在地方公共团体中享有选举权、制定或废除法令权、对行政事务进行监督检查的请求权以及对地方公共团体公职人员的罢免权。（3）在实现知事、市町村长的直接公开选举的同时，扩大了地方公共团体议会的权限。（4）都道府县和市町村作为普通地方公共团体处于同一级别，地方公共团体确立了通过居民代表机构自主行使有关权力，并直接对居民负责的制度。

二、地方公共团体现状

都道府县和市町村虽然都是拥有公选最高领导人和议会议员的普通地方公共团体，但都道府县还具有负责连接市町村与中央政府的中间机构性质。都道府县与市町村的事务分配原则主要按照广域性、统一处理、联络调整、事务规模四个标准进行，但随着1999年《地方自治法》的修订，“需要统一处理的工作”这一标准遭到废除。此外，为推动相关工作从都道府县根据当地实际情况转移至市町村，还增设了以地方性法规形式允许向市町村外包事务的特例制度。

1. 地方公共团体行政机构

作为执行机构，除了市町村知事和市长外，还设有教育委员会、选举管理委员会、人事委员会等机构。经该地方公共团体议会同意，知事、市长在其之下任命副知事、副市长（任期4年），以及承担各领域事务工作的部、课等机构。

2. 地方税制度

市町村和都道府县提供教育、福利、消防、急救、垃圾处理等与国民日常生活息息相关的行政服务。作为上述行政服务的资金来源，地方税由居住在该地区的广大居民共同承担。这些地方税分为由道府县征收的县民税，以及由市町村征收的市町村税。根据用途，税金还可分为普通税（未规定征税用途）和特殊用途税（规定征税用途）。

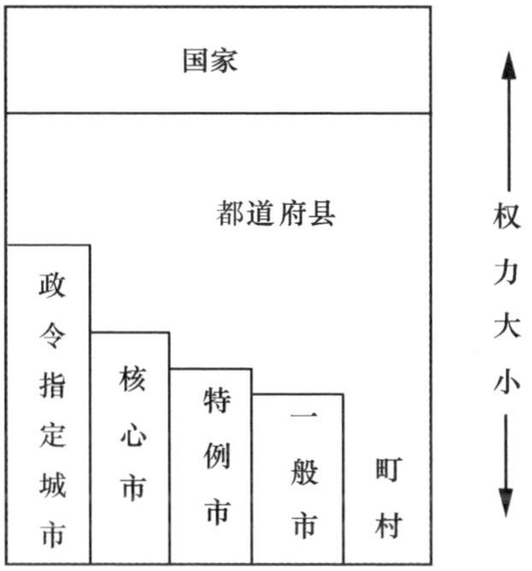

各级政府权力关系

日本现行地方税体系（根据市町村权限、规模等有所不同）			
地方税	市町村税	特殊用途税	沐浴税、事业单位税、城市规划税、水利地益税①、公共设施税、住宅用地开发税、国民健康保险税、市町村法定外用途税
		普通税	市町村民税、固定资产税、小型汽车税、市町村烟草税、矿产税、特别土地拥有税、市町村法定外普通税
	道府县税	特殊用途税	狩猎税、水利地益税、道府县法定外用途税
		普通税	道府县民税、企业税、地方消费税、不动产所得税、道府县烟草税、高尔夫球场使用税、轻油交易税、汽车税、矿区税、道府县法定外普通税、固定资产税（特例部分）

① 由道府县、市町村征收的一种拥有明确用途的特殊用途税。具体而言，其征税用途为与用水有关的项目，如水道维护和修理；与森林道路有关的项目；以及与城市规划有关的项目。

第三节　地方自治体课题

一、行政财政改革

1. 集权型地方行政、财政

战后，日本地方自治制度具有两个基本方面，即在建立知事公开选举制度、确立由公开选举出的最高领导人主导地方自治体运营的同时，形成稳固的权力和财力向中央集中的中央集权式行政、财政体制。

2. 分权型地方自治的课题

在从经济高速增长向低速增长转变的今天，中央集权体制的种种弊端遭到诟病，向地方分权体制转变成为重大课题。在此背景下，地方公共团体可以有效应对的政策领域有所增加，如分权改革、应对人口减少及少子老龄化等。同时，作为义工、市民事业等居民公共服务的提供主体，地方公共团体亦可发挥重要作用。

3. 财政困难的原因与现状

地方公共团体相关人士指出，伴随着泡沫经济崩溃、经济衰退出现的税收下降，特别是对地方公共团体脆弱财政起到支撑作用的地方交付税的缩减，是引发地方公共团体财政危机的主要原因。加之多数地区经济持续衰退，如何解决年轻人就业及企业外流问题成为地方公共团体的重要课题，多数地方公共团体正直面财政困难。此外，由于国家和地方公共团体的债务累积已超过 1000 万亿日元（公债余额），日本正面临着必须在增税前进行彻底行政、财政改革的局面。

4. 行政财政基础强化

作为 1999 年以来在全国范围内开展推进合并运动的结果，日本市町村数量已从 1999 年 3 月 31 日的 3232 个，减少到 2014 年 4 月 5 日的 1718 个。虽然已取得显著成效，但各地区进展情况存在差异。目前，日本尚存在 480 个人口不足 1 万的市町村。

二、人口及公务员问题

1. 少子化对策

少子化现象成为日本社会问题始于20世纪90年代初。在1992年经济企画厅与内阁府发布的《国民生活白皮书》中，首次对“少子化社会到来的影响与应对”进行了探讨。2022年5月1日数据显示，日本15—64岁人口，即生育年龄人口约为7420万人，同比减少53.3万人。同时，2022年日本全国出生人口为79.9728万人，为有记录以来最低水平。为改善因低生育率和晚婚造成的少子化状况，日本以2020年5月提出的《少子化社会对策大纲》为基础，从专门立法并设置相应行政机构、优化育儿环境、改善年轻人就业环境、推行男性育儿假制度、扩大老年人及女性就业等方面入手，全力应对少子化问题。

2. 老龄化现状

老龄化及人口减少问题是当前日本地方公共团体面临的重大难题。截至2022年5月1日，日本总人口数约为1.2483亿人，其中65岁以上老年人口数量为3624.9万人，占比约29.04%。随着老龄化程度不断加深，劳动力不足、养老及医疗等负担持续加重等问题日益显著。

3. 人口估算

日本国立社会保障及人口问题研究所2017年4月公布的推算结果显示，未来日本人口将长期呈现减少趋势。具体而言，2040年，日本人口总数或将降至约11092万人；2053年，日本人口总数或将跌破1亿，降至约9924万人；到了2065年，日本人口总数或将跌至8808万人。此外，未来日本人口的少子老龄化趋势将日趋明显。据推算，2065年，日本生育年龄人口数或将减少到4529万人。同时，日本老年人口数量或将于2042年达到约3935万人的峰值。

4. 公务员数量变化

2021年《地方公共团体定额管理调查结果》显示，日本地方公务员数量约为280万，比2020年度增加38641人。从总体看，日本地方公务员数量在1994年后的20余年间曾连续下降，2016年后才略有恢复。日本2021年地方公务员数量相较于1994年总共减少了约48万人。随着人口老龄化现象不断加剧，护理与医疗、生活保障等福利服务所需的成本和人员持续增加。如何在公务员数量总体呈减少趋势的前提下应对以福利服务为代表的整体业务量增加，是日本地方公共团体需要面对的一大问题。

三、地区经济“活性化”与区域振兴

1.“过疏地区”问题

在日本经济快速增长时期，受大批人口，特别是年轻人从农村地区向城市流动影响，出现了大城市人口过于集中；偏远地区则因劳动力不足导致教育、医疗、防灾等基本生活保障面临困难，生产力大幅降低的现象。这就是“过疏地区”问题。截至2022年4月1日，日本共有885个市町村存在“过疏”问题，约占全国市町村总数的51%。此外，依据2020年日本国情调查数据，“过疏”市町村人口总数约为1165万人，占日本人口总数的9.2%；“过疏”国土面积约为238762平方千米，占全国总面积的63.2%。由于“过疏”市町村大部分位于农村、山村及渔村地区，故其可以在保全国土、涵养水源、保护自然环境、防止温室效应等多个方面发挥作用，对国民生活意义重大。

2.“过疏”对策

针对“过疏地区”问题，自1970年以来，日本先后5次通过议员立法方式完成立法，并以此为依据采取了各种措施。现行《关于支持“过疏地区”可持续发展的特别措施法》自2021年4月1日起开始实施，主要针对随着人口显著减少出现地区社会活力下降、在生产功能及社会环境构建方面明显弱于其他地区。该法律为实施全面、系统的“过疏地区”对策，采取了必要特别措施，旨在以此支持“过疏地区”可持续发展、吸纳及培养人才、扩大就业机会、提高居民福祉、缩小地区差距并为建设美丽且有风采的国土作出贡献。

3.推进“定居自立圈”构想

“定居自立圈”构想指的是对“中心城市”的城市功能及“周边市町村”农林水产业、自然环境、历史、文化等多样魅力进行灵活运用，使基层自治体能够通过协议相互分担职责，在一定地域内形成人口聚居区的政策。日本政府将根据地区居民生活条件及需求，确保每个地区具备基本生活必须功能，从保护地区居民生活、生计角度出发，与各部门合作推进这一构想的实现。

4. 区域振兴合作组

区域振兴合作组是地方公共团体为实现人口向地方流动，吸纳城市人才成为“过疏地区”、离岛等新骨干，进而充实、强化地区力量的组织。从城市移居到“过疏地区”等条件较差地区的年轻人、外地人、女性成员，为当地带去了新的感受和刺激，活跃在全国各地。

5. 推进“地方1万”计划

通过产、学、财、官合作，推进“地方1万”计划，即利用地方资源和资金，在全国范围内开设具有较强就业吸纳能力的地区密集型企业。具体而言，作为创业初期必要投资，针对从地方金融机构等获得贷款的民间创业者，地方公共团体将再以地区经济循环创造事业补助金的形式向其发放资助经费。

6. 推进分散式能源基础设施建设项目

为推动以地方公共团体为核心，举消费者、地区能源公司及金融机构等全地区之力，对生物量（指能再生约有机物质）和废料等地区资源进行活用的地区性能源事业，总务省正在开展分散式能源基础设施建设项目，以支持相关总体规划的制定。从计划制订直至实现商业化的整个过程中，总务省将与相关省厅及特别调查委员会（农林水产省、森林原野厅、资源能源厅、环境省、国土交通省）进行合作，推进该项目。

此外，为了从人才维度对实现地区脱碳提供支持，总务省将与相关省厅进行合作，在未来5年内集中向各地区介绍一批外部专家，以弥补人才短板。同时，总务省还会支付专家邀请费用的一半作为补贴。

7. “关联人口”

所谓“关联人口”，既不是移居的“常住人口”，也不是前来观光旅游的“流动人口”，而是指以各种方式与地区及居民产生关联的人。受人口减少及老龄化影响，农村地区面临着区域发展人才短缺问题，期待被称作“关联人口”的区域外人才能够在地区发展过程中发挥主导作用。

8. 推动地区国际化

在外国居民增加及国籍日益多元化背景下，地方公共团体通过制订、修改“地区多元文化共生推进计划”等手段，推动了地区多元文化走向共生。同时，日本政府正在推动世界最大规模的人文交流项目——“外语指导等外国青年聘用项目”（JET Programme）。该项目旨在邀请海外青年、促进地方层面的国际交流、加强语言教育。此外，日本也在推动包括接收海外地方公共团体工作人员赴日研修、在亚洲地区举办研讨会等在内的国际合作。

9. 道州制构想

为了增强地方活力，扩大财政规模，进而提升可靠性，日本曾考虑引入道州制，进一步合并现有都道府县。道州制旨在通过将中央政府权力和财源转移至地方实现地方分权。其基本逻辑是大都市圈与其他地方道县在收入、生活水平等方面存在明显差距，但由于没有足够税收，这种差距无法通过地方交付税进行弥补，故只能采取扩大预算规模，即进一步合并都道府县方式尝试解决。2006 年 9 月，日本设置道州制担当大臣；2007 年 1 月在道州制担当大臣领导下成立“道州制愿景会议”及道州制特别区域推进本部，就引入道州制基本事项进行讨论。此后，随着政权更迭，以及全国知事会、町村会等对资源过于集中在道州首府问题的担忧，关于道州制的探讨逐步淡化。2018 年 10 月，时任自民党政务调查会会长的岸田文雄宣布废除党内“道州制推进本部”机构。

10.“联合中枢都市圈”构想

“联合中枢都市圈”构想是一项即便在人口持续减少、少子老龄化现象日趋显著的社会背景下，仍要推动地区活性化、经济可持续发展，使国民安心、舒适生活的政策。通过采取建立在集约化、网络化基础上的“拉动经济增长”“集聚、强化高水平城市功能”“提高生活相关服务功能”措施，实现特定区域内具有一定规模及核心属性的中心城市与周边市町村走向协同，从而在人口持续减少、少子老龄化现象日趋显著的社会背景下形成拥有一定人口规模、可以维持经济社会活力的据点。该构想以第 30 次地方制度调查会提出的“关于大城市体制改革和基层自治体行政服务供给体制的报告”为基础逐步走向制度化，自 2014 年起开始向全国推广。截至 2022 年 4 月 1 日，已有 39 座城市宣布成为“联合中枢都市”；筹划了 37 个“联合中枢都市圈”愿景；涵盖 362 个市町村。

补充资料

1. 政令指定城市、核心市、特例市基本情况

	政令指定城市（从人口 50 万以上的城市中通过政令指定）	核心城市（以人口 20 万以上城市的申请为基础，通过政令指定）	特例城市（特例城市制度废止之时，即截至 2015 年 4 月 1 日实际存在的特例城市）
全国	20 个	62 个	23 个
北海道	札幌（197）	旭川（32）、函馆（25）	—
东北	仙台（109）	磐城（33）、郡山（32）、秋田（30）、福冈（28）、福岛（28）、青森（27）、山形（24）、八户（22）	—
首都圈	横滨（377）、川崎（153）、埼玉（132）、千叶（97）、相模原（72）	船桥（64）、川口（59）、八王子（57）、宇都宫（51）、柏（42）、横须贺（38）、高崎（37）、川越（35）、前桥（33）、越谷（34）、水户（27）、甲府（18）	所泽（34）、平塚（25）、草加（24）、茅崎（24）、筑波（24）、大和（23）、春日部（22）、厚木（22）、太田（22）、伊势崎（21）、熊谷（19）、小田原（18）
北陆	新潟（78）	金泽（46）、富山（41）、福井（26）	长冈（26）、上越（18）

续表

中部圈	名古屋（233）、浜松（79）、静冈（69）	丰田（42）、岐阜（40）、一宫（38）、冈崎（38）、长野（37）、丰桥（37）、松本（24）	四日市（30）、春日井（30）、富士（24）、沼津（18）
近畿圈	大阪（275）、神户（152）、京都（146）、堺（82）	姬路（53）、东大阪（49）、西宫（48）、尼崎（45）、枚方（39）、丰中（40）、吹田（38）、和歌山（35）、奈良（35）、高槻（35）、大津（34）、明石（30）、八尾（26）、寝屋川（22）	茨木（28）、加古川（26）、宝塚（22）、岸和田（19）
中国	广岛（120）、冈山（72）	仓敷（47）、福山（46）、下关（25）、吴（21）、松江（20）、鸟取（18）	—
四国	—	松山（51）、高松（41）、高知（32）	—
九州	福冈（161）、北九州（93）、熊本（73）	鹿儿岛（59）、大分（47）、长崎（40）、宫崎（40）、久留米（30）、佐世保（24）	佐贺（23）
冲绳	—	那霸（31）	—
注：括号内为该城市人口（万人）			

2. 东京都管辖范围

东京都各区	足立区、荒川区、板桥区、江户川区、大田区、葛饰区、北区、江东区、品川区、涩谷区、新宿区、杉并区、墨田区、世田谷区、台东区、中央区、千代田区、丰岛区、中野区、练马区、文京区、港区、目黑区	
多摩地区	市区	昭岛市、秋留野市、稻城市、青梅市、清濑市、国立市、小金井市、国分寺市、小平市、狛江市、立川市、多摩市、调布市、西关京市、八王子市、羽村市、东久留米市、东村山市、东大和市、日野市、府中市、福生市、町田市、三鹰市、武藏野市、武藏村山市
	西多摩郡	奥多摩町、日出町、瑞穗町、桧原村
东京都岛屿区	大岛支厅	大岛町、利岛村、新岛村、神津岛村
	三宅支厅	三宅村、御藏岛村
	八丈支厅	八丈町、青岛村
	小笠原支厅	小笠原村

3. 老龄化现状

		2021 年 10 月 1 日		
		总数	男	女
人口（万人）	总人口	12550	6102 （性比）94.6%	6448
	老年人口（65 岁以上）	3621	1572 （性比）76.7%	2049
	65—74 岁人口	1754	839 （性比）91.7%	915
	75 岁以上人口	1867	733 （性比）64.7%	1134

续表

		2021 年 10 月 1 日		
		总数	男	女
占比（%）	总人口	100.0	100.0	100.0
	老年人口（老龄化率）	28.9	25.8	31.8
	75 岁以上人口	14.9	12.0	17.6
	65—74 岁人口	14.0	13.8	14.2
	15—64 岁人口	59.4	61.8	57.0
	15 岁以下人口	11.8	12.5	11.2

4. 国家和地方在主要同级别行政领域的区别

	国家	地方	
		道府县	市町村
安全	国防、海外警备、货币、司法、外交	警察	消防
教育	教科书审定 设置国立大学 批准私立、公立大学	义务教育教职工任用 设置县立高中 批准私立高中	设置义务教育学校、幼儿园 终生学习
福利	养老金 健康保险 医药品	儿童福利（部分） 生活保障（町村） 医院、药房 卫生站	看护保险 国民健康保险 生活保障（市） 老年人、残障人士及儿童（部分）福利 保育服务

续表

	国家	地方	
		道府县	市町村
公共基础设施建设	国道（指定区域） 一级河川 航空管制 电波监督管理	国道（指定区域以外） 县道 一级河川（部分）、二级河川 机场、港湾	市町村道 准用河川 公共下水道 渔港
城市规划	两个都府县以上城市规划	区域划分（城镇化区域和城镇化调整区）	地区规划
生活环境	地球环境保全	防止公害 工业废料	防止公害 自来水管 一般废料 垃圾处理
产业劳动	经济、金融政策 通商、关税 产业振兴、行业指导（中小企业对策） 职业介绍 劳动标准 职业能力开发	中小企业对策 商业街振兴 职业介绍 职业能力开发	中小企业对策 商业街振兴 职业介绍
农林水产	粮食供给 国有土地改良 农地转用（超过4公顷） 国有林地 重要流域防护林指定、解除	生产振兴 支持农户经营 县有土地改良 农地转用 县有林地 流域防护林指定、解除 治山事业	生产振兴 集体所有土地改造 农业委员会 市町村有林地
居民、选民	选举（比例代表）	选举管理	居民登记、户籍、选举投票开票事务

思考题

1. 名词解释

居民自治　团体自治　“夏普劝告”　地方六团体　少子化　老龄化　“过疏地区”问题　“关联人才”　联合中枢都市圈

2. 简答题

(1) 何为基础性地方公共团体和广域性地方公共团体?

(2) 简述日本行政区划制度。

(3) 简述日本各级政府间权力关系。

(4)“夏普劝告”体现了怎样的理念?

(5) 日本为实现区域振兴采取了哪些主要措施?

3. 论述题

(1) 如何理解日本地方自治制度?

(2) 怎样理解日本定期进行人口推算这一举措?

(3) 请谈谈对日本少子化、老龄化问题的看法。

(4) 日本地区层面国际交流有何意义?

(5) 怎样理解日本“过疏地区”问题?

附录 1

主要相关政治文件

日本国宪法[①]

昭和 21 年（1946 年）11 月 3 日 公布

昭和 22 年（1947 年）5 月 3 日 施行

目　录

---

① 以日本外务省发布的《日本国宪法》版本为准，翻译过程中参照了潘汉典：《日本国宪法》（载于《环球法律评论》1981 年第 2 期，第 64—76 页），《日本国宪法》（暂译），日本国驻华大使馆网站。

朕深喜，根据日本国民之总体意愿，新日本建设之基础业已奠定，经谘询枢密顾问，并依据《日本帝国宪法》第七十三条由帝国议会决议通过，兹批准对《日本帝国宪法》之修订，并予以公布。

御名　御玺

昭和21年11月3日

内阁总理大臣兼外务大臣　吉田茂

国务大臣　男爵　币原喜重郎

司法大臣　木村笃太郎

内务大臣　大村清一

文部大臣　田中耕太郎

农林大臣　和田博雄

国务大臣　斋藤隆夫

递信大臣　一松定吉

商工大臣　星岛二郎

厚生大臣　河合良成

国务大臣　植原悦二郎

运输大臣　平塚常次郎

大藏大臣　石桥湛山

国务大臣　金森德次郎

国务大臣　膳桂之助

序言

日本国民，通过正式选出的国会代表采取行动，决心为了我等和我等之子孙，确保与各国人民和平合作而取得的成果，以及自由带给我国全境之恩惠，杜绝因政府行为再度引发战祸，兹宣布国家主权属于国民，并制定本宪法。国政源于国民的严肃委托，其权威来自国民，其权力由国民的代表行使，其福利由国民享受。这是人类普遍的原理，本宪法即以此为根据。凡与此相反的一切宪法、法令和诏敕，均为我等所排斥。

日本国民祈愿持久和平，深知支配人类相互关系的崇高理想，信赖爱好和平的各国人民的公正与信义，决心保持我等的安全与生存。我等希望在努力维护和平，从地球上永远消灭专制与奴役、压迫与偏见的国际社会中，拥有体面的地位。我等确认，全世界人民都享有免受恐怖和贫困，并在和平中生存的权利。

我等相信，任何国家都不得一味只顾本国而无视他国，政治道德之法则为普遍法则，遵守这一法则是所有维护本国主权，并欲同他国建立对等关系国家之责任义务。

日本国民誓以国家之名誉，竭尽全力以达到这一崇高理想和目的。

第一章　天皇

第一条　天皇的地位，国民主权

天皇是日本国的象征，是日本国民统合之象征，其地位以主权所在的全体日本国民的意志为依据。

第二条　皇位的继承

皇位为世袭之物，根据国会议决的《皇室典范》之规定继承。

第三条　内阁对天皇国事行为的建议和责任

天皇一切国事行为，必须取得内阁的建议和承认，由内阁对其负责。

第四条　天皇职能的界限，天皇国事行为的委任

1. 天皇只能行使本宪法所规定的国事行为，并无国政相关职能。

2. 天皇可根据法律规定，对其国事行为进行委任。

第五条 摄政

根据《皇室典范》之规定设置摄政时，摄政以天皇的名义行使国事行为，在此情况下适用于前条第一款之规定。

第六条 天皇的任命权

1. 天皇根据国会提名任命内阁总理大臣。
2. 天皇根据内阁提名任命担任最高法院院长的法官。

第七条 天皇的国事行为

天皇根据内阁的建议与批准，为国民行使下列国事行为：

1. 公布宪法修正案、法律、政令及条约。
2. 召集国会。
3. 解散众议院。
4. 公告举行国会议员选举。
5. 认证国务大臣和法律规定的其他官吏的任免，以及全权证书与大使、公使的国书。
6. 认证大赦、特赦、减刑、免除执行刑罚以及恢复权利。
7. 授予荣誉称号。
8. 认证批准书以及法律规定的其他外交文书。
9. 接受外国大使及公使。
10. 举行仪式。

第八条 皇室财产授受的限制

向皇室转让财产，以及皇室出让或赐予财产，均须依据国会决议。

第二章 放弃战争

第九条 放弃战争，否认军备及交战权

1. 日本国民衷心谋求基于正义与秩序的国际和平，永远放弃以国权发动的战争、以武力威胁或行使武力作为解决国际争端的手段。

2. 为达到前款规定之目标，不保持陆海空军及其他战争力量。不承认国家交战权。

第三章 国民的权利与义务

第十条 日本国民的必要条件

日本国民的必要条件由法律规定之。

第十一条 基本人权的享有

不得妨碍国民享有的一切基本人权。本宪法所保障的国民基本人权，作为不可侵犯的永久权利，现在及将来均赋予国民。

第十二条 保持自由、权利的义务，禁止其滥用

本宪法所保障的国民自由与权利，必须依靠国民的不断努力来保持。同时，国民不得对其进行滥用，并应肩负起经常为公共福利对其加以利用的责任。

第十三条 尊重个人，追求幸福权，公共福利

全体国民都作为个人受到尊重。对于追求生存、自由及幸福的国民权利，只要其不有违公共福利，在立法及其他国政上都必须予以最大尊重。

第十四条 法律平等，否认贵族制度，荣誉称号

1. 全体国民在法律面前一律平等，不得因人种、信仰、性别、社会身份以及门第在政治、经济以及社会关系中差别对待。

2. 对华族以及其他贵族制度一概不予承认。

3. 荣誉、勋章以及其他荣誉称号的授予，概不附带任何特权。授予的荣誉称号，其效力仅限于现持有者及将来授予者一代人。

第十五条 公务员选定罢免权，公务员的本质，保障普选，保障秘密投票

1. 选定和罢免公务员是国民的固有权利。

2. 全体公务员均为全体国民服务，而非为一部分国民服务。

3. 关于公务员的选举，保障成年人的普选权。

4. 在所有选举中不得侵犯投票秘密，对选举人所作选择，不得在公开或私下场合追究责任。

第十六条 请愿权

关于损害救助，公务员罢免，法律、命令、规章的制定、废止、修订，以及其他事项，任何人拥有和平请愿的权利，任何人不得因请愿行

为遭受到任何程度的歧视。

第十七条 国家及公共团体的赔偿责任

任何人因公务员不法行为受到损害时，均可依据法律规定向国家或公共团体提出赔偿要求。

第十八条 摆脱奴隶性束缚及苦役的自由

任何人都不受任何程度的奴隶性拘束。同时，除因犯罪受到处罚外，不得违反本人意志而使其服苦役。

第十九条 思想及意志自由

思想及意志自由不受侵犯。

第二十条 信教自由

1. 对任何人的信教自由均予以保障。任何宗教团体都不得从国家接受特权或行使政治上的权力。

2. 不得强制任何人参加宗教行为、庆典、仪式或活动。

3. 国家及其机关不得进行宗教教育以及其他任何宗教活动。

第二十一条 集会、结社及表达自由，通信秘密

1. 保障集会、结社、言论、出版及其他一切表达的自由。

2. 不得进行检查，并不得侵犯通信的秘密。

第二十二条 居住、迁移及择业的自由，移居海外和退籍的自由

1. 任何人在不违反公共福利情况下均拥有居住、迁移及择业的自由。

2. 不得侵犯任何人移居海外或退籍的自由。

第二十三条 学术自由

保障学术自由。

第二十四条 家庭生活中的个人尊严和两性平等

1. 婚姻只能建立在两性自愿结合基础之上，必须以夫妻享有同等权利为根本，通过相互合作予以维持。

2. 关于选择配偶、财产权、继承、选定居所、离婚以及有关婚姻和家庭其他事项的法律，必须以个人尊严与两性平等为基础予以制定。

第二十五条 生存权，国家社会性使命

1. 全体国民都有权享受健康、文明的最低生活标准。

2. 国家必须在一切生活领域为提高和增进社会福利、社会保障及

公共卫生而努力。

第二十六条　受教育权，教育义务

1. 全体国民都有按照法律规定在其能力所及范围内接受教育的权利。

2. 全体国民都负有按照法律规定使受其保护的子女接受普通教育的义务。义务教育免费。

第二十七条　劳动的权利和义务，劳动条件的基本标准，禁止残酷使用儿童

1. 全体国民都拥有劳动权利，负有劳动义务。

2. 有关工资、劳动时间、休息以及其他劳动条件的基本标准由法律规定。

3. 不得残酷驱使儿童。

第二十八条　劳动者的团结权

保障劳动者团结、集体交涉以及其他集体行动的权利。

第二十九条　财产权

1. 不得侵犯财产权。

2. 财产权的内容应符合公共福利，由法律规定之。

3. 私有财产可在提供合理补偿情况下收归公用。

第三十条　纳税义务

国民有依法纳税义务。

第三十一条　法定程序保障

不经法律规定程序，不得剥夺任何人的生命或自由，或判处其他刑罚。

第三十二条　受审权

不得剥夺任何人在法院接受审判的权利。

第三十三条　逮捕的必要条件

除作为现行犯遭逮捕外，如无司法机关签发且写明批捕罪行的逮捕证，任何人不得遭到逮捕。

第三十四条　拘留、拘禁的必要条件，对免于不法拘禁的保障

如不即刻告知理由并直接赋予委托辩护人权利，任何人不得遭到拘留或拘禁。同时，如无正当理由，任何人不得遭到拘禁；如有理

由，必须立即将相关理由在当事人及其辩护人出庭的公开法庭上予以宣告。

第三十五条 对住所不被侵入的保障

1. 任何人的住所、文件及财产有不遭到侵入、搜查或扣留的权利，除本法第三十三条规定情况外，如无依据正当理由签发的，且明确搜查场所及扣留物品的搜查令或扣留证，一概不得侵犯。

2. 搜查与扣留，应依据司法机关签发的各种法律文件施行。

第三十六条 禁止拷问及施以酷刑

绝对禁止公务员施行拷问及酷刑。

第三十七条 刑事被告人权利

1. 所有刑事案件中，被告人享有接受法院公正、迅速公开审判的权利。

2. 刑事被告人享有充分询问所有证人的机会，并有使用公费通过强制程序为自己寻求证人的权利。

3. 刑事被告人在任何场合都可委托有资格的辩护人。被告本人不能自行委托时，由国家提供之。

第三十八条 于己不利自供，自供的证据力

1. 不得强迫任何人做于己不利的自供。

2. 以强迫、拷问或威胁手段，或经非法长期拘留或拘禁后所获自供，均不得作为证据。

3. 任何人在于己不利唯一证据为本人自供时不得被认定有罪或处以刑罚。

第三十九条 禁止溯及既往，一事不再理

任何人之行为若在实行时为合法或已被认定为无罪，则不可追究其刑责。同时，对同一犯罪行为不得重复追究其刑责。

第四十条 刑事补偿

任何人在遭拘留或拘禁后被判无罪时，可依照法律规定向国家请求赔偿。

第四章 国会

第四十一条 国会地位、立法权

国会是国家最高权力机关，也是国家唯一立法机关。

第四十二条　两院制

国会由众议院、参议院两个议院构成。

第四十三条　两院构成与代表

1. 两议院由经选举产生的，代表全体国民的议员组成。

2. 两议院议员定额由法律规定。

第四十四条　议员及选举人资格

两议院议员及其选举人资格由法律规定。但不得因人种、信仰、性别、社会身份、门第、教育、财产或收入的不同差别对待。

第四十五条　众议院议员任期

众议院议员任期为四年。但在众议院遭解散时，其任期在期满前结束。

第四十六条　参议院议员任期

参议院议员任期为六年，每隔三年改选半数议员。

第四十七条　选举相关事项

有关选举区、投票方法及其他两议院议员选举事项由法律规定。

第四十八条　禁止兼任两院议员

任何人都不得同时担任两议院议员。

第四十九条　议员年薪

两议院议员按法律规定自国库领受相应数额的年薪。

第五十条　议员不受逮捕特权

除法律规定外，两议院议员在国会开会期间不受逮捕。开会期前被逮捕的议员，如其所属议院提出要求，必须在开会期间予以释放。

第五十一条　不追究议员发言、表决的责任

两议院议员在议院中所作之演说、讨论或表决，在院外不得追究其责任。

第五十二条　常会

国会常会每年召开一次。

第五十三条　临时会议

内阁可以决定召集国会临时会议。如有任何一个议院全体议员四分之一以上的要求，内阁必须决定召集临时会议。

第五十四条 众议院解散及特别会议，参议院紧急会议

1. 众议院被解散时，必须在自解散之日起四十日内举行众议院议员总选举，并须在自选举之日起三十日内召开国会。

2. 众议院被解散时，参议院同时闭会。但内阁在国家有紧急需要时，可要求参议院召开紧急会议。

3. 前项但书紧急会议中所采取之措施均为临时措施，如在下届国会开会后十日以内不能得到众议院同意，该项措施旋即失效。

第五十五条 议员资格争议

对有关议员资格的争议，由两院自行裁决。但若撤销议员资格，必须获得出席议员三分之二以上的多数决议。

第五十六条 法定人数，表决

1. 两议院如无全体议员三分之一以上出席，不得召开会议和作出决议。

2. 两议院进行议事时，除本宪法特别规定情况外，由出席议员的过半数议决，赞成、否定票数相同时，由议长决定。

第五十七条 公开会议，会议记录，表决的记载

1. 两议院会议均为公开会议。但经出席议员三分之二以上的多数决议时，可举行秘密会议。

2. 两议院分别保存各自会议记录，除秘密会议记录中认为应特别保密者外，均须予以公布，并向公众颁布。

3. 如有出席议员五分之一以上要求，各议员的表决必须载入会议记录。

第五十八条 议长选任，议院规则，惩罚

1. 两议院各自选任本院议长及其他工作人员。

2. 两议院各自制定有关会议、其他手续、内部纪律的规章制度，并对破坏院内秩序的议员进行惩罚。但开除议员必须获得出席议员三分之二以上的多数决议。

第五十九条 法律案议决，众议院优先权

1. 凡法律案，除本宪法有特别规定者外，经两议院通过后即成为法律。

2. 众议院已经通过而参议院作出不同决议的法律案，如经众议院

出席议员三分之二以上的多数再次通过时，即成为法律。

3. 前项规定并不妨碍众议院根据法律规定提出举行两议院协议会的要求。

4. 参议院接到已由众议院通过的法律案后，除国会休会期间不计外，如在六十日内不作出决议，众议院可以认为此项法律案已被参议院否决。

第六十条 众议院预算先议和优先权

1. 预算案必须先在众议院提出。

2. 参议院就预算案作出与众议院不同决议，且依据法律规定举行两院协议会仍不能取得一致意见时，或参议院接到已经众议院通过的预算案后，除国会休会期间外，在三十日内仍不作出决议时，即以众议院决议作为国会决议。

第六十一条 众议院关于承认条约的优先权

缔结条约所必要的国会的承认，准用前条第二项之规定。

第六十二条 议员的国政调查权

两议院可各自进行国政调查，并可为此要求证人出席作证及提出记录。

第六十三条 国务大臣出席议会的权利及义务

内阁总理大臣及其他国务大臣，不论其是否在两议院之一拥有议席，任何时间均可出席议会就议案进行发言。另外，在被要求出席答辩或作说明时，必须出席。

第六十四条 弹劾法院

1. 国会为审判受到罢免控诉的法官，设立由两议院议员组成的弹劾法院。

2. 弹劾相关事项由法律规定。

第五章 内阁

第六十五条 行政权与内阁

行政权属于内阁。

第六十六条 内阁构成，连带责任

1. 内阁按照法律规定由其首长内阁总理大臣及其他国务大臣组成。

2. 内阁总理大臣及其他国务大臣必须是文职人员。

3. 内阁行使行政权，对国会负连带责任。

第六十七条 内阁总理大臣提名，众议院优先权

1. 内阁总理大臣经国会决议在国会议员中提名。此项提名较其他所有议案优先进行。

2. 众议院与参议院对内阁总理大臣提名议案作出不同决议，且根据法律规定举行两院协议会仍不能得出一致意见时，或在众议院作出提名决议后，除国会休会期间外，在十日内参议院仍未作出提名决议时，即以众议院决议作为国会决议。

第六十八条 国务大臣任免

1. 内阁总理大臣任命国务大臣。但其中半数以上人员必须从国会议员中选任。

2. 内阁总理大臣可任意罢免国务大臣。

第六十九条 内阁不信任决议的效果

内阁在众议院通过不信任案或信任案遭到否决时，如十日内不解散众议院必须全体辞职。

第七十条 内阁总理大臣缺位，召集新国会及内阁全体辞职

内阁总理大臣缺位，或众议院议员总选举后第一次召集国会时，内阁必须全体辞职。

第七十一条 全体辞职后的内阁

发生前两条情况时，在新内阁总理大臣被任命前，内阁继续履行职务。

第七十二条 内阁总理大臣职务

内阁总理大臣代表内阁向国会提出议案，就一般国务及外交关系向国会提出报告，并指挥监督各行政部门。

第七十三条 内阁事务

内阁除执行一般行政事务外，还执行下列各项事务：

1. 忠实执行法律，总理国务。

2. 处理外交关系。

3. 缔结条约，但必须在事前，或根据情况在事后获得国会承认。

4. 按照法律规定准则，掌管官吏相关事务。

5. 编制并向国会提出预算。

6. 为实施本宪法及法律的规定而制定政令。但在此种政令中，除法律特别授权情况外，不得制定罚则。

7. 决定大赦、特赦、减刑、免除刑罚执行及恢复权利。

第七十四条　法律、政令的签署

所有法律及政令由主管国务大臣签署，并必须由内阁总理大臣联署。

第七十五条　国务大臣特权

在职国务大臣如无内阁总理大臣同意，不得被提起公诉。但此项规定并不妨碍公诉权。

第六章　司法

第七十六条　司法权与法院，禁止设置特别法院，法官的独立

1. 所有司法权属最高法院及依据法律规定设置的下级法院。

2. 不得设置特别法院。行政机关不得施行作为终审的判决。

3. 所有法官依良心独立行使职权，只受本宪法及法律的拘束。

第七十七条　法院的规则制定权

1. 最高法院有权就诉讼手续、律师、法院内部纪律以及司法事务处理等事项制定规则。

2. 检察官必须遵守最高法院制定的规则。

3. 最高法院可将制定有关下级法院规则的权限委托给下级法院。

第七十八条　保障法官的身份

法官除因身心健康问题经裁决认定为不适合履行职务者外，非经正式弹劾不得罢免。法官的惩戒处分不得由行政机关行使之。

第七十九条　最高法院法官，国民审查，退休年龄，报酬

1. 最高法院由担任该法院院长的法官及法律规定名额的其他法官构成。除任该院院长的法官外，其余法官由内阁任命。

2. 最高法院法官任命，在其任命后第一次举行的众议院议员总选举中交由国民审查，在自此十年后第一次举行的众议院议员总选举中再次交由国民审查，此后准此。

3. 在前项审查中，若多数投票者赞同罢免法官，该法官即被罢免。

4. 审查相关事项由法律规定。

5. 最高法院法官到达法律规定年龄时退休。

6. 最高法院法官均定期接受相当数额之报酬。此报酬在任期内不得减少。

第八十条 下级法院法官，任期，退休年龄，报酬

1. 下级法院法官，由内阁根据最高法院提出的名单任命。此种法官的任期为十年，可连任。但达到法律规定年龄时退休。

2. 下级法院法官均定期接受相当数额之报酬。此报酬在任期内不得减少。

第八十一条 审查法令权和最高法院

最高法院为有权决定一切法律、命令、规则以及处分是否合宪的终审法院。

第八十二条 公开审理

1. 法院审理及判决应在公开法庭进行。

2. 如经全体法官一致决定认为有悖于公序良俗，法院审理可以不公开进行。但对政治犯罪、出版相关犯罪或与本宪法第三章所保障之国民权利相关案件，一般应公开审理。

第七章 财政

第八十三条 财政处理基本原则

国家财政处理权限，必须根据国会决议行使。

第八十四条 课税

新课租税，或变更现行租税，必须以法律或法律规定之条件为依据。

第八十五条 国费支出及国家债务负担

国家费用的支出，或国家负担债务，必须根据国会决议。

第八十六条 预算

内阁必须编制每一会计年度预算提交国会，经其审议通过。

第八十七条 预备费

1. 为补充难以预见之预算不足，可根据国会决议设置预备费，由内阁负责其支出。

2. 所有预备费之支出，内阁须在事后取得国会认可。

第八十八条 皇室财产及皇室费用

皇室所有财产属于国家。皇室所有费用必须列入预算，经国会决议通过。

第八十九条　国家财产支出、利用限制

公款及其他国家财产，不得为宗教组织或团体使用、为其提供便利或维持其活动，也不得供不属于公共利益代表的慈善、教育或博爱事业支出或利用。

第九十条　决算审查，会计检查院

1. 国家的收支决算，每年均须由会计检查院审查，内阁必须于下一年度将决算和此项审查报告一并呈交国会。

2. 会计检查院的组织及权限由法律规定。

第九十一条　财政状况报告

内阁必须定期，至少每年一次，将国家财政状况向国会及国民做出报告。

第八章　地方自治

第九十二条　地方自治的基本准则

地方公共团体组织及运营相关事项，以地方自治之宗旨为基础由法律规定。

第九十三条　地方公共团体组织，其直接选举

1. 地方公共团体根据法律规定设置议会为其议事机关。

2. 地方公共团体最高领导人、议会议员以及法律规定的其他官吏，由该地方公共团体居民直接选举产生。

第九十四条　地方公共团体职能

地方公共团体拥有管理自身财产、处理自身事务及本地区行政执行职能，可在法律范围内制定地方法规。

第九十五条　特别法居民投票

仅适用于某一地方公共团体的特别法，除非依据法律规定，在该地方公共团体居民投票中获半数以上同意，否则国会不得制定。

第九章　修改

第九十六条　宪法修改程序，其公布

1. 本宪法的修改，必须获得各议院全体议员三分之二以上赞成，由国会向国民发起提议，并征得其同意。此种同意，必须在特别国民投票或国会规定选举之际进行的投票中，获得半数以上赞成。

2. 宪法修改在获得前项批准后，立即由天皇以国民名义，作为本宪法的一个组成部分予以颁布。

第十章　最高法规

第九十七条　基本人权之本质

本宪法所保障日本国民之基本人权，是人类多年来为获自由而努力的成果，这种权利已于过去几经考验，被确信为现在及将来国民不受侵犯之永久权利。

第九十八条　宪法的最高法规性，遵守条约及国际法规

1. 本宪法系国家最高法规，全部或部分有悖于本宪法条款的法律、命令、诏书以及与国政相关的其他行为，一律无效。

2. 日本国缔结的条约及已确立的国际法规，必须予以忠实遵守。

第九十九条　尊重拥护宪法的义务

天皇或摄政以及国务大臣、国会议员、法官、其他公务员均负有尊重和拥护本宪法的义务。

第十一章　附则

第一百条　实施日期

1. 本宪法自公布之日起六个月开始实施。

2. 为实施本宪法，制定法律、选举参议院议员、召集国会程序以及实施本宪法所须必要准备程序，可于前款规定日期前进行。

第一百零一条　涉及国会相关规定

本宪法实施之际，若参议院尚未成立，在其成立前由众议院行使国会权利。

第一百零二条　第一届参议院议员任期

根据本宪法而产生的第一届参议院议员，半数议员任期为三年。此类议员按照法律规定决定。

第一百零三条　公务员特殊规定

本宪法实施之际，在职国务大臣、众议院议员、法官及其他公务员，其地位与本宪法之规定相符者，除有特别法律规定外，不应因本宪法实施而丧失其地位。但是，当根据本宪法选出或任命其继任者时，其地位应即刻丧失。

开罗宣言[①]

罗斯福总统、蒋委员长、丘吉尔首相偕同各该国军事与外交顾问人员，在北非举行会议，业已完毕，兹发表概括之声明如下：

三国军事方面人员关于今后对日作战计划，已获得一致意见，我三大盟国决心以不松弛之压力从海陆空各方面加诸残暴之敌人，此项压力已经在增长之中。

我三大盟国此次进行战争之目的，在于制止及惩罚日本之侵略，三国决不为自己图利，亦无拓展领土之意思。

三国之宗旨，在剥夺日本自从一九一四年第一次世界大战开始后在太平洋上所夺得或占领之一切岛屿；在使日本所窃取于中国之领土，例如东北四省、台湾、澎湖群岛等，归还中华民国；其他日本以武力或贪欲所攫取之土地，亦务将日本驱逐出境；我三大盟国稔知朝鲜人民所受之奴隶待遇，决定在相当时期，使朝鲜自由与独立。

根据以上所认定之各项目标，并与其他对日作战之联合国目标相一致，我三大盟国将坚忍进行其重大而长期之战争，以获得日本之无条件投降。

① 引自中华人民共和国外交部网站。

中英美三国波茨坦宣言

——一九四五年七月二十六日发表①

（一）余等美国总统、中国国民政府主席及英国首相，代表余等亿万国民，业经会商并同意对日本提出劝告，予以一机会以向三国无条件投降，免日本全体人民遭受战争之惨祸。

（二）三国陆海空部队已增强多倍，其由西方调来之军队及空军即将予日本以最后之打击。彼等之武力受所有联合国之决心之支持，对日本全面作战，不至其停止抵抗不止。

（三）德国无效果及无意识抵抗全世界自由人民之力量所得之结果彰彰在前，可为日本人民之殷鉴。此种力量，当其对付抵抗纳粹时，不得不将德国人民全体之土地工业及其生活方式摧残殆尽。但现在集中对付日本之力量则较之更为庞大不可衡量，吾等之军力加以吾人之坚决意志为后盾，若予以全部使用，必将使日本军队完全毁灭，无可逃避，而日本之本土亦终必全部残毁。

（四）时机业已到来，日本必须决定一途：其将继续受其一意孤行计算错误而将日本帝国陷于完全毁灭之境之军人统制？抑或走向理智之路？

（五）以下为吾人之条件，吾人决不许更改，亦无其他另一方式。犹豫迁延，更为吾人所不容许。

（六）欺骗及错误领导日本人民使其妄欲征服世界者之权威及势力必须永久铲除，盖吾人坚持非将负责之穷兵黩武主义驱出世界，则和平安全及正义之新秩序势不可能建立。

（七）直至如此之新秩序成立时，及直到日本制造战争之力量业已毁灭而有确实可信之证据时，日本领土须经盟国之军队予以占领，俾吾人在此陈述之基本目的得以完成。

（八）开罗宣言之条件必将实施，而日本之主权必将限于本州、北海道、九州、四国及吾人所决定其可以领有之小岛在内。

（九）日本军队在完全解除武装以后，将被允许其返乡，得以和平从

① 引自中华人民共和国外交部网站。

事生产生活之机会。

（十）吾人无意奴役日本民族或消灭其国家，但对于战罪人犯（包括虐待吾人俘虏者在内）将处以法律之裁判。日本政府必须将阻止日本人民民主趋势之复兴及增强之所有障碍予以消除，言论宗教及思想自由以及对于基本人权之重视必须成立。

（十一）日本将被许维持其经济所必需及可以偿付赔款所需要之工业，但可以使其重新武装作战之工业不在其内。为此目的，可准其获得原料（别于统制原料）日本最后参加国际贸易关系当可准许。

（十二）上述目的达到时，日本得依人民自由表示之意志成立一保障和平及负责之政府，届时三国占领之军队即撤退。

（十三）吾人劝告日本政府立即宣布所有日本武装部队无条件投降，并对此种行动诚意实行予以适当之各项保证。除此一途，日本即将迅速完全毁灭。

日本国与美利坚合众国共同合作及安全保障条约[①]
（日美新安保条约）

日本国与美利坚合众国，希望增强两国间传统友好关系，并拥护民主主义各项原则、个人自由及法治；希望促进两国间更加密切的经济合作、以及各自国家的经济稳定与福祉；重申对《联合国宪章》宗旨与原则的信仰，以及与各国人民、政府和平共处的愿望；确认两国享有《联合国宪章》所规定的单独或集体自卫之固有权利；考虑到两国在维护远东国际和平与安全方面所具有共同利益；决心缔结相互合作与安全保障条约；由此达成以下协议：

第一条

缔约双方应按照《联合国宪章》之规定，以和平且不对国际和平、安全和正义构成威胁的方式解决各自可能卷入的国际争端；双方商定在各自处理国际关系过程中，对任何国家的领土完整及政治独立，均慎用武力威胁或行使武力，以及任何与联合国宗旨相悖的方法。

缔约双方应与其他爱好和平的国家一道，为使联合国更为有效地履行其维护国际和平与安全任务，努力对其进行强化。

第二条

缔约双方应通过强化两国多种自由制度，增进对相关制度基本原则理解，以及促进稳定与福祉条件，为进一步发展和平且友好的国际关系做贡献。缔约双方应努力消除两国在国际经济政策领域的分歧，促进两国经济合作。

第三条

缔约双方应在单独和合作层面，通过持续有效的自助及互助，在宪法规定范围内持续发展各自抵御武力进攻的能力。

第四条

缔约双方将随时就本条约实施进行磋商，并根据缔约双方任何一方要求，在日本安全或远东地区国际和平与安全受到威胁时进行协商。

---

① 根据日本外务省公布版本翻译。

第五条

缔约双方宣告在日本施政范围内，对任何一方的武力攻击均被认为是对本国和平与安全的威胁，两国可依据本国宪法规定与程序，采取行动应对共同威胁。

前述武力攻击及因此而采取的所有应对措施须根据《联合国宪章》第五十一条之规定立即报告联合国安全理事会。相关措施应在联合国安全理事会采取必要措施恢复、维护国际和平与安全时终止。

第六条

为对日本安全及维护远东地区国际和平与安全做出贡献，允许美利坚合众国之陆军、空军和海军使用位于日本的设施和区域。

前述设施和区域的使用，以及驻日美军的地位，应受到单独协定及两国经协商达成的其他安排之规范。其中，单独协议为取代一九五二年二月二十八日在东京签署的以《日本国与美利坚合众国安全保障条约》第三条为基础的《日美行政协定》（包括修改）的协定。

第七条

本条约不对缔约双方履行基于《联合国宪章》的权利与义务，或联合国维护国际和平与安全的责任产生任何影响，也不应成为产生此种影响的解释。

第八条

本条约须经日本国和美利坚合众国根据各自宪法程序批准。本条约自两国于东京交换批准书之日起生效。

第九条

一九五一年九月八日于旧金山市签署的《日本国与美利坚合众国安全保障条约》将在本条约生效后失效。

第十条

本条约长期有效，直至日本国及美利坚合众国政府承认联合国已在日本地区采取足以有效维护国际和平与安全的措施。

但是，在本条约生效十年后，任何一方均可通知另一方其打算终止本条约，届时，本条约将在上述通知发出一年后失效。

作为以上条款之证明，由以下全权代表签署本条约。

本条约于一九六零年一月十九日在华盛顿签订，共两份，每份都用日文和英文写成，两种文本具有同等效力。

日本国代表

岸信介

藤山爱一郎

石井光次郎

足立正

朝海浩一郎

美利坚合众国代表

克里斯蒂安·阿奇博尔德-赫脱（Christian Archibald Herter）

道格拉斯·麦克阿瑟二世（Douglas MacArthur II）

格雷厄姆·帕森斯（J. Graham Parsons）

国家安全保障战略[①]

平成 25 年（2013 年）12 月 17 日
国家安全保障会议决定
内阁会议决定

国家安全保障战略具体规定见下文。

本决定将取代昭和 32 年（1957 年）5 月 20 日国防会议和内阁会议所制定的《国防基本方针》。

Ⅰ. 制定宗旨

政府最重要的责任与义务，就是维持我国的和平与安全并保证国家完整。在我国的安全保障环境越发严峻的情况下，将富裕而和平的社会继续发展下去就需要先以长远目光看待我国国家利益，制定我国在国际社会中前进的方针，政府有必要齐心协力推进国家安全保障战略的制定。

至今为止，我国一直致力于为地区和世界的和平与繁荣做出贡献。在当今全球化的趋势之下，我国作为国际社会的主要成员应当比过去发挥更重要的积极作用。

由此，为了表明国家安全保障的基本方针，我们制定了《国家安全保障战略》。

在本战略中，我们将继续走和平国家路线，以国际合作的积极和平主义为基准，就国家利益进行探讨并表明国家安全保障的目标。除此之外，我们将会纵观安全保障的趋势，并据此确定我国目前直面的国家安全保障问题。为了解决这些课题并达成目标，我们将会更有效地利用我国多种多样的资源，推进综合施策；同时强化《国家安全保障战略》的国内基础，促进国内外对我国安全保障战略的理解，有必要多方协作推进安全保障战略的制定。基于上述认识，我们将明确构成我国外交政策

---

① 根据日本外务省公布版本翻译，译者为国际关系学院外语学院日语系包书毓。为保持相关文件原貌，在翻译过程中对个别错误表达予以保留，不代表译者观点与立场。

和防卫政策核心的国家安全保障保障层面的战略步骤。

另外，作为国家安全保障的基本方针，本战略也将成为海洋、宇宙航空、网络、政府发展援助、能源等有关国家安全的重要领域政策的风向标。

政府将以本战略为基准，在国家安全保障会议的决议下发挥强有力的领导作用，举政府之力，进一步战略性和系统性地推进国家安全保障政策。

除此之外，在实施国家其他政策过程中，也将以本战略为基础，在充分考虑国家安全保障的同时，推动外交、防卫等能力能够作为整体得到顺利、有效发挥。

《国家安全保障战略》的内容基本上以10年为期限，在各项政策的实施过程中，国家安全保障会议将定期进行系统性评估，随时适当地加以完善，并在形势发生重大变化时，将根据当时的安全环境情况做出必要修订。

Ⅱ. 国家安全保障的基本理念

1. 我国的理念

我国拥有丰富的文化传统，还拥有自由民主、尊重人权、法律至上的价值观念，我国拥有高教育水准的人力资源并具有高文化水准，从开放的国际经济系统中发展了本国经济，是一个拥有较强经济实力和较高技术实力的经济大国。

而且，作为一个海洋国家，我国四面环海，拥有广阔的专属经济区和漫长的海岸线，通过海上贸易和海洋资源开发发展了经济，我们追求开放与稳定的海洋环境。

战后，我国一直走在和平国家路线。我们一直坚持贯彻“专守防卫”、不威胁他国、不做军事大国并遵守“无核三原则”的基本方针。

此外，我们还发展了与我们拥有同样普世价值观和战略利益的美国的同盟关系，加深了和各国之间的合作关系、逐步实现我国以及亚太地区的和平与安定。而且，我国致力于以人的安全保障为立足点，推动解决发展中国家经济发展和全球性课题，通过与他国之间的贸易与投资关系对实现国际社会的安定与繁荣做出贡献。特别是东盟国家等亚洲国家，在我国的帮助下经济稳步发展，也有很多国家实现了自由民主。

不仅如此，我国从和平国家的立场出发，遵守《联合国宪章》，与以联合国为首的国际机构合作并做出积极贡献。冷战结束以来，军事力量的作用日益多样化，我国也在坚持参加联合国维持和平行动等国际和平合作活动。作为世界上唯一遭受核武器打击的国家，我国致力于核裁军和核不扩散，在实现无核武器世界的道路上成为国际社会的主力军。我国坚持走和平主义道路的做法在国际上受到了高度评价与尊敬，今后我们还必须进一步巩固这一成果。

另一方面，我国周边安全保障环境日益严峻，还面临着复杂和重大的国家安全课题。从国际友好合作的观点来看，我们也应当采取更积极的应对措施。我国的和平与安全是无法仅凭我国一国之力确保的，国际社会也在期待我国为国际社会的和平与安全进一步发挥符合我国国力的积极作用。

基于上述情况，在今后的安全保障环境下，我国将继续秉持初心坚守和平国家路线，作为国际政治经济舞台的主要角色继续从国际友好合作的和平主义立场出发，实现我国的安全与亚太地区的和平与稳定，并继续对确保国际社会的和平与稳定发展做出更积极的贡献。这就是我国应该提倡的国家安全保障的基本理念。

2. 我国的国家利益与国家安全保障的目标

要将国家安全保障的基本理念体现在具体的政策当中时，必须明确我国的国家利益和国家安全保障的目标，根据不断变化的安全保障环境采取各种可能的手段加以实施。

所谓国家利益，首先是维护我国的独立主权，保卫领土完整，保障国民的生命安全和财产安全，传承丰富的文化传统，维护以自由和民主为基调的国家和平与安全，保障国家的存在。

其次，是通过经济发展来实现我国国家和国民的进一步富裕，使我国的和平与安全基础更加牢固。为此，作为海洋国家，特别是位于亚太地区的我国，要通过自由贸易与竞争促进经济发展，强化自由贸易体制，更要创建一个稳定、开放、拥有光明未来的国际环境。

还有，保障与拥护自由民主、尊重人权、法律至上的价值观念为基础的国际秩序，同样也是我们的国家利益。

为了维护国家利益并在国际社会中履行我国应尽的责任，要把基于国际间积极友好合作的和平主义作为我国国家安全保障基本理念，我们应当致力于达成以下国家安全保障目标。

第一个目标是，为了维护我国的和平与安全，保障国家的存在，要强化必要威慑力，预防危机对我国产生危害。万一危及我国，我们要消除威胁并将损害降低到最小限度。

第二个目标是，强化日美同盟关系，强化地区内外伙伴间的信赖与合作关系，通过推进实际的安全保障合作来改善亚太地区的安全保障环境，预防和削减对我国构成的直接威胁。

第三个目标是，通过不断的、进一步的外交努力，强化基于普世价值观和规则的国际秩序，在解决争端上发挥主导作用，改善全球范围内的安全保障环境，构筑和平稳定繁荣发展的国际社会。

Ⅲ. 我国周边安全保障环境与国家安全保障课题

1. 全球安全保障环境与课题

（1）力量均衡的变化与技术革新的急速发展

进入本世纪以来，国际社会的力量均衡发生了前所未有的巨变，这也对国际政治造成了很大的影响。

导致这一巨变发生的主要推手是中国、印度等新兴国家。特别是中国，在国际社会的影响力正逐步上升。另一方面，虽说美国在国际社会的影响力相对变弱，但是在军事实力、经济实力和以价值观和文化为源泉的软实力的加持下，美国仍然是世界综合实力最强的国家。而且美国也明确表示，要将安全保障政策和经济政策的重点向亚太地区转移（“亚太平衡”）。

像这样的力量平衡改变，虽然促进了国际政治经济重心从大西洋向太平洋的转移，但也成为世界贸易组织贸易谈判和联合国世界气候变化框架谈判陷入停滞、国际社会整体失去强大领导力的原因之一。

而且，急速全球化和技术革新加深了国家之间的相互依赖，助长了国家和非国家行为体间相对影响力的变化，对全球安全保障环境造成了复杂的影响。

主权国家依然是国际社会的主要主体，也是左右国家间对立与合作和国际社会安定的最大因素。但是，由于全球化的不断推进，人力、物资、资本和信息的跨国移动变得更加简单，使得国家以外的主体也正在国际社会的决策中发挥越来越重要的作用。

与此同时，全球化和技术革新的进展也带来了负面影响。非国家行为体导致的恐怖活动和犯罪活动对国家安全保障的威胁也在日益增大。并且，这样的威胁不论发生在世界上的哪个地区，都有可能瞬间传播全球并直接影响到我国的国家安全保障。

（2）大规模杀伤性武器扩散的威胁

我国作为世界上唯一遭受过核武器打击的国家，最了解使用核武器所造成的惨痛教训。向着“无核武器世界”这一目标努力是责无旁贷的。

核武器、生化武器等大规模杀伤性武器及作为其运载手段的导弹技术的转移、扩散和性能的提升等等，对我国和国际社会来说依然是重大威胁。特别是朝鲜核武器和导弹的开发，以及伊朗的核武器开发，绝不仅仅对个别地区造成了威胁，而是对国际社会整体的和平与安定造成了重大威胁。另外，对于以国际恐怖组织为主的非国家行为体，以往的打压手段很难奏效。对这些非国家行为体取得或使用大规模杀伤性武器的担忧仍然存在。

（3）国际恐怖组织的威胁

恐怖事件在世界各地不断发生，国际恐怖组织造成的恐怖主义威胁依然很大。随着全球化的推进，对国际恐怖组织来说，其内部和与其他恐怖组织之间的信息共享与合作、地理意义上的渗透和武器的获取变得更加容易了。

在这种情况下，国际恐怖组织将政局动荡的国家和地区作为活动和训练的据点加以利用并实施恐怖活动。加上对这些国际恐怖组织产生共鸣的其他组织和个人有时也会构成恐怖行动的主体，国际恐怖活动正在扩散和日益多样化。

此外，我国被一些国际恐怖组织指定为攻击对象，在海外我国国民遭受恐怖袭击、我国权益受到侵害的情况时有发生。我国和我国的国民，不论在国内还是国外，都在面临着国际恐怖主义的威胁。

在这样的恐怖袭击中，实行者和被害者的多国籍化是很常见的。因此，国际合作应对变得越来越重要。

（4）国际公共财产的风险

近年来，阻碍使用海洋、宇宙、网络空间等国际公共财产的风险正在不断扩散且日益严重。

海洋虽然受到以《联合国海洋法公约》为首的国际法的约束，但是不尊重现有国际法，企图以一己之力改变现状的动向也时有发生。由于各国的立场各不相同，适用于宇宙空间和网络空间的规则仍在确立过程中。

为了有效应对这种风险，推进制定合适的国际法规，致力于国际社会共同合作并遵守该法规，不仅是经济发展层面，更是安全保障层面非常重要的课题。

开放又安定的海洋环境是世界和平与繁荣的基础。各国应该自主或合作应对海盗、可疑船只、非法投弃、走私和海上灾害以及危险物排除等课题，确保海上航线的安全。

但是近年来，各国由于确保资源和本国安全保障的原因，利害冲突的事件时有发生。这就导致海洋上发生冲突的危险性、事态发展的不确定性有所提升。

尤其是在南海，沿岸国家与中国之间常常因为领土争端问题发生冲突，这对依法支配海洋空间、航行自由以及东南亚地区的安定带来了不确定因素。而且，我国的资源、能源有很多从中东地区进口。这些从中东地区到我国近海的航线上，存在着沿岸国家的地区纷争、国际恐怖组织和海盗问题等诸多问题。这同样导致了这条航线变得更加危险。致力于解决这些问题对维护航线安全是至关重要的。

除此之外，我们认为北冰洋新航路的开拓和资源开发等的可能性在增大。为此，各国应该依照国际准则共同协作。但同时，这也可能成为国家间关系的新隐患。

以前宇宙空间主要运用于民生领域中，但是近年从安全保障的角度来看，强化其信息收集和警戒监视功能、确保军用通信功能的重要性也在显著增大。

另一方面，随着能够利用宇宙空间的国家的增多，宇宙空间的问题也越来越复杂化，由于一些国家的卫星破坏试验和人造卫星的相撞事件导致宇宙空间垃圾增加，以及反卫星武器的开发等，存在着对持续稳定的宇宙空间利用构成妨碍的风险。

另外，全球网络空间由信息系统和信息通信网络所构成，是社会活动、经济活动和军事活动的重要场所。

但是在网络空间，发生窃取国家秘密情报、破坏社会基础设施、以妨害军事系统为目的的网络攻击的风险也在逐渐增加。

在我国，以社会系统为首的各领域网络化进程都在进行中。作为由信息的自由流动促成经济增长和技术革新的重要手段，从国家安全保障的角度来看网络空间安全也是不可或缺的。

（5）“人类安全保障”课题

随着全球化的推进，人力、物资、资本和信息可以大量且迅速地跨境转移，国际经济活动的扩大给国际社会带来了繁荣。但是，贫困问题、贫富差距扩大问题、流行性疾病问题等国际保健问题、气候变化等环境问题、食品安全问题、还有内战、灾害等人道主义危机等，都是以一国之力无法应对的全球性问题。其中威胁个人生命与尊严这样的人身安全问题的解决是安全保障中最重要和紧急的课题。在这种情况下，在一些地区和领域很难实现如千年发展目标等一些国际社会所提出的共同目标。而且，未来发展中国家的人口增加和经济规模扩大所带来的能源、食物、水资源需求增大也可能会成为新的争端因素。

像这样的问题很可能会影响到国际社会的和平与稳定。因此，我国也必须立足于人民安全保障的理念推进相关政策的实施。

（6）存在风险的世界经济

在世界经济体系中，脱离世界经济而独自发展是很困难的。一个国家的经济危机很有可能向全世界的经济体传播开来。这种倾向在金融领域更为明显。不仅如此，在国际分工的大背景下，越境价值链和供应链的构建，导致实体经济领域也出现了同样的倾向。

在这种状况之下，财政危机问题和新兴国家经济减速问题都相继产生。对此，一些新兴国家和发展中国家持有保护主义的态度或是消极应对新贸易规则的制定。

另外，近年来，能源领域的技术不断革新，资源国家民族主义情绪高涨，新兴国家的能源与矿物需求增加也使得资源竞争越发激烈。而且，粮食及水资源问题，随着气候变化产生的地球环境问题愈发严重，世界性需求与供应的紧张也有产生偶发性供应危机的风险。

2. 亚太地区的安全保障环境与课题

（1）亚太地区战略环境的特性

全球力量均衡的变化提高了亚太地区之于国际社会的重要性，也提供了更多安全保障方面的合作机会。但与此同时地区性问题与紧张局面也时常出现。

特别是东北亚地区，不但集中了很多拥有大规模军事力量的国家，还有拥核国和正在研制核武器的国家。但是与之相对应的安全保障领域地区性合作框架却没有充分制度化。该地区各国间政治、经济、社会体制的差异依然很大，这也是该地区的战略环境特点之一。

在这种情况下，问题随着力量平衡的变化而出现，再加上局势之紧张，关于领土主权和权益等的问题经常容易出现。这既不是正常状态，也不是争端状态，而是所谓的灰色地带。这种灰色地带本身也是容易诱发更重大事态的风险因素。

但是在亚太地区，区域内双边交流和合作的机遇在增加，东盟论坛等多边安全对话和双边、多边联合军事训练也在进行，使得国家间的相互理解更加深化，共同应对能力也得以提高。为了保障地区稳定，继续促进和发展这种多层次的合作机制是非常重要的。

（2）朝鲜军事力量的增强与挑衅行为

在朝鲜半岛，韩国与朝鲜仍在进行大规模军事对峙。朝鲜目前仍然深陷严重经济困境，人权问题还完全没有得到改善，却把资源重点投入到了军事上。

而且，朝鲜在增强以核武器为首的大规模杀伤性武器和弹道导弹能力的同时，经常在朝鲜半岛进行军事挑衅，也对我国进行了各种各样的挑衅言行，使得地区局势进一步紧张化。

朝鲜研发将美国本土纳入射程的弹道导弹并进行核武器的小型化和导弹搭载尝试，这使得针对地区安全保障的威胁发生本质变化。而且，从不扩散大规模杀伤性武器的视角看，这对于国际社会也是非常严峻的问题。

除此之外，以朝鲜国防委员会第一委员长金正恩为中心的体制正在完善，我们必须持续关注朝鲜的局势。

而且，朝鲜绑架我国国民问题是事关我国主权和国民生命安全的重大问题，也是国家必须负责解决的问题，更是国际社会需要共同面对的基本人权问题。

（3）中国的急速发展与各个领域内的积极贡献（略）

Ⅳ. 我国应当采取的国家安全保障战略步骤

为了保障国家安全，我们首先要提升我们自身的能力并强化能使其发挥作用的环境。与此同时，必须发挥我们相应的作用并根据情况随机应变。

除了提升经济实力和科技实力之外，强化外交实力、防卫能力并提高我国国家安全保障的强韧性也与以亚太地区为首的国际社会的和平与稳定大大相关。这也是国家安全保障战略步骤的核心。

而且，为了克服国家安全保障上的课题并达成目标，需要站在国际友好的积极和平主义立场上，以日美同盟为基础，扩大并深化和各国之间的合作关系，必须有效利用我国的各种资源并综合推进政策实施。

从这种观点出发，我国应当采取的以外交政策和防卫政策为中心的战略步骤如下：

1. 我国能力的增强与作用的扩大

（1）为创建稳定的国际环境强化外交

国家安全保障的关键是创造稳定和可预见的国际环境，将威胁防患于未然。基于国际友好合作和积极和平主义的观念，我国必须对国际社会的和平稳定繁荣发展的目标起更为积极的作用，并致力于实现更适用于我国的国际秩序和安全保障环境。

为此，首先最重要的就是分析时时刻刻都在变化的安全保障环境和国际社会大势的能力。在此之上，还要主导国际社会的课题设定，灵活地积蓄能够增强我国国家利益的实力，而不是当状况和事件发生时被动地应付。在此过程中，能够有效地活用我国或我国国民各种能力和特性，将我国的观念渗透给国际社会、争取国际社会对我国立场予以支持的外交创意和外交沟通能力是非常有必要的。另外，强化对我国魅力的活用并为国际社会带来利益的软实力、精准把握我国企业和国民需求的能力、充实对其开展全球业务予以支持的能力也十分重要。对于以联合国为首的国际组织，我国有义务增加国人职员的输送，做出更积极的贡献，并以此积极推进和平主义的发展。为了推进这一强有力的外交，需要强化外交实施体制。而外交实施体制的强化，又离不开国家安全保障的支持。

（2）构筑保卫我国的综合防卫体制

防止我国被直接威胁所波及，或在危及我国时将危机排除等，都是国家安全保障的最后防线——防卫力量的职责。我们要扎扎实实地完善我们的防卫力量。

身处我国周边严峻的安全保障环境中，为了确保我国的和平与安定，需要根据战略环境的变化和国力国情随机应变，完善高实效性的综合防卫力量，致力于在综合运用的基础上实施灵活机动的运用，同时加强政府、地方公共团体、民间部门间的合作关系，对武力攻击事态和大规模自然灾害等事态实施实时应对，要从平时就注意建立这样一种综合应对体制。

其中，发挥核心作用的自卫队需要拥有更加完善的体制，即要根据本战略完善《防卫计划大纲》及《中期防卫力整备计划》等计划体系，以综合性视点为优先完善重要机能并强化对各种突发事态的抑制和处置体制。

另外，对于核武器威胁，以核遏制力为主的美国威慑力是不可或缺的，为了强化并维持这种信赖关系，我们将会继续与美国保持紧密合作，同时加强包括弹道导弹防御及保障国民在内的本国应对体系。

（3）致力于强化对国土领域的保护

为了适切地保护我国领土，除了要构筑上述的综合防卫体制，还要推进领域警备执法机构能力和海洋监视能力。为了能够应对各种不测事态，各省厅间要加强合作。

为了切实保卫我国领域，还要不断探讨必要课题并采取实效性措施。

此外，还要积极致力于保卫国境离岛，管理和振兴开发等方面，从国家安全保障观念出发，掌握国境离岛、防卫设施周边土地所有权的状况，并研讨这些土地的利用情况。

（4）确保海洋安全

作为一个海洋国家，和各国紧密合作，对于航行和飞行自由的安全保障，不诉诸武力而是遵照国际法和平解决纷争，积极主导确立这种遵从法律至上价值观的国际秩序，维护和发展开放和稳定的海洋。具体来讲，就是要对航线上各种各样的威胁（如海盗问题等）采取必要措施，在保护海上交通安全的同时推进与各国的海洋安全保障合作。

另外，在实施这些措施方面需要增强海洋监视能力，我们要注意对国际网络的构建，连同活用宇宙空间一起进行综合性的强化。我们还力图增加两国或多国之间的共同训练合作的机会并力求其质量的提高。

特别是从波斯湾、霍尔木兹海峡、红海及亚丁湾至印度洋、马六甲海峡、南海直至我国近海的海上生命线，是我国从中东地区海路运输资源和能源的重要航路，因此我们将为提高航路沿线国家的海上安保能力提供支持，同时强化和我国拥有共同战略利益关系的伙伴国家间合作关系。

（5）强化网络空间安全

我们要保护网络空间不受到攻击，确保网络空间的自由和安全使用。我们还要保护我国重要的社会系统，使其不被疑似外国政府参与的网络攻击所威胁。为此，我们需要举国家之力综合推进有组织和跨领域行动，加强对网络空间的保护以及加强针对网络攻击的应对能力。

因此，我们就要从平时开始，在风险防范机制的系统设计、构建和运用方面，在事件发生的把握方面，在防止受害扩散的方面，在究明原因方面，以及在防止类似案件发生方面等加强政府与民众的合作。除此之外还需要加强安全领域人才的培养，加强控制系统的防御，加强供应链风险问题的应对等，综合地探讨这些课题并采取必要措施。

为了进一步加强整个国家的网络空间防护能力和应对能力，我们还将致力于强化相关机构之间的合作并使责任分配明确化。与此同时，我们还会推进提升网络空间的监察与调查、感知与分析及国际合作等机能，并推进包含强化承担这些任务的组织等各种政策的实施。

在推进各种施策时，在广阔的领域中加强国际合作是至关重要的。为此，我们也将推进实施技术层面和运用层面的国际合作强化政策。

（6）加强针对国际恐怖主义的对策

不言而喻，在我国国内彻底实施针对国际恐怖主义的对策以确保核电设施的安全是很有必要的。除此之外，还要保障在世界各地生活的我国国民的安全。为此，我们要构筑能和民间企业高效共享危险警报并共同合作的体制，同时还要从平时开始推进国际恐怖主义态势的分析体制和海外信息收集能力的强化。

（7）加强情报功能

为了给国家安全保障相关政策决断提供切实支持，我们要从根本上加强有关人员信息、公开情报、电信情报以及图像情报等多种情报源的情报搜集能力；还要积极活用将各种情报融合整理后的地理空间情报。

还要以培养高级情报专家为首要任务提高情报从业人员水平，提高情报分析、汇总与共享的机能，以推进能够将政府所拥有的情报手段加以灵活运用的综合情报分析工作。

除此之外，向外交和安全保障的司令部国家安全保障会议适时提供资料和信息，通过将其适当地反映到政策上以有效地发挥情报作用。

为了给这种情报机制提供援助，要根据《特定秘密保护法》，通过整备政府各部门情报保护体系，强化反间谍能力。

（8）防卫军备与技术合作

在国际和平贡献和国际合作领域，通过积极应用自卫队所携带的重武器及向受灾国家提供装备等，增加了更为有效的合作机会。另外，为了提高防卫武器的性能并应对高涨的国防成本，国际间共同开发生产武器装备已经成为了主流。在这种背景下，从基于国际协调主义的积极和平主义观点出发，在进一步积极参与利用防卫装备等带来的和平贡献和国际合作的同时，也积极参与防卫装备的共同开发和生产。

根据上述情况，要在充分注意武器出口三原则迄今为止所发挥的作用，并在此基础上明确什么情况下禁止转让，什么情况下可在严格审查后转让，对目的外使用以及向第三国转让时要注意确保切实管理进行的同时，制定适应于新的安全保障环境的关于向海外转让武器的明确原则。

（9）确保稳定利用宇宙空间与推进其在安全保障领域的灵活运用

稳定利用宇宙空间，不但在国民生活和经济领域不可或缺，在国家安全保障领域也是至关重要的。发展宇宙空间开发利用所需要的科技力量和产业基础，同时也要从安全保障上的观念出发推进对宇宙空间的灵活运用。

其中要特别强化、扩充情报收集卫星的功能。此外，我国拥有的各类卫星将灵活运用于自卫队部队应用、情报收集分析、监控海洋、信息通信、测位等方面，同时确立监控太空空间状况的体制。

此外为了提高卫星制造技术等宇宙开发利用技术并推进其开发利用，需要从中长期的观点出发关注其对国家安全保障做出的贡献。

（10）提高技术实力

我国出色的技术实力不仅是经济实力和防卫实力基础，更是国际社会所强烈渴求的有价值的资源。因此，要促进军民两用技术等技术的进一步振兴，加强我国的技术实力。

在推进强化技术实力的措施时，要从安全保障的观点出发，从平时开始就把握技术开发相关的信息和与科学技术相关动向，集合民间企业、学校和政府的力量并将其灵活有效地运用于安全保障领域。

另外，我国所拥有的节能技术和环保技术在国际上也跻身于领先水平，并在国际社会与我国共同解决全球问题时发挥了重要的作用，将来还会积极灵活地被运用于外交层面。

2. 强化日美同盟

过去60多年以来，以日美安全保障体制为核心的日美同盟对我国乃至亚太地区的和平安定发挥着至关重要的作用。不仅如此，近年来还在国际社会的和平稳定与繁荣发展过程中逐渐扮演着更加重要的角色。

日美同盟是我国国家安全保障的基础。对于美国来说，日美同盟也一直是其与韩国、澳大利亚、泰国、菲律宾等地区各国间同盟关系网的核心要素，是其太平洋战略的基础。

这样如此紧密的日美同盟关系，不仅依托于日美两国都拥有着崇尚自由民主、尊重人权、依法治国等的普遍价值观念，还依托于共有的战略利益。而且，从地理层面来看，我国地处美国干预亚太地区事务的重要战略位置上，这也支撑着日美同盟关系。

上述以日美同盟为基础，日美两国长期以来在以首脑、部长级层面为首的各种层面紧密合作，不仅致力于解决双边课题，还致力于解决全球安全课题，包括朝鲜问题等亚太地区局势、反恐对策、防止大规模杀伤性武器扩散等。

而且，日美两国在经济领域也将争取通过后续的《跨太平洋战略经济伙伴协定》（TPP）谈判等，依法依规、以公开透明方式实现亚太地区经济的繁荣发展。

日美两国将不仅在双边事务上，还将为了实现以亚太地区为首的国际社会的和平繁荣发展而在各种各样的领域强化、扩大合作关系。

此外，在我国如上所述加强在安全保障方面的措施的同时，美国也将在重视亚太地区的国防战略下，使其在亚太地区的经济、军事影响力更加强大，并在此基础上强化和我国等同盟国家的合作关系。

今后，不但为了我国的安全，更为了维持、促进以亚太地区为首的国际社会的和平、稳定与繁荣，就要进一步提高日美安全保障体制的实效性，并在更多领域进行合作。基于上述理念，我国将推进以下措施。

（1）进一步强化日美在广泛领域开展的安全保障与防卫合作关系

我国不仅通过加强自身防卫实力提升军事影响力，还一直依靠于日美同盟的军事影响力以保卫本国的安全。

我国和美国之间探讨了防卫合作的具体形式、日美 RMC 理念（角色、任务、能力）等，对美方政策与基于本战略制定的各种政策的一致性进行协调，并重修《日美防卫合作指针》。

此外，除推进联合训练、联合 ISR（情报收集、警戒监视、侦察）活动、美军和自卫队共用设施与区域外，包括应对事态、中长期战略等在内，还将紧密开展各种部队合作，并协调政策。另外，将在弹道导弹防卫、海洋、太空空间、网络空间和大规模灾害应对等安全保障领域广泛加强合作，提升日美同盟的军事影响力和应对能力。

而且，为了加强日美同盟的基础，包括提高互补性等，就要推进装备、技术层面的合作，并加强人才交流等多方面的合作。

（2）确保美军稳定存在

为了维持与强化日美安全保障体制，要实现美军在亚太地区形成最合适的驻军态势，我国在该问题上发挥着主体性作用。同时为了维持并提升军事影响力，就要减轻冲绳等驻日美军基地的负担。

作为其中一环，通过负担驻日美军驻留经费等各种措施，为美军顺利且有效地驻守我国提供稳定支持，同时依据日美协议扎实落实驻日美军重组计划，包括推进驻冲绳海军陆战队迁至关岛计划等。同时，注意美军与驻军地区的关系，推进自卫队和美军共用设施及区域的发展。

此外，还要推进落实减轻驻日美军设施及区域周边居民负担的措施。特别是冲绳县，不但处于国家安全保障战略上极其重要的位置上，还为驻日美军、日美同盟军事影响力的增强做出了巨大贡献，另一方面，考虑到众多驻日美军专用设施及区域集中于冲绳县，将尽最大限度努力减轻冲绳县的负担，包括搬迁普天间机场等。

3. 以国际社会的和平稳定为目标加强和盟友间的外交、安全保障合作关系

为改善我国周边的安全保障环境，除了如上所述在政治、经济、安全等各方面加强日美同盟之外，还要与发挥重要作用的亚太地区内外的盟友建立信赖与合作关系。

（1）加强与韩国、澳大利亚、东盟各国、印度等与我国共享普世价值观和战略意义的国家间合作关系。

韩国，不但是我国的邻国，在地缘政治学上对我国安全也是极其重要的。和韩国紧密合作对维护以朝核问题为代表的地区和平与稳定而言具有重大意义。为此，将争取构筑面向未来、多层次的日韩关系，加强日韩安全合作基础。特别是日美韩三国合作对实现东亚和平与稳定而言是一种起到关键作用的机制，包括合作应对朝核问题在内，将加强日美韩合作。此外，关于竹岛（韩国称独岛）主权问题，将按照国际法，依据和平解决争议的方针开展坚持不懈的外交努力。

我国和地区重要伙伴澳大利亚不仅拥有相同的普世价值观，还有相同的战略利益共识。不但要强化两国之间形成互补的经济关系，我们还要强化战略共识、推进安全保障合作的落实，并强化战略合作伙伴关系。此外我们还要致力于推进亚太地区秩序的形成、国际社会和平稳定的维持与强化等广域合作。届时，我们将妥善、灵活地运用日美澳三国合作机制。

东盟各国经济和民主化持续取得进展，它们不但拥有着文化多样性，还地处我国海上航线要冲的位置上。基于四十年以上的传统伙伴关系，我们将与东盟深化、发展政治和安全等各领域合作。基于东盟对亚太地区的和平安定与繁荣发展带来的影响，我们将进一步致力于维持并强化东盟的一体化。此外，对相关国家争取和中国签订南海行为准则等，东盟各国依照法律和规则，而不是武力解决纷争，我们予以积极评价，并支持东盟和中国制定有效且具有法律约束力的准则。

印度被认为将会拥有世界第一的人口、经济增长率和潜在经济实力，

从而日益增加了其国际影响力。印度不但处于我国海上航线的中央位置，在地缘政治学上也至关重要。我们将以日印之间已有的战略全球合作关系为基础，在海洋安全保障等广泛领域加强合作关系。

（2）我国和中国关系的稳定对于亚太地区的和平稳定是不可或缺的。我们将从大局和中长期角度出发，在政治、经济、金融、安全保障和人员交流等各种领域构筑并努力强化日中“战略互惠关系”。

（3）关于朝鲜问题，我们将和相关国家紧密合作，基于六方会谈联合声明和联合国安理会决议，要求朝鲜采取具体的无核化行动。此外，关于日朝关系，我们将致力于依据《日朝平壤宣言》综合性解决包括绑架我国国民、朝核问题在内的各个悬案。特别是绑架我国国民问题，不解决这一问题就不可能和朝鲜实现邦交正常化是我们的共识。基于这一基本认识，我们将尽全力确保所有被绑架国民安全和及时回国，查清真相，并引渡绑匪。

（4）亚太地区的安全保障环境日益严峻，以安全保障和能源等各种领域推进与俄罗斯的合作关系，并全面提升日俄关系，对于确保我国的安全来说是极其重要的。基于这种认识，我们将和俄罗斯合作维护亚太地区的和平与稳定，并在签署和平条约的一贯方针下，积极和俄方开展谈判以解决日俄关系的最大悬案——北方领土问题。

（5）为了顺利推进这些措施，我们将积极利用亚太经合组织、东亚峰会、“东盟+3”、东盟地区论坛、东盟国防部长扩大会议、TPP等多边地区合作框架，还有日美韩、日美澳、日美印等三国框架以及作为邻国和经济大国的日中韩框架。我国将积极为这些框架的发展做出贡献，并适度参与更具有制度性的安全保障框架的建立。

（6）为确保亚太地区的稳定，我国还将与蒙古国、中亚国家、南亚国家、太平洋岛国、新西兰、加拿大、墨西哥、哥伦比亚、秘鲁、智利等亚太地区的友好国家加强合作。太平洋岛国拥有广阔的专属经济区和丰富的海洋资源，我国将通过太平洋岛国峰会等途径，与这些国家加强在海洋等各个领域的合作。

（7）我国将与对国际社会的和平与稳定起到重要作用的亚太地区之外的国家加强合作关系。

欧洲在国际范围内拥有制造舆论的能力和在主要国际框架中制定规

范的能力，还拥有巨大的经济规模。英国、法国、德国、意大利、西班牙、波兰等欧洲国家与我国共享自由民主、尊重人权、法律至上的价值观念，共享市场经济等原则，能够为国际社会的和平、稳定和繁荣共同发挥主导作用，是我国的伙伴。国际社会的力量平衡不断变化，为了构筑遵从普世价值观和基本规则的国际秩序，为了有效应对各种全球问题，为了构筑和平繁荣发展的国际社会，我国将与欧盟、北约、欧洲安全与合作组织（OSCE）等进一步加强关系。此外，我国过去曾经为东欧、波罗的海国家以及高加索国家的民主化做出了很大贡献，今后也会与这些国家加强合作。

巴西、墨西哥、土耳其、阿根廷、南非等新兴国家在国际经济和国际政治中的影响力与日俱增。我国将与这些国家发展双边关系，并推进在全球性问题上的合作。

中东的稳定直接关系到我国的能源供应和国家的生存与繁荣。海湾国家是我国最重要的原油供应源，为了确保中东地区的和平稳定，必须不仅仅局限于资源和能源领域，而是要致力于与这些国家构筑包括经济、政治、安全保障等领域在内的多层次合作关系。为了解决阿拉伯国家的民主化问题、叙利亚问题、伊朗核问题、中东和平以及实现阿富汗和平等事关中东稳定的重要问题，我国将发挥积极作用。届时我国将与美国、欧洲国家、沙特阿拉伯、土耳其等中东地区具有重要影响力的国家进行协调。

4. 积极为国际社会的和平与稳定做出国际性的努力

我国将本着国际协调主义的精神，站在积极和平主义的立场上，为国际社会的和平与稳定做出积极的贡献。

（1）加强联合国外交

联合国设立的初衷是维护、恢复国际和平与稳定，它本应以集体安全保障制度为核心运行。但是该制度并未像当初设想的那样充分发挥作用。

然而，联合国凭借以普遍性、专业性为支撑的正统性优势，发挥主导作用，为确保世界和平与安全做了大量的工作。特别是冷战结束后，联合国在维护、恢复国际和平与安全方面发挥了越来越重要的作用。

我国将依照一直以来担任的安理会非常任理事国的经验为联合国做

出更积极的贡献。

此外，联合国在维和行动、集体安全保障、预防外交、调停、纷争后的紧急人道主义援助、战后重建等方面也将发挥越来越积极的作用。

强化集体安全保障机能、提高联合国的实效性和正统性同时也是我国当前紧迫的课题，我国将努力谋求扩大安理会常任和非常任理事国的席位，推动安理会的改革，力争担任安理会常任理事国。

（2）加强法律至上的理念

我国作为法治的拥护者，不但将继续认真遵守国际法，还将积极参与各种国际规则的制定，以强化国际社会中的法治环境。届时这些规则将体现我国公平、透明、互惠的理念和主张。

此外，我国还将积极为国际司法机构提供人才和财政方面的援助，帮助各国完善法律制度。

为了在海洋空间、宇宙空间、网络空间确立法律至上的地位，我国将与同样关注这一问题的国家加强在政策上的协商，努力形成国际规范，并积极采取措施以增强各国之间的信赖关系。

在海洋空间方面，我国将推进地区性改革、强化由法律至上的观念主导的海洋秩序，这对于维护国际社会的和平与繁荣来说是至关重要的，而我国也将为了这一共识的形成而努力发挥主导作用。

在宇宙空间方面，我们认为能够自由地进入和使用太空是很重要的。我们将积极参与国际行为规范的制定以防止卫星破坏试验和卫星相撞，并确保宇宙空间的安全和稳定利用。

在网络空间方面，基于以确保信息自由交换为基本的理念，我们将与持有同样观点的国家展开合作，积极地参与国际规则的制定，积极帮助发展中国家开展相关能力建设。

（3）在国际裁军和防扩散方面发挥主导作用

作为世界上唯一被原子弹轰炸过的国家，我国将继续致力于实现“无核武器世界”。

我们将密切关注朝鲜核武器开发和弹道导弹开发所带来的威胁，并根据亚太地区核战力平衡的动向、军事技术的进步情况，努力在日美同盟的框架下维持扩大军事影响力的可靠性和协调性，同时要尽可能解决朝鲜开发核武器和导弹的问题以及伊朗核问题，为国际核裁军和核不扩散发挥主导作用。

为防止武器和有可能转为军用的材料和技术落入令人担忧的国家，我国将积极参与国际出口管理机构的讨论，与相关国家继续协作，并立足于安全保障的观点以切实加强对出口的管理。在小型武器和对人地雷等常规武器方面，我国将积极适应国际大势。

（4）推进国际和平合作

二十年来，我国为了促进加强国际和平合作，向柬埔寨、戈兰高地、东帝汶、尼泊尔、南苏丹等许多地区派遣了以自卫队为首的要员，取得了很大成绩，博得了国内外很高的评价。

今后，我国将继续基于国际协调主义和积极和平主义的立场，并基于国际社会对我国的积极评价和期待，更加积极地参与维和行动等活动。届时将与政府开发援助（ODA）项目联系起来，努力提高这些活动的效果。

此外，为了在充分发挥ODA更有战略意义的作用、和NGO展开合作等安全保障相关领域提供更为连贯的援助，我国将确立新的体制，这种体制还可以为至今没有充分发挥作用的机构提供帮助。

我国还将积极培养能够灵活运用过去的经验的和平志士，培养各国PKO的重要成员和政府职员。为此，我们将与美国、澳大利亚、欧洲等在该领域拥有经验的有关国家展开紧密合作。

（5）推进国际间的反恐合作

不论是出于什么理由，恐怖活动都是非正当的。国际社会有必要团结一致采取强烈抵制的态度。

我国将就国际恐怖形势和国际反恐合作问题与各国进行磋商和交换意见；将加强国际性的法律框架，对恐怖分子施以严厉的处罚；还要积极帮助反恐能力不强的发展中国家采取相应的对策；并且要从国家安全保障的观点出发，与国际社会一道推进国际反恐对策。

非法武器和毒品交易、绑架等有组织的犯罪行为已经成为恐怖分子的重要资金来源，恐怖组织和国际有组织犯罪有着密切的联系。基于这种认识，我国将严厉打击国际有组织犯罪，并将为此开展国际间合作，为发展中国家提供援助。

5. 为解决全球性课题基于普遍价值观加强合作

为了稳固国际社会和平稳定与繁荣发展的基础，我国将努力加强具有普世价值观的开放的国际经济体系。目前，贫困、能源问题、贫富差距的拉大、气候变化、自然灾害、粮食问题很有可能阻碍国际社会的和平稳定发展。我国将积极并从战略角度使用政府开发援助（ODA），努力解决这些开发问题和全球性问题，同时我们还将推进以下工作。

（1）共享普世价值观

我国将与有着崇尚自由民主、尊重女权等基本人权、遵从法律至上等共识的国家展开合作，为解决全球性问题做出贡献。

20世纪90年代始于东欧和东盟、2010年以来波及阿拉伯国家的世界性的民主化潮流，与全球化和市场经济的突飞猛进结合在一起，已经成为不可抗拒的潮流。

但另一方面，从西亚北非局势动荡中也可以看到，民主化并非一帆风顺。我国作为一个先进的自由民主国家，将继续秉承保障人类安全的理念，积极地使用ODA支援民主化、法制化建设和人权领域的各项事业。此外，我国还将通过人权对话等，为在国际社会中扩大拥护人权的潮流而做出贡献。

我国还将致力于妇女相关的外交课题。具体来说，我国将与国际社会合作，在预防战乱、构建和平领域提高女性的作用，帮助她们进入到社会当中。

（2）开发问题等全球性课题的应对措施与“人类安全保障”的实现

至今我国一直在灵活运用ODA，积极致力于全球能源开发问题，并得到了国际社会的高度评价。应对开发问题是改善全球安全保障环境的重要组成部分，也是基于国际协调主义的积极和平主义的要素之一，今后有必要继续加强。

基于这种观念，为了实现“人类安全保障”，灵活有效地运用ODA，并与国际机构和民间组织等多样的利益共同体加强合作，为实现千年发展目标而加强在脱贫、国际保健、教育、水资源等领域的工作。

此外，我国还将就新的国际开发目标（2015年后的开发日程）的制定发挥带头作用。为实现“人类安全保障”，过去我国已经发起并且在国际社会起到模范带头作用。今后我国将进一步促使这一理念变成国际社会的主流。

我国曾遭受阪神大地震、东日本大地震等多次自然灾害。世界各地发生的灾害也愈加严重、愈加频发。为此，我们将与国际社会共享其经验教训，并在防灾方面与国际社会通力合作，力争使全世界都能拥有很强的抗灾能力。

（3）与发展中国家合作培养人才

从发展中国家可吸引未来有可能成为领导者的优秀学生或行政官员以及其他广泛的人才，同他们教授经验和知识的同时，为他们提供有关我国制度和技术的教育培训。我们要通过这项工作来促进其所属国与我国的相互理解，并进一步推进人才的培养，为所属国经济和社会的发展做出贡献。并且，我们还将进一步维持与发展通过培育人才所构筑的网络，并从中扩大与强化合作关系的基础。

（4）维持与强化自由贸易体制

我们将遵守开放性规则扩大国际经济体系并确保我国在这一过程中继续发挥主力作用，这对于世界经济的发展和促进我国经济繁荣都是不可或缺的。

基于这种观点，我们将积极推动 TPP、日欧经济合作协定、日中韩自贸协定以及东亚地区一揽子经济合作协定等经济合作，对世界经济的增长做出贡献，并汲取世界经济增长的力量，以促进我国经济的增长。

此外，通过这些努力，在亚太地区的贸易与投资方面，制定规范不但能强化地区的活力与繁荣，还有着强化安全保障方面稳定环境基础这一重要战略性意义。

通过缔结 21 世纪的新型经济合作协定，我们将为新的贸易自由化树立典范，从而促进以世界贸易组织为基础的多边贸易体系中的世界贸易自由化。

（5）能源问题与环境问题的应对方法

能源等资源的稳定供给不仅对于我国经济不可或缺，更是一个国家安全保障方面的重大课题。我国将继续致力于灵活积极地运用外交手段以确保资源的稳定廉价供应，并在取得各国理解的同时，致力于能源资源供应源的多元化。

在气候变化对策领域，我们将进一步致力于国内节能减排。我们将利用我们优秀的环境技术和我们在援助发展中国家方面的工作，积极开展全球变暖外交战略。另外，我们还将积极参与所有国家都参加的公平且具实效性的国际框架的构建工作，实现世界整体的减排目标，从而对气候变化问题的解决做出我们的贡献。

（6）强化人际交流

人际交流可增进国与国之间的相互理解和友好关系，从而巩固国家间关系。并且，还能加深国际社会对我国的理解，在完善稳定、友好的安全保障环境方面具有重要意义。

从上述观点出发，我们将实施扩大青少年双向交流活动等措施，以便未来加强与各国的关系。例如，我们与东盟国家迎来友好合作40周年，今后将通过进一步开展交流事业活动增进相互理解。

此外，我们还将通过东京奥运会和残奥会等全世界所关注的活动促进以体育和文化事业为媒介的交流，并构建和加深个人层面的友好关系。

6. 强化国家安全保障的国内基础并促进国内外对此的理解

为了充分保障国家安全，不但要加强外交能力和防卫实力，还必须整备能够将这些能力充分发挥的国内环境。

另外，为了实现国家安全保障战略，让国际社会和我国国民充分理解国家安全保障政策也是非常重要的。为此，我们将采取以下措施：

（1）维持与强化军备生产与技术基础

军备生产技术包括军备研究开发、制造、运用、维持整备等，是对军事实力形成有效支持的重要因素。为了运用有限的资源中长期地、稳定地整备、维持并运用军事防备力量，不但要致力于有效且高效地获取军备，还要强化我国的国际竞争力并维持和强化我国的军备生产与技术基础。

（2）加强信息发布

推进国家安全保障政策时，要积极地向国内和国外有效地发布相关信息，提高政策透明度，加深国民的理解，同时也必须加强与外国的合作关系，增进相互信任。

为此，要以首相官邸为司令部，举全政府之力，推进统一的战略性信息发布，并最大限度地运用各种信息技术、通过多种传媒方式以加强外语信息发布。

此外，政府要与专家、教育机构和研究机构加强合作，努力培养有助于普及日语和战略宣传的人才。

随着世界安全保障环境日益复杂化，各国的利害关系相互对立的情况时有发生。要在这样的认识之下，通过有效地发布正确的以客观事实为依据的相关信息，加深对国际舆论的正确理解，对国际社会的稳定做出贡献。

（3）加强社会基础

为了从中长期视角出发支持国家安全保障政策，每个国民都应该认识到，要对地区和世界和平与稳定及人类福祉提高有所贡献，要认识到国家安全保障与我们切实相关，充分认识到其重要性和复杂性。

为此，要尊重各国和各国国民，培养热爱国家和家乡的心理，同时要积极推进对领土主权等安全保障政策及自卫队和驻日美军活动现状的理解，要加强与防卫设施周边居民的合作。

（4）加强知识基础

为使关于国家安全保障的国民讨论更为充实，所提建议具有更高质量，要通过相关省厅工作人员派遣等方式扩大和提升有关高等教育机构的安全保障教育水平，推进实践性研究，加深政府与这些机构和智库的交流，促进相关知识共享。

通过上述措施，要促进对安保政策现实性建设性研究的民间专家和行政官员的培养，使我国国家安全保障人才队伍日趋充实。

中华人民共和国政府和日本国政府联合声明[①]

日本国内阁总理大臣田中角荣应中华人民共和国国务院总理周恩来的邀请，于一九七二年九月二十五日至九月三十日访问了中华人民共和国。陪同田中角荣总理大臣的有大平正芳外务大臣、二阶堂进内阁官房长官以及其他政府官员。

毛泽东主席于九月二十七日会见了田中角荣总理大臣。双方进行了认真、友好的谈话。周恩来总理、姬鹏飞外交部长和田中角荣总理大臣、大平正芳外务大臣，始终在友好气氛中，以中日两国邦交正常化问题为中心，就两国间的各项问题，以及双方关心的其他问题，认真、坦率地交换了意见，同意发表两国政府的下述联合声明。

中日两国是一衣带水的邻邦，有着悠久的传统友好的历史。两国人民切望结束迄今存在于两国间的不正常状态。战争状态的结束，中日邦交的正常化，两国人民这种愿望的实现，将揭开两国关系史上新的一页。

日本方面痛感日本国过去由于战争给中国人民造成的重大损害的责任，表示深刻的反省。日本方面重申站在充分理解中华人民共和国政府提出的“复交三原则”的立场上，谋求实现日中邦交正化这一见解。中国方面对此表示欢迎。

中日两国尽管社会制度不同，应该而且可以建立和平友好关系。两国邦交正常化，发展两国的睦邻友好关系，是符合两国人民利益的，也是对缓和亚洲紧张局势和维护世界和平的贡献。

（一）自本声明公布之日起，中华人民共和国和日本国之间迄今为止的不正常状态宣告结束。

（二）日本国政府承认中华人民共和国政府是中国的唯一合法政府。

（三）中华人民共和国政府重申：台湾是中华人民共和国领土不可分割的一部分。日本国政府充分理解和尊重中国政府的这一立场，并坚持遵循《波茨坦公告》第八条的立场。

（四）中华人民共和国政府和日本国政府决定自一九七二年九月二十

---

① 引自中华人民共和国外交部网站。

九日起建立外交关系。两国政府决定，按照国际法和国际惯例，在各自的首都为对方大使馆的建立和履行职务采取一切必要的措施，并尽快互换大使。

（五）中华人民共和国政府宣布：为了中日两国人民的友好，放弃对日本国的战争赔偿要求。

（六）中华人民共和国政府和日本国政府同意在互相尊重主权和领土完整、互不侵犯、互不干涉内政、平等互利、和平共处各项原则的基础上，建立两国间持久的和平友好关系。根据上述原则和《联合国宪章》的原则，两国政府确认，在相互关系中，用和平手段解决一切争端，而不诉诸武力和武力威胁。

（七）中日邦交正常化，不是针对第三国的。两国任何一方都不应在亚洲和太平洋地区谋求霸权，每一方都反对任何其他国家或集团建立这种霸权的努力。

（八）中华人民共和国政府和日本国政府为了巩固和发展两国间的和平友好关系，同意进行以缔结和平友好条约为目的的谈判。

（九）中华人民共和国政府和日本国政府为进一步发展两国间的关系和扩大人员往来，根据需要并考虑到已有的民间协定，同意进行以缔结贸易、航海、航空、渔业等协定为目的的谈判。

中华人民共和国国务院总理	日本国内阁总理大臣
周恩来（签字）	田中角荣（签字）
中华人民共和国外交部长	日本国外务大臣
姬鹏飞（签字）	大平正芳（签字）
	一九七二年九月二十九日于北京

中华人民共和国和日本国和平友好条约[①]

（1978 年 8 月 12 日）

中华人民共和国和日本国满意地回顾了自一九七二年九月二十九日中华人民共和国政府和日本国政府在北京发表联合声明以来，两国政府和两国人民之间的友好关系在新的基础上获得很大的发展；确认上述联合声明是两国间和平友好关系的基础，联合声明所表明的各项原则应予严格遵守；确认《联合国宪章》的原则应予充分尊重；希望对亚洲和世界的和平与安定作出贡献；为了巩固和发展两国间的和平友好关系；决定缔结和平友好条约，为此各自委派全权代表如下：

中华人民共和国委派外交部长黄华；

日本国委派外务大臣园田直。

双方全权代表互相校阅全权证书，认为妥善后，达成协议如下：

第一条

一、缔约双方应在互相尊重主权和领土完整、互不侵犯、互不干涉内政、平等互利、和平共处各项原则的基础上，发展两国间持久的和平友好关系。

二、根据上述各项原则和《联合国宪章》的原则，缔约双方确认，在相互关系中，用和平手段解决一切争端，而不诉诸武力和武力威胁。

第二条

缔约双方表明：任何一方都不应在亚洲和太平洋地区或其他任何地区谋求霸权，并反对任何其他国家或国家集团建立这种霸权的努力。

第三条

缔约双方将本着睦邻友好的精神，按照平等互利和互不干涉内政的原则，为进一步发展两国之间的经济关系和文化关系，促进两国人民的往来而努力。

第四条

本条约不影响缔约各方同第三国关系的立场。

---

① 引自中华人民共和国外交部网站。

第五条

一、本条约须经批准，自在东京交换批准书之日起生效。本条约有效期为十年。十年以后，在根据本条第二款的规定宣布终止以前，将继续有效。

二、缔约任何一方在最初十年期满时或在其后的任何时候，可以在一年以前，以书面预先通知缔约另一方，终止本条约。双方全权代表在本条约上签字盖章，以昭信守。本条约于一九七八年八月十二日在北京签订，共两份，每份都用中文和日文写成，两种文本具有同等效力。

中华人民共和国全权代表　日本国全权代表

黄华（签字）　园田直（签字）

中日关于建立致力于和平与发展的友好合作伙伴关系的联合宣言①

1998年11月26日

应日本国政府邀请，中华人民共和国主席江泽民于1998年11月25日至30日对日本进行国事访问。这是中国国家主席首次访问日本，具有重要历史意义。江泽民主席会见了日本天皇明仁，并同小渊惠三内阁总理大臣就国际形势、地区问题和中日关系深入交换了意见，达成广泛共识。访问取得了圆满成功，双方发表联合宣言如下：

一

双方认为，冷战结束后，世界朝着建立国际新秩序正经历着重大变化。经济进一步全球化，相互依存关系加深。安全对话与合作不断取得进展。和平与发展仍是人类社会面临的首要课题。建立公正与合理的国际政治经济新秩序，谋求21世纪有一个更加巩固的国际和平环境，已成为国际社会的共同愿望。

双方确认，互相尊重主权和领土完整、互不侵犯、互不干涉内政、平等互利、和平共处以及《联合国宪章》的准则是处理国与国之间关系的基本准则。

双方积极评价联合国在维护世界和平及促进世界经济和社会发展方面所作的努力，认为它应为建立和维护国际新秩序发挥重要作用。双方赞成对联合国包括安理会进行改革，以使联合国工作及其决策过程更好地体现全体成员国的共同愿望和集体意志。

双方主张，彻底销毁核武器，反对任何形式的核武器扩散。呼吁有关国家停止一切核试验和核军备竞赛，以利于亚洲地区和世界的和平与稳定。

双方认为，中日两国作为亚洲和世界有影响的国家，在维护和平，

---

① 引自中华人民共和国外交部网站。

促进发展方面负有重要责任。双方将在国际政治、经济及全球性问题等领域加强协调与合作，为世界和平与发展及人类的进步事业作出积极贡献。

二

双方认为，冷战后，亚洲地区形势继续走向稳定，域内合作不断深入。确信亚洲地区在世界政治、经济和安全事务中的影响将进一步增强，在未来世纪将起重要作用。

双方重申，维护地区和平、促进地区发展是两国坚定不移的基本方针，双方不在本地区谋求霸权，不行使武力或以武力相威胁，主张以和平手段解决一切纠纷。

双方对目前东亚金融危机及其给亚洲造成的困难表示极大关注。同时认识到本地区经济基础稳固，确信通过总结经验，进行合理调整与改革，加强域内及国际协调与合作，亚洲经济一定能够克服困难，继续向前发展。双方一致认为，应以积极姿态，迎接面临的各种挑战，为促进本地区经济的发展作出各自应有的努力。

双方认为，亚太地区主要国家之间的稳定关系对本地区的和平与稳定十分重要，双方将积极参与东盟地区论坛等地区内各种多边活动并开展协调与合作，支持一切有利于增进了解，加强信任的措施。

三

双方满意地回顾了中日邦交正常化以来两国关系在政治、经济、文化、人员往来等各个领域取得的长足发展。一致认为，在当前形势下，两国合作的重要性进一步增加，不断巩固和发展中日友好合作符合两国人民的根本利益，也将对亚太地区和世界的和平与发展做出积极贡献。双方确认中日关系对两国均为最重要的双边关系之一，并深刻认识到两国在和平与发展方面的作用与责任，宣布面向21世纪，建立致力于和平与发展的友好合作伙伴关系。

双方重申恪守一九七二年九月二十九日发表的《中华人民共和国政府和日本国政府联合声明》和一九七八年八月十二日签署的《中华人民共和国和日本国和平友好条约》所阐述的各项原则，确认上述文件今后仍将是两国关系最为重要的基础。

双方一致认为，中日两国有着两千多年的友好交往历史和共同的文化背景，弘扬友好传统，进一步发展互利合作是两国人民的共同愿望。

双方认为，正视过去以及正确认识历史，是发展中日关系的重要基础。日方表示，遵守1972年的中日联合声明和1995年8月15日内阁总理大臣的谈话，痛感由于过去对中国的侵略给中国人民带来巨大灾难和损害的责任，对此表示深刻反省。中方希望日本汲取历史教训，坚持和平发展道路。在此基础上，两国发展长久友好关系。

双方一致认为，加强两国之间的人员往来，对增进相互理解，加强相互信任十分重要。

双方确认，两国领导人每年交替互访；在北京和东京建立中日政府间热线电话；加强两国各个层次和级别特别是肩负两国未来发展重任的青少年之间的交流。

双方认为，在平等互利基础上，建立长期稳定的经贸合作关系，进一步拓展在高新科技、信息、环保、农业、基础设施等领域的合作。日方表示，稳定、开放、发展的中国对亚太地区及世界的和平与发展具有重要意义，将继续向中国的经济建设提供合作与支持。中方对日方迄今向中国提供的经济合作表示感谢。日方重申继续支持中国为早日加入世界贸易组织所作的努力。

双方积极评价两国安全对话为增进相互了解发挥的有益作用，一致认为应进一步加强这一对话机制。

日方继续遵守日本在中日联合声明中表明的关于台湾问题的立场，重申中国只有一个。日本将继续只同台湾维持民间和地区性往来。

双方一致同意根据中日联合声明及中日和平友好条约的各项原则，本着求同存异的精神，最大限度地扩大共同利益，缩小分歧，通过友好协商，妥善处理两国间现存的和今后可能出现的问题、分歧和争议，避免因此干扰和阻碍两国友好关系的发展。

双方认为，中日建立致力于和平与发展的友好合作伙伴关系，将使两国关系进入新的发展阶段。这不仅需要两国政府，而且需要两国人民的广泛参与和不懈努力。双方坚信，两国人民携起手来，共同贯彻和发扬本宣言的精神，不仅有助于两国人民实现世代友好，而且将对亚太地区和世界和平与发展作出重要贡献。

中日关于全面推进战略互惠关系的联合声明[①]

应日本国政府邀请，中华人民共和国主席胡锦涛于2008年5月6日至10日对日本国进行国事访问。访问期间，胡锦涛主席会见了明仁天皇，并同福田康夫内阁总理大臣举行会谈，就全面推进战略互惠关系达成广泛共识。双方发表联合声明如下：

一、双方一致认为，中日关系对两国都是最重要的双边关系之一。两国对亚太地区和世界的和平、稳定与发展有着重要影响，肩负着庄严责任。长期和平友好合作是双方唯一选择。双方决心全面推进中日战略互惠关系，实现中日两国和平共处、世代友好、互利合作、共同发展的崇高目标。

二、双方重申，1972年9月29日发表的《中日联合声明》、1978年8月12日签署的《中日和平友好条约》及1998年11月26日发表的《中日联合宣言》构成中日关系稳定发展和开创未来的政治基础，确认继续恪守三个文件的各项原则。双方确认，继续坚持和全面落实2006年10月8日及2007年4月11日发表的《中日联合新闻公报》的各项共识。

三、双方决心正视历史、面向未来，不断开创中日战略互惠关系新局面。双方将不断增进相互理解和相互信任，扩大互利合作，使中日关系的发展方向与世界发展潮流相一致，共同开创亚太地区和世界的美好未来。

四、双方确认，两国互为合作伙伴，互不构成威胁。双方重申，相互支持对方的和平发展。双方确信，坚持和平发展的中国和日本将给亚洲和世界带来巨大机遇和利益。

中国自改革开放以来取得的发展给包括日本在内的国际社会带来了巨大机遇，日方对此表示积极评价。中国愿为构建持久和平、共同繁荣的世界作出贡献，日方对此表示支持。

日本在战后60多年来，坚持走作为和平国家的道路，通过和平手

① 引自中华人民共和国外交部网站。

段为世界和平与稳定做出贡献，中方对此表示积极评价。双方同意就联合国改革问题加强对话与沟通，努力增加共识。中方表示重视日本在联合国的地位和作用，愿意看到日本在国际事务中发挥更大的建设性作用。

双方坚持通过协商和谈判解决两国间的问题。

五、日方重申，继续坚持在《日中联合声明》中就台湾问题表明的立场。

六、双方决定在以下五大领域构筑对话与合作框架，开展合作。

（一）增进政治互信

双方确认，增进政治安全互信对构筑中日战略互惠关系具有重要意义。双方决定：

建立两国领导人定期互访机制，原则上隔年互访，在多边场合频繁举行会晤。加强政府、议会、政党间的交流和战略对话机制，就双边关系和各自内外政策及国际形势加强沟通，努力提高政策透明度。

加强安全保障领域的高层互访，促进多层次对话与交流，进一步加深相互理解和信任。

为进一步理解和追求国际社会公认的基本和普遍价值进行紧密合作，不断加深对在长期交流中共同培育、共同拥有的文化的理解。

（二）促进人文交流，增进国民友好感情

双方确认，不断增进两国人民特别是青少年之间的相互了解和友好感情，有利于巩固中日世代友好与合作的基础。为此，双方决定：

广泛开展两国媒体、友城、体育、民间团体之间的交流，开展丰富多采的文化交流及知识界交流。

持之以恒地开展青少年交流。

（三）加强互利合作

双方确认，中日两国作为对世界经济有重要影响的国家，将为世界经济的可持续增长作出贡献，决定重点开展以下合作：

在能源和环境领域开展合作是我们对子孙后代和国际社会的义务，基于这一认识，要特别加强在这一领域的合作。

在贸易、投资、信息通信技术、金融、食品及产品安全、知识产权保护、商务环境、农林水产业、交通运输及旅游、水、医疗等广泛领域开展互利合作，扩大共同利益。

从战略高度有效运用中日经济高层对话。

共同努力，使东海成为和平、合作、友好之海。

（四）共同致力于亚太地区的发展

双方确认，中日两国作为亚太地区重要国家，将就本地区事务保持密切沟通，加强协调与合作。双方决定重点开展以下合作：

共同致力于维护东北亚地区的和平与稳定。共同推动六方会谈进程。双方一致认为，日朝关系正常化对东北亚地区的和平与稳定具有重要意义。中方对日朝解决有关问题，实现关系正常化表示欢迎和支持。

本着开放、透明和包容的原则，促进东亚区域合作，共同推动建设和平、繁荣、稳定和开放的亚洲。

（五）共同应对全球性课题

双方确认，中日两国在21世纪对世界的和平与发展肩负更大责任，愿就重大国际问题加强协调，共同推动建设持久和平、共同繁荣的世界。双方决定开展以下合作：

双方将在《联合国气候变化框架公约》框架下，根据“共同但有区别的责任及各自能力”的原则，按照巴厘路线图积极参与构建2012年之后有实效的应对气候变化国际框架。

双方确认能源安全、环境保护、贫困、传染病等全球性问题是双方面临的共同挑战，双方将从战略高度开展有效合作，共同为推动解决上述问题作出应有贡献。

中华人民共和国主席　　日本国内阁总理大臣
胡锦涛（签字）　　福田康夫（签字）

二〇〇八年五月七日于东京

杨洁篪会见日本国家安全保障局长谷内正太郎就处理和改善中日关系达成四点原则共识[①]

2014年11月7日，国务委员杨洁篪在钓鱼台国宾馆同来访的日本国家安全保障局长谷内正太郎举行会谈。

杨洁篪指出，发展长期健康稳定的中日关系，符合两国和两国人民的根本利益，中方一贯主张在中日四个政治文件基础上，本着“以史为鉴、面向未来”的精神发展中日关系。由于众所周知的原因，中日关系持续面临严重困难局面，近几个月来，双方通过外交渠道就克服中日关系政治障碍进行了多轮磋商，中方重申了严正立场，要求日方正视和妥善处理历史、钓鱼岛等重大敏感问题，同中方共同努力推动两国关系的改善和发展。

谷内正太郎表示，日方高度重视日中战略互惠关系，愿意着眼大局，同中方通过对话磋商，增进共识和互信，妥善处理分歧和敏感问题，推进日中关系改善进程。

双方就处理和改善中日关系达成以下四点原则共识：

一、双方确认将遵守中日四个政治文件的各项原则和精神，继续发展中日战略互惠关系。

二、双方本着“正视历史、面向未来”的精神，就克服影响两国关系政治障碍达成一些共识。

三、双方认识到围绕钓鱼岛等东海海域近年来出现的紧张局势存在不同主张，同意通过对话磋商防止局势恶化，建立危机管控机制，避免发生不测事态。

四、双方同意利用各种多双边渠道逐步重启政治、外交和安全对话，努力构建政治互信。

杨洁篪强调，双方应切实按照上述共识精神维护中日关系政治基础，把握两国关系正确发展方向，及时妥善处理敏感问题，以实际行动

---

① 引自中华人民共和国外交部网站。

构建中日政治互信，推动两国关系逐步走上良性发展轨道。

谷内正太郎表示，上述四点原则共识非常重要，日方愿意同中方相向而行。

村山富市内阁总理大臣谈话[①]

1995年8月15日

上次大战结束以后已过了五十年的岁月。现在再次缅怀在那场战争中遇难的国内外许多人时，感慨万端。

战败后，日本从被战火烧光的情况开始，克服了许多困难，建立了今天的和平和繁荣。这是我们的自豪。每一个国民在这过程中倾注了才智，作出了不懈的努力。对此我谨表示由衷的敬意。对于美国以及世界各国直至今日所给与的支援和合作，再次深表谢意。另外，我国同亚太近邻各国、美国以及欧洲各国之间建立起来了象今天这样的友好关系，对此我感到由衷的高兴。

今天，日本成为和平、富裕的国家，因此我们动辄忘掉这和平之尊贵与其来之不易。我们应该把战争的悲惨传给年轻一代，以免重演过去的错误。并且要同近邻各国人民携起手来，进一步巩固亚太地区乃至世界的和平，为此目的特别重要的是，同这些国家之间建立基于深刻理解与相互信赖的关系。这是不可缺少的。日本政府本着这种想法，为支援有关近现代史上日本同近邻亚洲各国关系的历史研究，并为飞跃扩大同该地区各国的交流，正在展开以这两方面为支柱的和平友好交流事业。同时，关于我国政府现在致力解决的战后处理问题，为进一步加强我国和这些国家之间的信赖关系，继续要诚恳的处理。

正当战后五十周年之际，我们应该铭记在心的是回顾过去，从中学习历史教训，展望未来，不要走错人类社会向和平繁荣的道路。

我国在不久的过去一段时期，国策有错误，走了战争的道路，使国民陷入存亡的危机，殖民统治和侵略给许多国家，特别是亚洲各国人民带来了巨大的损害和痛苦。为了避免未来有错误，我就谦虚地对待毫无疑问的这一历史事实，谨此再次表示深刻的反省和由衷的歉意。同时谨向在这段历史中受到灾难的所有国内外人士表示沉痛的哀悼。

---

① 引自日本国驻华大使馆网站。

战败后五十周年的今天，我国应该立足于过去的深刻反省，排除自以为是的国家主义，作为负责任的国际社会成员促进国际协调，来推广和平的理念和民主主义。与此同时，非常重要的是，我国作为经历过原子弹轰炸的唯一国家，包括追求彻底销毁核武器以及加强核不扩散体制等在内，要积极推进国际裁军。我相信只有这样才能偿还过去的错误，也能安慰遇难者的灵魂。

古话说："杖莫如信。"在这值得纪念的时刻，我谨向国内外表明下一句作为我的誓言：信义就是我施政的根本。

内阁总理大臣

村山富市

内阁官房长官河野洋平
关于慰安妇问题调查结果的谈话[①]

1993年8月4日

关于被称之为随军慰安妇的问题，日本政府自前年12月开始展开调查，目前该调查结果已出，因此决定将其予以公布。

此次调查结果证实，在较长的一段时间里，曾在较大地域范围内设有慰安所，并存在大量慰安妇。慰安所是应当时军方要求而设置运营的。而且旧日本军直接或间接地参与了慰安所的设置、管理以及慰安妇的运送。慰安妇主要是由接受军方要求的商家来征集，但实际中也有很多使用花言巧语或强制等违背本人意愿的情况，且确实存在官方等直接参与此事的现象。慰安妇在慰安所处于被强制状态，生活痛苦不堪。

有关被送往战场的慰安妇原籍，除去日本人外，来自朝鲜半岛的女性占了很大比重。当时朝鲜半岛处于我国统治之下，慰安妇的征集、运送、管理等也大体上是以花言巧语或强制等违背本人意愿的方式进行的。

总之，这一问题在当时军方的参与下，严重伤害了众多女性的名誉与尊严。她们经历了无数痛苦，身心均遭受了难以愈合的创伤。日本政府借此机会，再次向来自所有地方的被称之为随军慰安妇的女性们表示诚挚的道歉和反省。今后我国应在征询有识之士的意见等的同时，认真研究如何表达这一心情。

我们不回避这样的历史事实，而是要正视这一历史教训。我们将通过历史研究和历史教育将这一问题永远铭刻于心，并再一次表明我们绝不重复同样错误的坚定决心。

---

① 引自日本国驻华大使馆网站。

另外，关于这一问题，日本国内已经有人提起诉讼，并受到国际关注。日本政府今后也将包括民间研究在内，对这一问题给予充分关注。

内阁官房长官

河野洋平

附录 2

关联表格

内阁总理大臣一览

届数	姓名	在职时间	在职天数	就职年龄	出生日期	去世日期	享年	出生地	总计就职天数
1(1)	(第一次)伊藤博文	1885.12.22—1888.4.30	861	44岁	1841.10.1	1909.10.26	68岁	山口县	
2(2)	黑田清隆	1888.4.30—1889.10.25	544	47岁	1840.11.9	1900.8.23	59岁	鹿儿岛县	544
	(临时兼任)三条实美	1889.10.25—1889.12.24		(由内大臣三条实美临时兼任)					
3(3)	(第一次)山县有朋	1889.12.24—1891.5.6	499	51岁	1838.6.14	1922.2.1	83岁	山口县	
4(4)	(第一次)松方正义	1891.5.6—1892.8.8	461	56岁	1835.3.23	1924.7.2	89岁	鹿儿岛县	
5	(第二次)伊藤博文	1892.8.8—1896.8.31	1485	50岁	1841.10.1	1909.10.26	68岁	山口县	

续表

届数	姓名	在职时间	在职天数	就职年龄	出生日期	去世日期	享年	出生地	总计就职天数
	（临时兼任）黑田清隆	1896. 8. 31—1896. 9. 18		（由枢密院院长黑田清隆临时兼任）					
6	（第二次）松方正义	1896. 9. 18—1898. 1. 12	482	61 岁	1835. 3. 23	1924. 7. 2	89 岁	鹿儿岛县	943
7	（第三次）伊藤博文	1898. 1. 12—1898. 6. 30	170	56 岁	1841. 10. 1	1909. 10. 26	68 岁	山口县	
8(5)	（第一次）大隈重信	1898. 6. 30—1898. 11. 8	132	60 岁	1838. 3. 11	1922. 1. 10	83 岁	佐贺县	
9	（第二次）山县有朋	1898. 11. 8—1900. 10. 19	711	60 岁	1838. 6. 14	1922. 2. 1	83 岁	山口县	1210
10	（第四次）伊藤博文	1900. 10. 19—1901. 5. 10	204	59 岁	1841. 10. 1	1909. 10. 26	68 岁	山口县	2720
	（临时兼任）西园寺公望	1901. 5. 10—1901. 6. 2		（由枢密院院长西园寺公望临时兼任）					
11(6)	（第一次）桂太郎	1901. 6. 2—1906. 1. 7	1681	53 岁	1848. 1. 4	1913. 10. 10	65 岁	山口县	
12(7)	（第一次）西园寺公望	1906. 1. 7—1908. 7. 14	920	56 岁	1849. 12. 7	1940. 11. 24	91 岁	京都府	
13	（第二次）桂太郎	1908. 7. 14—1911. 8. 30	1143	60 岁	1848. 1. 4	1913. 10. 10	65 岁	山口县	
14	（第二次）西园寺公望	1911. 8. 30—1912. 12. 21	480	61 岁	1849. 12. 7	1940. 11. 24	91 岁	京都府	1400
15	（第三次）桂太郎	1912. 12. 21—1913. 2. 20	62	65 岁	1848. 1. 4	1933. 10. 10	65 岁	山口县	2886
16(8)	（第一次）山本权兵卫	1913. 2. 20—1914. 4. 16	421	60 岁	1852. 11. 26	1933. 12. 8	81 岁	鹿儿岛县	
17	（第二次）大隈重信	1914. 4. 16—1916. 10. 9	908	76 岁	1838. 3. 11	1922. 1. 10	76 岁	佐贺县	1040
18(9)	寺内正毅	1916. 10. 9—1918. 9. 29	721	64 岁	1852. 2. 24	1919. 11. 3	67 岁	山口县	721
19(10)	原敬	1918. 9. 29—1921. 11. 4	1133	62 岁	1856. 3. 15	1921. 11. 4	65 岁	岩手县	1133

续表

届数	姓名	在职时间	在职天数	就职年龄	出生日期	去世日期	享年	出生地	总计就职天数
	（临时兼任）内田康哉	1921. 11. 4—1921. 11. 13		（由外务大臣内田康哉临时兼任）					
20（11）	高桥是清	1921. 11. 13—1922. 6. 12	212	67岁	1854. 9. 19	1936. 2. 26	81岁	东京都	212
21（12）	加藤友三郎	1922. 6. 12—1923. 8. 24	440	61岁	1861. 4. 1	1923. 8. 24	62岁	广岛县	440
	（临时兼任）内田康哉	1923. 8. 25—1923. 9. 2		（由外务大臣内田康哉临时兼任）					
22	（第二次）山本权兵卫	1923. 9. 2—1924. 1. 7	128	70岁	1852. 11. 26	1933. 12. 8	81岁	鹿儿岛县	549
23（13）	清浦奎吾	1924. 1. 7—1924. 6. 11	157	73岁	1850. 3. 27	1942. 11. 5	92岁	熊本县	157
24（14）	加藤高明	1924. 6. 11—1926. 1. 28	597	64岁	1860. 1. 25	1926. 1. 28	66岁	爱知县	597
	（临时兼任）若槻礼次郎	1924. 1. 28—1924. 1. 30		（由内务大臣若槻礼次郎临时兼任）					
25（15）	（第一次）若槻礼次郎	1926. 1. 30—1927. 4. 20	446	59岁	1866. 3. 21	1949. 11. 20	84岁	岛根县	
26（16）	田中义一	1927. 4. 20—1929. 7. 2	805	63岁	1864. 7. 25	1929. 9. 29	66岁	山口县	805
27（17）	滨口雄幸	1929. 7. 2—1931. 4. 14	652	59岁	1870. 5. 1	1931. 8. 26	61岁	高知县	652
28	（第二次）若槻礼次郎	1931. 4. 14—1931. 12. 13	244	65岁	1866. 3. 21	1949. 11. 20	84岁	岛根县	690
29（18）	犬养毅	1931. 12. 13—1932. 5. 16	156	76岁	1855. 6. 4	1932. 5. 15	77岁	冈山县	156
	（临时兼任）高桥是清	1932. 5. 16—1932. 5. 26		（由大藏大臣高桥是清临时兼任）					
30（19）	斋藤实	1932. 5. 26—1934. 7. 8	774	73岁	1858. 12. 2	1936. 2. 26	77岁	岩手县	774
31（20）	冈田启介	1934. 7. 8—1936. 3. 9	611	66岁	1868. 2. 13	1952. 10. 17	84岁	福井县	611
32（21）	广田弘毅	1936. 3. 9—1937. 2. 2	331	58岁	1878. 2. 14	1948. 12. 23	70岁	福冈县	331
33（22）	林铣十郎	1937. 2. 2—1937. 6. 4	123	60岁	1876. 2. 23	1943. 2. 4	66岁	石川县	123
34（23）	（第一次）近卫文磨	1937. 6. 4—1939. 1. 5	581	45岁	1891. 10. 12	1945. 12. 16	54岁	东京都	

续表

届数	姓名	在职时间	在职天数	就职年龄	出生日期	去世日期	享年	出生地	总计就职天数
35(24)	平沼骐一郎	1939. 1. 5—1939. 8. 30	238	71 岁	1867. 10. 25	1952. 8. 22	84 岁	冈山县	238
36(25)	阿部信行	1939. 8. 30—1949. 1. 16	140	63 岁	1875. 11. 24	1953. 9. 7	77 岁	石川县	140
37(26)	米内光政	1940. 1. 16—1940. 7. 22	189	59 岁	1880. 3. 2	1948. 4. 20	68 岁	岩手县	189
38	(第二次)近卫文磨	1940. 7. 22—1941. 7. 18	362	48 岁	1891. 10. 12	1945. 12. 16	54 岁	东京都	
39	(第三次)近卫文磨	1941. 7. 18—1941. 10. 18	93	49 岁					1035
40(27)	东条英机	1941. 10. 18—1944. 7. 22	1009	57 岁	1884. 12. 30	1948. 12. 23	63 岁	东京都	1009
41(28)	小矶国昭	1944. 7. 22—1945. 4. 7	260	64 岁	1880. 3. 22	1950. 11. 3	70 岁	枥木县	260
42(29)	铃木贯太郎	1945. 4. 7—1945. 8. 17	133	77 岁	1868. 1. 18	1948. 4. 17	80 岁	大阪府	133
43(30)	东久迩宫稔彦王	1945. 8. 17—1945. 10. 9	54	57 岁	1887. 12. 3	1990. 1. 20	102 岁	京都府	54
44(31)	币原喜重郎	1945. 10. 9—1946. 5. 22	226	73 岁	1872. 9. 13	1951. 3. 10	78 岁	大阪府	226
45(32)	(第一次)吉田茂	1946. 5. 22—1947. 5. 24	368	67 岁	1878. 9. 22	1967. 10. 20	89 岁	高知县	
46(33)	片山哲	1947. 5. 24—1948. 3. 10	292	59 岁	1887. 7. 28	1978. 5. 30	90 岁	神奈川县	292
47(34)	芦田均	1948. 3. 10—1948. 10. 15	220	60 岁	1887. 11. 15	1959. 6. 20	71 岁	京都府	220
48	(第二次)吉田茂	1948. 10. 15—1949. 2. 16	125	70 岁	1878. 9. 22	1967. 10. 20	89 岁	高知县	
49	(第三次)吉田茂	1949. 2. 16—1953. 10. 30	1353	70 岁					
50	(第四次)吉田茂	1952. 10. 30—1953. 5. 21	204	74 岁					
51	(第五次)吉田茂	1953. 5. 21—1954. 12. 10	569	74 岁					2616

续表

届数	姓名	在职时间	在职天数	就职年龄	出生日期	去世日期	享年	出生地	总计就职天数
52(35)	(第一次)鸠山一郎	1954.12.10—1955.3.19	100	71岁	1883.1.1	1959.3.7	76岁	东京都	
53	(第二次)鸠山一郎	1955.3.19—1955.11.22	249	72岁					
54	(第三次)鸠山一郎	1955.11.22—1956.12.23	398	72岁					745
55(36)	石桥湛山	1956.12.23—1957.2.25	65	72岁	1884.9.25	1973.4.25	88岁	静冈县	65
56(37)	(第一次)岸信介	1957.2.25—1958.6.12	473	60岁	1896.11.13	1987.8.7	90岁	山口县	
57	(第二次)岸信介	1958.6.12—1960.7.19	769	61岁					1241
58(38)	(第一次)池田勇人	1960.7.19—1960.12.8	143	60岁	1899.12.3	1965.8.13	65岁	广岛县	
59	(第二次)池田勇人	1960.12.8—1963.12.9	1097	61岁					
60	(第三次)池田勇人	1963.12.9—1964.11.9	337	64岁					1575
61(39)	(第一次)佐藤荣作	1964.11.9—1967.2.17	831	63岁	1901.3.27	1975.6.3	74岁	山口县	
62	(第二次)佐藤荣作	1967.2.17—1970.1.14	1063	65岁					
63	(第三次)佐藤荣作	1970.1.14—1972.7.7	906	68岁					2798
64(40)	(第一次)田中角荣	1972.7.7—1972.12.22	169	54岁	1918.5.4	1993.12.16	75岁	新潟县	
65	(第一次)田中角荣	1972.12.22—1974.12.9	718	54岁					886
66(41)	三木武夫	1974.12.9—1976.12.24	747	67岁	1907.3.17	1988.11.14	81岁	德岛县	747
67(42)	福田赳夫	1976.12.24—1978.12.7	714	71岁	1905.1.14	1995.7.5	90岁	群马县	714
68(43)	(第一次)大平正芳	1978.12.7—1979.11.9	338	68岁	1910.3.12	1980.6.12	70岁	香川县	
69	(第二次)大平正芳	1979.11.9—1980.6.12	217	69岁					554

续表

届数	姓名	在职时间	在职天数	就职年龄	出生日期	去世日期	享年	出生地	总计就职天数
	（临时代理）伊东正义	1980.6.12—1980.7.17		（由内阁官房长官伊东正义临时代理）					
70（44）	铃木善幸	1980.7.17—1982.11.27	864	69 岁	1911.1.11	2004.7.19	93 岁	岩手县	864
71（45）	（第一次）中曾根康弘	1982.11.27—1983.12.27	396	64 岁	1918.5.27	2019.11.29	101 岁	群马县	
72	（第二次）中曾根康弘	1983.12.27—1986.7.22	939	65 岁					
73	（第三次）中曾根康弘	1986.7.22—1987.11.6	473	68 岁					1806
74（46）	竹下登	1987.11.6—1989.6.3	576	63 岁	1924.2.26	2000.6.19	76 岁	岛根县	576
75（47）	宇野宗佑	1989.6.3—1989.8.10	69	66 岁	1922.8.27	1998.5.19	75 岁	滋贺县	69
76（48）	（第一次）海部俊树	1989.8.10—1990.2.28	203	58 岁	1931.1.2	2022.1.9	91 岁	爱知县	
77	（第二次）海部俊树	1990.2.28—1991.11.5	616	59 岁					818
78（49）	宫泽喜一	1991.11.5—1993.8.9	644	72 岁	1919.10.8	2007.6.28	87 岁	广岛县	644
79（50）	细川护熙	1993.8.9—1994.4.28	263	55 岁	1938.1.14			熊本县	263
80（51）	羽田孜	1994.4.28—1994.6.30	64	58 岁	1935.8.24	2017.8.28	82 岁	长野县	64
81（52）	村山富市	1994.6.30—1996.1.11	561	70 岁	1924.3.3			大分县	561
82（53）	（第一次）桥本龙太郎	1996.1.11—1996.11.7	302	58 岁	1937.7.29	2006.7.1	68 岁	冈山县	
83	（第二次）桥本龙太郎	1996.11.7—1998.7.30	631	59 岁					932
84（54）	小渊惠三	1998.7.30—2000.4.5	616	61 岁	1937.6.25	2000.5.14	62 岁	群马县	616
85（55）	（第一次）森喜朗	2000.4.5—2000.7.4	91	62 岁	1937.7.14			石川县	
86	（第二次）森喜朗	2000.7.4—2001.4.26	297	62 岁					387

续表

届数	姓名	在职时间	在职天数	就职年龄	出生日期	去世日期	享年	出生地	总计就职天数
87(56)	(第一次)小泉纯一郎	2001.4.26—2003.11.19	938	59岁					
88	(第二次)小泉纯一郎	2003.11.19—2005.9.21	673	61岁	1942.1.8			神奈川县	
89	(第三次)小泉纯一郎	2005.9.21—2006.9.26	371	63岁					1980
90(57)	(第一次)安倍晋三	2006.9.26—2007.9.26	366	52岁	1954.9.21	2022.7.8	67岁	山口县	
91(58)	福田康夫	2007.9.26—2008.9.24	365	71岁	1936.7.16			群马县	365
92(59)	麻生太郎	2008.9.24—2009.9.16	358	68岁	1940.9.20			福冈县	358
93(60)	鸠山由纪夫	2009.9.16—2010.6.8	266	62岁	1947.2.11			北海道	266
94(61)	菅直人	2010.6.8—2011.9.2	452	63岁	1946.10.10			东京都	452
95(62)	野田佳彦	2011.9.2—2012.12.26	482	54岁	1957.5.20			千叶县	482
96	(第二次)安倍晋三	2012.12.26—2014.12.24	729	58岁					
97	(第三次)安倍晋三	2014.12.24—2017.11.1	1044	60岁	1954.9.21	2022.7.8	67岁	山口县	
98	(第四次)安倍晋三	2017.11.1—2019.9.16	1051	63岁					3188
99(63)	菅义伟	2019.9.16—2020.10.4	384	71岁	1948.12.6			秋田县	384
100(64)	(第一次)岸田文雄	2020.10.4—2020.11.10	38	64岁	1957.7.29			广岛县	
101(64)	(第二次)岸田文雄	2020.11.10—							
备注	①届数一栏中括号内数字为不包括多次组阁的内阁总理大臣人数。 ②省略了内阁总理大臣任期内指定临时代理人情况。 ③由于每届内阁的结束和开始日期重叠,故连续数年在任的内阁总理大臣在任总天数小于每届内阁的总在任天数。 ④出生地按照战前籍贯、战后选举区原则记录。								

天皇谱系[①]

原始社会时期（远古时期—公元 300 年）			
	1 神武（じんむ） 2 绥靖（すいぜい） 3 安宁（あんねい） 4 懿德（いとく） 5 孝昭（こうしょう） 6 孝安（こうあん） 7 孝灵（こうれい） 8 孝元（こうげん） 9 开化（かいか） 10 崇神（すじん） 11 垂仁（すいにん） 12 景行（けいこう） 13 成务（せいむ） 14 仲哀（ちゅうあい）	地质学时代 旧石器时代 绳纹时代（新石器时代，公元前约 1 万年前—公元前 500 年） 弥生时代（金石并用时代，公元前 400 年—公元 300 年） 公元 57 年倭奴国王遣使东汉 公元 239 年卑弥呼遣使曹魏 古坟时代（公元 3 世纪—7 世纪） 第 2—9 代天皇记录过少，日本称之为“欠八代史” 针对早期天皇记录，存在第 1 代、第 10 代、第 15 代后为真实记录的诸多说法	
在位时间	天皇谱系	生卒年	备注
古代社会（公元 300—1184）			
	大和时代（350？—6 世纪）		
270—310	15 应神（おうじん，倭王赞?）	？—310	大和政权
313—399	16 仁德（にんとく，倭王赞?）	？—399	
400—405	17 履中（りちゅう，倭王赞?）	？—405	
406—410	18 反正（はんぜい，倭王珍?）	？—410	
413—453	19 允恭（いんぎょう，倭王武?）	？—453	
454—456	20 安康（あんこう，倭王兴?）	401—456	
456—479	21 雄略（ゆうりゃく，倭王武?）	418—479	
480—484	22 清宁（せいねい）	444—484	

① 根据日本宫内厅天皇家谱、《讲谈社·日本的历史》日本历史大事年表（上海：文汇出版社 2021 年版）、吴廷璆主编《日本史》日本史大事年表（天津：南开大学出版社 1994 年版）制成。

续表

在位时间	天皇谱系	生卒年	备注
古代社会（公元300—1184）			
	大和时代（350？—6世纪）		
484—487	23 显宗（けんぞう）	450—487	
488—498	24 仁贤（にんけん）	449—498	
498—506	25 武烈（ぶれつ）	489—506	
507—531	26 继体（けいたい）	450—531	
531—535	27 安闲（あんかん）	465—535	
535—539	28 宣化（せんか）	467—539	
539—571	29 钦明（きんめい）	509—571	
572—585	30 敏达（びだつ）	538—585	
585—587	31 用明（ようめい）	542—587	
587—592	32 崇峻（すしゅん）	553—592	苏我氏专政（587—645）
	飞鸟时代（592—710）		
592—628	33 推古（すいこ，女帝）	554—628	
629—641	34 舒明（じょめい）	593—641	
642—645	35 皇极（こうぎょく）	594—661	
645—654	36 孝德（こうとく）	597—654	
655—661	37 齐明（さいめい）	594—661	
668—671	38 天智（てんじ）	626—671	
671—672	39 弘文（こうぶん）	648—672	
673—686	40 天武（てんむ）	631—686	
689—697	41 持统（じとう，女帝）	645—702	
697—707	42 文武（もんむ）	683—707	
	奈良时代（710－794）		
707—715	43 元明（げんめい）	661—721	
715—724	44 元正（げんしょう）	680—748	
724—749	45 圣武（しょうむ）	701—756	
749—758	46 孝谦（こうけん）	718—770	
758—764	47 淳仁（じゅんにん）	733—765	
764—770	48 称德（しょうとく）	718—770	
770—781	49 光仁（こうにん）	709—781	

续表

在位时间	天皇谱系	生卒年	备注
古代社会（公元300—1184）			
	平安时代（794—1192）		
781—806	50 桓武（かんむ）	737—806	
806—809	51 平城（へいぜい）	774—824	
809—823	52 嵯峨（さが）	786—842	
823—833	53 淳和（じゅんな）	786—840	
833—850	54 仁明（にんみょう）	810—850	
850—858	55 文德（もんとく）	827—858	
858—876	56 清和（せいわ）	850—880	藤原摄关政治
876—884	57 阳成（ようぜい）	868—949	（866—1086）
884—887	58 光孝（こうこう）	830—887	
887—897	59 宇多（うだ）	867—931	
897—930	60 醍醐（だいご）	885—930	
930—946	61 朱雀（すざく）	923—952	
946—967	62 村上（むらかみ）	926—967	
967—969	63 冷泉（れいぜい）	950—1011	
969—984	64 圆融（えんゆう）	959—991	
984—986	65 花山（かざん）	968—1008	
986—1011	66 一条（いちじょう）	980—1011	
1011—1016	67 三条（さんじょう）	976—1017	
1016—1036	68 后一条（ごいちじょう）	1008—1036	
1036—1045	69 后朱雀（ごすざく）	1009—1045	
1045—1068	70 后冷泉（ごれいぜい）	1025—1068	
1068—1072	71 后三条（ごさんじょう）	1034—1073	
1072—1086	72 白河（しらかわ）	1053—1129	
1086—1107	73 堀河（ほりかわ）	1079—1107	院政时代
1107—1023	74 鸟羽（とば）	1103—1156	（1086—1185）
1123—1141	75 崇德（すとく）	1119—1164	
1141—1155	76 近卫（このえ）	1139—1155	院政期
1155—1158	77 后白河（ごしらかわ）	1127—1192	（1086—1185）
1158—1165	78 二条（にじょう）	1143—1165	
1165—1168	79 六条（ろくじょう）	1164—1176	
1168—1180	80 高仓（たかくら）	1161—1181	
1180—1184	81 安德（あんとく）	1178—1185	

续表

在位时间	天皇谱系	生卒年	备注
封建社会（1184—1867）			
	镰仓时代（1192—1333）		
1184—1198	82 后鸟羽（ごとば）	1180—1239	镰仓幕府时期
1198—1210	83 土御门（つちみかど）	1195—1231	北条氏执政
1210—1221	84 顺德（じゅんとく）	1197—1242	（1203—1333）
1221（4—7）	85 仲恭（ちゅうきょう）	1218—1234	
1221—1232	86 后堀河（ごほりかわ）	1212—1234	
1232—1242	87 四条（しじょう）	1231—1242	
1242—1246	88 后嵯峨（ごさが）	1220—1272	
1246—1259	89 后深草（ごふかくさ）	1243—1304	
1259—1274	90 龟山（かめやま）	1249—1305	
1274—1287	91 后宇多（ごうだ）	1267—1324	
1287—1298	92 伏见（ふしみ）	1265—1317	
1298—1301	93 后伏见（ごふしみ）	1288—1336	
1301—1308	94 后二条（ごにじょう）	1285—1308	
1308—1318	95 花园（はなぞの）	1297—1348	
	室町时代（1336—1573）		
1318—1339	96 后醍醐（ごだいご）	1288—1339	建武新政
1339—1368	97 后村上（ごむらかみ）	1328—1368	（1334—1336）
1368—1383	98 长庆（ちょうけい）	1343—1394	南北朝时代
1383—1392	99 后龟山天皇（ごかめやま）	1350－1424	（1336—1392）
1331—1333	北朝1光严（こうごん）	1313—1364	
1336—1348	北朝2光明（こうみょう）	1321—1380	
1348—1351	北朝3崇光（すこう）	1334—1398	
1352—1371	北朝4后光严（ごこうごん）	1338—1374	
1371—1382	北朝5后圆融（ごえんゆう）	1358—1394	

续表

在位时间	天皇谱系	生卒年	备注
封建社会（1184—1867）			
	战国时代（1467—1573）		
1382—1412	100（北朝6）后小松（ごこまつ）	1377—1433	
1413—1428	101 称光（しょうこう）	1401—1428	
1428—1464	102 后花园（ごはなぞの）	1419—1470	
1464—1500	103 后土御门（ごつちみかど）	1442—1500	
1500—1526	104 后柏原（ごかしわばら）	1464—1526	
1526—1557	105 后奈良（ごなら）	1497—1557	
	安土・桃山时代（1573—1603）		
1557—1586	106 正亲町（おおぎまち）	1517—1593	
1586—1611	107 后阳成（ごようぜい）	1571—1617	
	江户时代（1603—1867）		
1611—1629	108 后水尾（ごみずのお）	1596—1680	幕藩体制时期（1603—1867）
1629—1643	109 明正（めいしょう）	1623—1696	
1643—1654	110 后光明（ごこうみょう）	1633—1654	
1654—1663	111 后西（ごさい）	1637—1685	
1663—1687	112 灵元（れいげん）	1654—1732	
1687—1709	113 东山（ひがしやま）	1675—1709	
1709—1735	114 中御门（なかみかど）	1701—1737	
1735—1747	115 樱町（さくらまち）	1720—1750	
1747—1762	116 桃园（ももぞの）	1741—1762	
1762—1770	117 后樱町（ごさくらまち）	1740—1813	
1770—1779	118 后桃园（ごももぞの）	1758—1779	
1779—1817	119 光格（こうかく）	1771—1840	
1817—1846	120 仁孝（にんこう）	1800—1846	
1846—1866	121 孝明（こうめい）	1831—1866	幕末时期

续表

在位时间	天皇谱系	生卒年	备注
封建社会（1184—1867）			
	明治时代（1868—1912）		
1867—1912	122 明治（めいじ） （睦仁・むつひと）	1852—1912	藩阀政府 （1871—1885） 内阁制政府 （1885—）
	大正时代（1912—1926）		
1912—1926	123 大正（たいしょう） （嘉仁・よしひと）	1879—1926	
	昭和时代（1926—1989）		
1926—1989	124 昭和（しょうわ） （裕仁・ひろひと）	1901—1989	
	平成时代（1989—2019）		
1989—2019	125 平成（へいせい） （明仁・あきひと）	1933—	
	令和时代（2019—）		
2019—	126 令和（れいわ） （徳仁・なるひと）	1960	

历代政党一览

1. 第二次世界大战前的主要政党

(1) 保守政党（民党、资产阶级政党）

<table>
<tr><td colspan="3">自由党（1881—1884）→大同俱乐部（1889—1890）/自由党（1890）/爱国公党（1890）→立宪自由党（1890—1891）→自由党（1891—1898）→（加入宪政党→宪政党分裂）→宪政党（1898—1900）→立宪政友会（1900—1940）→（分裂/解散）</td></tr>
<tr><td rowspan="3">变迁</td><td colspan="2">（从自由党分裂）→东洋自由党（1892—1893）→（解散）</td></tr>
<tr><td colspan="2">（从立宪政友会分裂）→中正会（1913—1916）→（加入宪政会）</td></tr>
<tr><td colspan="2">（从立宪政友会分裂）→正友本党（1924—1927）→（加入立宪民政党）</td></tr>
<tr><td colspan="3">立宪改进党（1882—1896）→进步党（1896—1898）→（加入宪政党→宪政党分裂）→宪政本党（1898—1910）→立宪国民党（1910—1922）→（解散）</td></tr>
<tr><td rowspan="2">变迁</td><td colspan="2">革新俱乐部（1922—1925）→（解散）</td></tr>
<tr><td>变迁</td><td>革新党（1927—1932）→（加入国民同盟）</td></tr>
<tr><td colspan="3">立宪革新党（1894—1896）→（加入进步党）</td></tr>
<tr><td colspan="3">宪政党（1896）→（分裂为自由派宪政党、进步派宪政本党）</td></tr>
<tr><td colspan="3">犹兴会（1906—1908）→又新会（1908—1910）→（解散）</td></tr>
<tr><td colspan="3">立宪同志会（1913—1916）→宪政会（1916—1927）→（加入立宪民政党）</td></tr>
<tr><td colspan="3">立宪民政党（1927—1940）→（解散）</td></tr>
</table>

(2) 革新政党（无产阶级政党）

车会党（1882—1883）→（禁止结社）
社会民主党（1901）→（禁止结社）→社会平民党（1901）→（禁止结社）→日本社会党（1906—1907）→（禁止结社）
日本共产党（1921/1922—1924）→（禁止结社）→日本共产党（1926—1929/1935）→（停止活动）

续表

农民劳动党（1925）→（禁止结社）→劳动农民党（1926—1928）→（禁止结社）	
变迁	无产大众党（1928）→（加入日本大众党）
	劳农党（1929—1931）→（加入全国劳农大众党）
日本农民党（1926—1928）→（解散）	
社会民众党（1926—1931）→（加入全国劳农大众党）	
日本劳农党（1926—1928）→（加入日本大众党）	
日本大众党（1928—1930）→（加入全国大众党）	
劳动农民党（1928）→（禁止结社）	
全国大众党（1930—1931）→（加入全国劳农大众党）	
全国劳农大众党（1931—1932）→（加入社会大众党）	
社会大众党（1932—1940）→（解散）	
日本无产党（1937）→（禁止结社）	

（3）国粹政党（吏党）

立宪帝政党（1882—1883）→（解散）
国民自由党（1890—1891）→（解散）
帝国党（1899—1905）→大同俱乐部（1906—1910）→中央俱乐部（1910—1913）→（加入立宪同志会、变为民党）
国民同盟（1932—1940）→（解散）
（从立宪政友会分裂）→昭和会（1935—1937）→（解散）
东方会（1936—1944）→（解散）

2. 第二次世界大战后的主要政党

(1)“55 年体制”成立以前（1945—1955）

保守政党

<table>
<tr><td colspan="3">日本自由党（1945—1948）→民主自由党（1948—1950）→自由党（1950—1955）→（加入自由民主党）</td></tr>
<tr><td rowspan="2">变迁</td><td colspan="2">（从日本自由党分裂）→新自由党（1948—1949）→（解散）</td></tr>
<tr><td colspan="2">（从自由党分裂）→分党派自由党（1953）→日本自由党（1953—1954）→（加入日本民主党）</td></tr>
<tr><td colspan="3">日本进步党（1945—1947）→民主党（1947—1950）→国民民主党（1950—1952）→改进党（1952—1954）→日本民主党（1954—1955）→（加入自由民主党）</td></tr>
<tr><td colspan="3">日本协同党（1945—1946）→协同民主党（1946—1947）→国民协同党（1947—1950）→（加入国民民主党）</td></tr>
<tr><td colspan="3">国民党（1946—1947）→（加入国民协同党）</td></tr>
<tr><td colspan="3">日本农民党（1947—1949）→（加入农民协同党）</td></tr>
<tr><td rowspan="2">变迁</td><td colspan="2">（从日本农民党分裂）→农民新党（1948—1949）→农民协同党（1949—1952）→（解散）</td></tr>
<tr><td>变迁</td><td>协同党（1952）→（与右派社会党合并）</td></tr>
<tr><td colspan="3">新政俱乐部（1951—1952）→（加入改进党）</td></tr>
<tr><td colspan="3">日本重建联盟（1952—1953）→（与自由党合并）</td></tr>
</table>

革新政党

<table>
<tr><td colspan="2">日本共产党（1945—）</td></tr>
<tr><td colspan="2">日本社会党（1945—1951）→（分裂）</td></tr>
<tr><td rowspan="5">变迁</td><td>（从日本社会党分裂）→社会革新党（1947—1951）→社会民主党（1951—1952）→协同党（1952）→（与右派社会党合并）</td></tr>
<tr><td>（从日本社会党分裂）→劳动者农民党（1948—1957）→（与日本社会党合并）</td></tr>
<tr><td>左派社会党（1951—1955）→（加入日本社会党）</td></tr>
<tr><td>右派社会党（1951—1955）→（加入日本社会党）</td></tr>
<tr><td>（从日本社会党分裂）→社会党重建全国联络会（1952—1955）→（与左派社会党合并）</td></tr>
</table>

（2）“55 年体制”下（1955—1993）

<table>
<tr><td colspan="3">日本共产党（1945—）</td></tr>
<tr><td rowspan="2">变迁</td><td colspan="2">冲绳人民党（1947—1973）→（与日本共产党合并）</td></tr>
<tr><td colspan="2">（从日本共产党分裂）→日本共产党（日本的回答）（1964—?）→（消失）</td></tr>
<tr><td colspan="3">日本社会党（1955—1996）</td></tr>
<tr><td rowspan="3">变迁</td><td colspan="2">（从日本社会党分裂）→民主社会党（1960—1969）→民社党（1969—1994）</td></tr>
<tr><td colspan="2">（从日本社会党分裂）→社会市民連合（1977—1978）→社会民主联合（1978—1994）</td></tr>
<tr><td colspan="2">（从日本社会党分裂）→社会俱乐部（1977—1978）→（加入社会民主联合）</td></tr>
<tr><td colspan="3">自由民主党（1955—）</td></tr>
<tr><td rowspan="4">变迁</td><td colspan="2">（从自由民主党分裂）→革新自由民主党（1958）→（消失）</td></tr>
<tr><td colspan="2">（从自由民主党分裂）→新自由俱乐部（1976—1986）→（与自由民主党合并）</td></tr>
<tr><td rowspan="2">变迁</td><td>（从新自由俱乐部分裂）→税金党（1983—1990）→（与自由民主党合并）</td></tr>
<tr><td>（从新自由俱乐部分裂）→进步党（1987—1993）→（解散）</td></tr>
<tr><td colspan="3">公明党（1964—1994）</td></tr>
</table>

(3)“55年体制”崩溃到民主党、自由党合并(1993—2005)

<table>
<tr><td colspan="3">日本共产党(1945—)</td></tr>
<tr><td colspan="3">日本社会党(1955—1996)→社会民主党(1996—)</td></tr>
<tr><td rowspan="2">变迁</td><td colspan="2">(从日本社会党分裂)→新党护宪自由(1994—1995)→(分裂)</td></tr>
<tr><td colspan="2">(从日本社会党分裂)→市民联盟(1995—1996)→(加入民主党)</td></tr>
<tr><td colspan="3">自由民主党(1995—)</td></tr>
<tr><td rowspan="5">变迁</td><td colspan="2">(从自由民主党分裂)→新党先驱(1993—1998)→先驱(1998—2002)→(解散)</td></tr>
<tr><td colspan="2">(从自由民主党分裂)→新生党(1993—1994)→(加入新进党)</td></tr>
<tr><td colspan="2">(从自由民主党分裂)→自由党(1994)→(加入新进党)</td></tr>
<tr><td colspan="2">(从自由民主党分裂)→新党未来(1994)→(加入新进党)</td></tr>
<tr><td colspan="2">(从自由民主党分裂)→高志会(1994)→(加入新进党)</td></tr>
<tr><td colspan="3">民社党(1960—1994)→(加入新进党)</td></tr>
<tr><td colspan="3">公明党(1964—1994)→(分裂)</td></tr>
<tr><td rowspan="2">变迁</td><td colspan="2">公明新党(1994)→(加入新进党)</td></tr>
<tr><td colspan="2">公明(1994—1998)→公明党(1998—)</td></tr>
<tr><td colspan="3">社会民主联合(1978—1994)→(与日本新党合并)</td></tr>
<tr><td colspan="3">日本新党(1992—1994)→(加入新进党)</td></tr>
<tr><td colspan="3">民主改革联合(1994—1998)→(加入民主党)</td></tr>
<tr><td colspan="3">新进党(1994—1997)→(解散)</td></tr>
<tr><td rowspan="9">变迁</td><td colspan="2">太阳党(1996—1998)→(加入民政党)</td></tr>
<tr><td colspan="2">From Five(1997—1998)→(加入民政党)</td></tr>
<tr><td colspan="2">国民之声(1998)→(加入民政党)</td></tr>
<tr><td colspan="2">新党友爱(1998)→(加入民主党)</td></tr>
<tr><td colspan="2">自由党(1998—2003)→(与民主党合并)</td></tr>
<tr><td>变迁</td><td>(从自由党分裂)→保守党(2000—2002)→保守新党(2002—2003)→(与自由民主党合并)</td></tr>
<tr><td colspan="2">改革俱乐部(1998—2002)→(解散)</td></tr>
<tr><td colspan="2">新党平和(1998)→(加入公明党)</td></tr>
<tr><td colspan="2">黎明俱乐部(1998)→(与公明合并)</td></tr>
<tr><td colspan="3">民主党(1996—1998)→民主党(1998—)</td></tr>
<tr><td colspan="3">民政党(1998)→(加入民主党)</td></tr>
</table>

（4）2005 年以后

日本共产党（1945—）	
自由民主党（1955—）	
变迁	（从自由民主党分裂）→国民新党（2005—2013）→（解散）
	（从自由民主党分裂）→新党日本（2005—2012）→（失去政党条件）
	（从自由民主党分裂）→奋起日本（2010—2012）→太阳党（2012）→（与日本维新会合并）
社会民主党（1996—）	
民主党（1998—2016）→民进党（2016—2018）→国民民主党（2018—2020）→（解散）	
变迁	（从民主党分裂）→改革俱乐部（2008—2010）→新党改革（2010—2016）→（解散）
	（从民主党分裂）→大地・真民主党（2011—2012）→新党大地・真民主（2012）→新党大地（2012）→（移交至新党大地）
	（从民主党分裂）→新党羁绊（2011—2012）→（与国民生活第一合并）
	（从民主党分裂）→国民生活第一（2012）→（与日本未来党合并）
	（从民主党分裂）→绿风会（2012—2013）→（解散）
	（民进党众议院议员合并）→希望党（2017—2018）→［与国民民主党（2018—2020）合并］
	（从民进党分裂）→立宪民主党（2017—2020）→［解散、由国民民主党（2018—2020）和无党派议员参加］→立宪民主党（2020—）
	［国民民主党（2018—2020）解散］→民主党（2020）→［加入立宪民主党（2020—）］
	［国民民主党（2018—2020）解散］→国民民主党（2020—）
公明党（1998—）	
新党大地（2005—）	
大家党（2009—2014）→（解散）	
变迁	（从大家党分裂）→连结党（2013—2014）→（加入维新党）
日本创新党（2010—2012）→（与日本维新会合并）	

续表

<table>
<tr><td colspan="3">减税日本（2010—）→（国政层面加入实现减税日本・反 TPP・去核电党）</td></tr>
<tr><td colspan="3">日本维新会（2012—2014）→维新党（2014—2016）→（加入民进党）</td></tr>
<tr><td rowspan="3">变迁</td><td colspan="2">（从日本维新会分裂）→次世代党（2014—2015）→重视日本之心（2015—2017）→日本之心（2017—2018）→（与自由民主党合并）</td></tr>
<tr><td colspan="2">（从维新党分裂）→大阪维新会（2015—2016）→日本维新会（2016—）</td></tr>
<tr><td colspan="2">（从维新党分裂）→改革集结会（2015—2016）→（加入民进党）</td></tr>
<tr><td colspan="3">实现反 TPP・去核电・冻结增加消费税党（2012）→实现减税日本・反 TPP・去核电党（2012）→（与日本未来党合并）</td></tr>
<tr><td colspan="3">日本未来党（2012）→（分裂）</td></tr>
<tr><td rowspan="3">变迁</td><td colspan="2">生活党（2012—2014）→生活党和山本太郎和伙伴们（2014—2016）→自由党（2016—2019）→（与国民民主党合并）</td></tr>
<tr><td>变迁</td><td>（从自由党分裂）→令和新选组（2019—）</td></tr>
<tr><td colspan="2">日本未来党（2012—2013）→（与绿风会合并）</td></tr>
<tr><td colspan="3">希望党（2017—2018）→（分裂）</td></tr>
<tr><td rowspan="2">变迁</td><td colspan="2">国民党（2018）→［与国民民主党（2018—2020）合并］</td></tr>
<tr><td colspan="2">希望党（2018—2021）→（解党）</td></tr>
<tr><td colspan="3">绿风会（2012—2013）→（失去政党条件、解散）</td></tr>
<tr><td colspan="3">太阳党（2014）→（与次世代党合并）</td></tr>
<tr><td colspan="3">不缴纳 NHK 电视费党（2013）→从 NHK 手中保护国民的党（2013—2019）（2019 年政党化）→从 NHK 手中保护本国国民的党（2020—2021）→教会你不缴纳 NHK 电视费方法的党（2021）→从老朽政党手中保护国民的党（2021）→岚之党（2021）→和 NHK 就律师法第 72 条打官司的党（2021—2022）→保护不缴纳 NHK 收视费的国民的党（2022）→NHK 党（2022—2023）→政治家女子 48 党（2023—）</td></tr>
<tr><td colspan="3">参政党（2020—）（2022 年政党化）</td></tr>
</table>

当前主要利益团体一览①

名称	规模（会员数量）	成立时间
经济团体、行业团体		
日本经济团体联合会（经团联）	企业会员：1494个；团体会员：155个；特别会员33个	1961年
经济同友会	1493个	1946年
关西经济联合会（关经联）	1334个	1946年
中部经济联合会（中经联）	约760个	1951年
日本商工会议所（日商）	515个、123万人	1922年
新经济联盟	537个	2012年
工人团体（工会）		
日本工会总联合会（联合）	687.8万人	1987年
全国工人工会总联合（全劳联）	49.4万人	1947年
全国工人工会联络协议会（全劳协）	8.6万人	1989年
全国纺织化工食品流通服务业一般工会同盟	181.9万人	2012年
全日本自治团体工人工会（自治劳）	75.2万人	1954年
日本教职员组合（日教组）	21.2万人	1947年
职业团体、专业协会		
日本医师会	17.4万人	1916年
日本看护协会	76.7万人	1946年
日本律师联合会	4.3万人	1949年
全国消防长会	723位消防长	1949年
日本药剂师会	10.4万人	1893年
全国消防员协议会（全消协）	1.2万人	1977年

① “规模”栏数据为2022年11月底各利益团体官网显示最新数据，时间不统一。

续表

名称	规模（会员数量）	成立时间
农业团体		
农业协同组合（农协）	正式会员 410 万人， 准会员 632 万人	1954 年
渔业协同组合（渔协）	30 万人	1952 年
森林组合	149 万人	1907 年
其他团体		
日本生活协同组合联合会 （日本生协联）	312 个	1951 年
日本会议	4 万人	1997 年
神社本厅	7.9 万座神社	1946 年
创价学会	827 万个家庭	1930 年
全日本佛教会	105 个团体	1957 年
世界和平统一家庭联合 （旧统一教会）	56 万信众	1964 年
日本遗族会	800 万人	1947 年
日本家 PTA（家长教师）	64 个团体、800 万会员	2013 年
北海道阿伊努协会	50 个团体会员	1930 年
日本体育协会	108 个团体	1911 年
旅日朝鲜人总联合会 （朝鲜总联）	60 万人	1955 年
旅日大韩民国民团（民团）	34.2 万人	1946 年
日本青年团协议会（日青协）	45 个团体	1951 年
日本民主青年同盟（民青同盟）	1 万人	1923 年
部落解放同盟	38 个地方团体、5 个分支机构	1946 年
日本演员联合（日俳联）	2500 人	1967 年
日本自然保护协会	2.4 万人	1951 年
日本文艺家协会	2269 人	1946 年
新日本妇女会	20 万人	1962 年
日本艺能实演家团体协会 （艺团协）	77 个团体	1965 年

西历、日本历对照表

西历	日本历	西历	日本历	西历	日本历	西历	日本历	西历	日本历
1868	明治元	1899	32	1930	5	1961	36	1992	4
1869	2	1900	33	1931	6	1962	37	1993	5
1870	3	1901	34	1932	7	1963	38	1994	6
1871	4	1902	35	1933	8	1964	39	1995	7
1872	5	1903	36	1934	9	1965	40	1996	8
1873	6	1904	37	1935	10	1966	41	1997	9
1874	7	1905	38	1936	11	1967	42	1998	10
1875	8	1906	39	1937	12	1968	43	1999	11
1876	9	1907	40	1938	13	1969	44	2000	12
1877	10	1908	41	1939	14	1970	45	2001	13
1878	11	1909	42	1940	15	1971	46	2002	14
1879	12	1910	43	1941	16	1972	47	2003	15
1880	13	1911	44	1942	17	1973	48	2004	16
1881	14	1912	大正元	1943	18	1974	49	2005	17
1882	15	1913	2	1944	19	1975	50	2006	18
1883	16	1914	3	1945	20	1976	51	2007	19
1884	17	1915	4	1946	21	1977	52	2008	20
1885	18	1916	5	1947	22	1978	53	2009	21
1886	19	1917	6	1948	23	1979	54	2010	22
1887	20	1918	7	1949	24	1980	55	2011	23
1888	21	1919	8	1950	25	1981	56	2012	24
1889	22	1920	9	1951	26	1982	57	2013	25
1890	23	1921	10	1952	27	1983	58	2014	26
1891	24	1922	11	1953	28	1984	59	2015	27
1892	25	1923	12	1954	29	1985	60	2016	28
1893	26	1924	13	1955	30	1986	61	2017	29
1894	27	1925	14	1956	31	1987	62	2018	30
1895	28	1926	昭和元	1957	32	1988	63	2019	令和元
1896	29	1927	2	1958	33	1989	平成元	2020	2
1897	30	1928	3	1959	34	1990	2	2021	3
1898	31	1929	4	1960	35	1991	3	2022	4

日本主要政府机构及政党网站

名称	网址
内阁府	https：//www. cao. go. jp/
首相官邸	https：//www. kantei. go. jp/
众议院	https：//www. shugiin. go. jp/
参议院	https：//www. sangiin. go. jp/
总务省	https：//www. soumu. go. jp/index. html
法务省	https：//www. moj. go. jp/
厚生劳动省	https：//www. mhlw. go. jp/index. html
财务省	https：//www. mof. go. jp/
农林水产省	https：//www. maff. go. jp/
国土交通省	https：//www. mlit. go. jp/
经济产业省	https：//www. meti. go. jp/
文部科学省	https：//www. mext. go. jp/index. htm
外务省	https：//www. mofa. go. jp/mofaj/index. html
国际交流基金	https：//www. jpf. go. jp/j/index. html
防卫省·自卫队	https：//www. mod. go. jp/index. html
复兴厅	https：//www. reconstruction. go. jp/
宫内厅	https：//www. kunaicho. go. jp/
法院	https：//www. courts. go. jp/index. html
检察厅	https：//www. kensatsu. go. jp/top. shtml
警察厅	https：//www. npa. go. jp
国立国会图书馆	https：//www. ndl. go. jp/
自由民主党	https：//www. jimin. jp/
公明党	https：//www. komei. or. jp/
立宪民主党	https：//cdp – japan. jp/
日本维新会	https：//o – ishin. jp/

续表

名称	网址
国民民主党	https：//new－kokumin. jp/
日本共产党	https：//www. jcp. or. jp/
令和新选组	https：//reiwa－shinsengumi. com/
社会民主党	https：//sdp. or. jp/
政治家女子48党	https：//www. sjj48. con/
参政党	https：//www. sanseito. jp/

附录3

各章补充资料目录

第一章　国家象征

1. 近代以来日本年号、基本情况及与公历换算方法
2. 日本的象征富士山

第二章　宪法

1. 终战诏书
2. 自民党《日本国宪法修订草案》概要
3. 各主要政党对修改宪法第九条的态度

第三章　天皇

1. 《大宝律令》
2. 《关于新日本建设之诏书》（《人间宣言》）节选
3. 现任天皇与皇室结构
4. 宫中主要祭祀仪式一览
5. 《禁中并公家诸法度》
6. 《教育敕语》
7. 《军人敕谕》

第四章　国会

1. 日本参众两院常设委员会一览

2. 日本参众两院特别委员会一览
3. 议员立法
4. 审议议案

第五章 内阁
1. 议会内阁制与总统制
2. 日本内阁制度的变迁
3. 内阁总理大臣的卸任

第六章 行政
1. 日本官厅的宗派主义
2. 基于公务员工资表的职业分类
3. 日本行政机构组织简表

第七章 司法
1. 公法与私法
2. 主要法律种类
3. 日本主要法律领域
4. 日本法律优先顺位

第八章 政党
1. 族议员
2. 各政党众议院议席数
3. 各政党参议院议席数
4. 自民党主要派阀（截至2022年10月）
5. 政治团体的主要类型

第九章 选举
1. 日本国会议员选举制度情况表
2. 日本众议院比例代表选举情况表
3. 选举保证金缴纳情况

4. 最大均数法（东特法）
5. 选举的三大要素（“三ばん”）
6. 选举管理机构
7. 选举与被选举条件
8. 禁止政治性捐赠
9. 众议院、参议院投票率变化

第十章　外交
1. 国际交流基金会
2. 《外交蓝皮书》
3. 关于稳定、发展中日双边关系的五点共识

第十一章　防卫
1. 《国防基本方针》
2. 自卫队主要装备数量
3. 《防卫力整备计划》（04 战略）中的军备发展计划
4. 《防卫白皮书》
5. 《防卫计划大纲》的变迁

第十二章　地方公共团体
1. 政令指定城市、核心市、特例市基本情况
2. 东京都管辖范围
3. 老龄化现状
4. 国家和地方在主要同级别行政领域的区别

参考文献

1. **中文专著及译著**

［1］吴廷璆. 日本史［M］. 天津：南开大学出版社，1994.

［2］李海英. 日本国会选举［M］. 北京：世界知识出版社，1997.

［3］赵晓春. 百带盛衰——日本皇室［M］. 北京：社会科学文献出版社，1998.

［4］王金林. 日本天皇制及其精神结构［M］. 天津：天津人民出版社，2001.

［5］殷燕军. 近代日本政治体制［M］. 北京：社会科学文献出版社，2006.

［6］刘江永. 当代日本对外关系［M］. 北京：世界知识出版社，2009.

［7］王振锁、徐万胜. 日本近现代政治史［M］. 北京：世界知识出版社，2010.

［8］梁云祥. 日本外交与中日关系［M］. 北京：世界知识出版社，2012.

［9］李秀石. 日本国家安全保障战略研究［M］. 北京：时事出版社，2015.

［10］林尚立. 日本政党政治［M］. 上海：上海人民出版社，2016.

［11］韩铁英，等. 日本（第三版）［M］. 北京：社会科学文献出版社，2017.

［12］王振锁. 日本现代政治史论［M］. 南京：江苏人民出版社，2019.

［13］朱清秀．战后日本选举与政治资金问题［M］．北京：社会科学文献出版社，2019.

［14］孙承．日本国家战略研究［M］．北京：中国社会科学出版社，2020.

［15］［日］安万侣．古事记［M］．周启明译，北京：人民文学出版社，1963.

［16］［日］信夫清三郎．日本外交史（上、下）［M］．天津社会科学院日本问题研究所译．北京：商务印书馆，1980.

［17］［日］升味准之辅．日本政治史（全四册）［M］．董果良，郭洪茂译．北京：商务印书馆，1997.

［18］［日］辻清明．日本官僚制研究［M］．王仲涛译．北京：商务印书馆，2008.

［19］ ［日］礒崎初仁，金井利之，伊藤正次．日本地方自治［M］．张青松译．北京：社会科学文献出版社，2010.

［20］［日］园部逸夫．思考皇室制度［M］．陶旭译．北京：社会科学文献出版社，2012.

［21］［日］京极纯一．日本政治［M］．黄大慧，徐园译．北京：商务印书馆，2013.

［22］［日］西尾胜．日本地方分权改革［M］．张青松，刁榴译．北京：社会科学文献出版社，2013.

［23］［日］五百旗头真．战后日本外交史（1945—2010）［M］．吴万虹译．北京：世界知识出版社，2013.

［24］［日］北冈伸一．日本政治史：外交与权力［M］．王保田，等译．南京：南京大学出版社，2014.

［25］［日］五十岚晓郎．日本政治论［M］．殷国梁，高伟译．北京：北京大学出版社，2015.

［26］［日］藤原彰．日本军事史［M］．张冬等译．北京：解放军出版社，2015.

［27］［日］山口二郎．日本内阁制度［M］．吕耀东，谢若初，王惠波译．北京：社会科学文献出版社，2017.

［28］ ［日］舍人亲王．日本书纪［M］．成都：四川人民出版

社，2019.

2. **日文专著**

［1］入江昭．新・日本の外交［M］．東京：中央公論新社，1991.

［2］竹中治堅．首相支配——日本政治の変貌［M］．东京都：中央公論新社，2006.

［3］国分良成，添谷芳秀，高原明生，川岛真．日中関係史［M］．東京都：有斐閣アルマ，2013.

［4］苑崇利，谢若初．日本政治概况（日文版）［M］．北京：北京大学出版社，2015.

［5］竹中治堅．二つの政権交代——政策は変わったのか——［M］．東京：勁草書房，2017.

［6］添谷芳秀．日本の外交——「戦後」を読みとく［M］．東京：筑摩書房，2017.

3. **网站①及官方文件**

［1］中华人民共和国外交部网站：https：//www. fmprc. gov. cn/。

［2］《国家安全保障戦略》。

［3］近年日本《外交青書》。

［4］近年日本《防衛白書》。

① 包括附件2中《日本主要政府机构及政党网站》部分所列网站。